● 公共管理理论与实务丛书

陈天祥◎丛书主编

广州南方学院
MPA论文集

GUANGZHOU NANFANG XUEYUAN MPA LUNWENJI

寸晓刚　主　编

刘云东　欧崇亚　副主编

U0330422

中山大学
·广州·
出版社

图书在版编目（CIP）数据

广州南方学院 MPA 论文集/寸晓刚主编；刘云东，欧崇亚副主编 . —广州：中山大学出版社，2023.12
（公共管理理论与实务丛书/陈天祥主编）
ISBN 978 - 7 - 306 - 07951 - 0

Ⅰ.①广… Ⅱ.①寸…②刘…③欧… Ⅲ.①公共管理—文集 Ⅳ.①D035 - 53

中国国家版本馆 CIP 数据核字（2023）第 249920 号

出　版　人：王天琪
策划编辑：赵　冉
责任编辑：赵　冉
封面设计：曾　斌
责任校对：赵琳倩
责任技编：靳晓虹
出版发行：中山大学出版社
电　　话：编辑部 020 - 84110283，84113349，84111997，84110779，84110776
　　　　　发行部 020 - 84111998，84111981，84111160
地　　址：广州市新港西路 135 号
邮　　编：510275　传　真：020 - 84036565
网　　址：http://www.zsup.com.cn　E-mail：zdcbs@mail.sysu.edu.cn
印　刷　者：广东虎彩云印刷有限公司
规　　格：787mm×1092mm　1/16　14.375 印张　250 千字
版次印次：2023 年 12 月第 1 版　2023 年 12 月第 1 次印刷
定　　价：60.00 元

前　言

　　如今公共管理在社会生活中的作用越来越大，其影响遍布各个方面。在百年未有之大变局和高质量发展的背景下，我国正大力推进全面深化改革，行政管理体制等方面的改革也在不断深入，公共管理领域面临着前所未有的机遇和挑战。理解和掌握公共管理的理论和实践对于推动社会的持续和谐发展具有重要的现实意义。社会对公共管理专业人才的需求日益增强，公共管理硕士项目（Master of Public Administration）作为培养各类公共事务管理及服务领域专业人士的专业，其理论和实践研究显得尤为重要。

　　广州南方学院公共管理学院坚持"宽基础、突重点、重能力、强实操"的办学思路，以学生为中心，大力进行教学改革和创新，始终坚持"校政企协同、学用做一体"的立体化育人机制，为社会持续培养高素质的应用型人才。

　　出版 MPA 论文集对于理论研究和实践都有着重要的意义。MPA 论文的深入分析和实践案例，将为公共管理的教学和实践工作提供有力的借鉴和参考。MPA 论文集能充实和深化 MPA 教育的内涵，助力培养更多的高质量公共管理专业人才。本论文集汇集广州南方学院公共管理学院师生们多年来对公共管理的深入理解和创新思考，收录了一系列来自多个领域的公共管理论文，包括基层治理、乡村振兴、数字治理、大湾区政策、产业发展与监管等多个方面。这些论文通过理论研究与实际案例分析，揭示了公共管理中的重大现实问题及其解决方略。它们不仅反映了广州南方学院公共管理学院在公共管理领域的研究水平，同时也成为广大师生和社会公众了解和研究公共管理的重要渠道，有利于提升学院在公共管理领域的影响力，助力学院的学科建设。

　　我们期望借此机会可以激发更多在职人员和学生对公共管理的兴趣，吸引他们选择公共管理作为自己的职业方向。同时，我们也希望能通过这些文章启发读者思考，使读者更好地理解公共管理的本质和未来进路。

我们感谢所有参与本书编写的作者们，是他们的辛勤付出使这本书得以问世。本系列丛书得到三个项目的支持：广州南方学院公共管理专业硕士（MPA）学位授权建设点、行政管理专业——国家级一流本科专业建设点，以及广东省普通高校人文社科类项目"数字治理与政府创新研究团队"。在此一并感谢！

编者

2023 年 11 月

目　录

大湾区政策篇

产业发展与监管篇

基层治理篇

党政统合动员：社会动员的组织联结与机制整合

——以新时期村（居）法律顾问政策为例（2009—2021）[*]

陈天祥　　王　群[**]

摘要： 学界对社会动员的研究主要从政治动员或行政动员单一维度阐发，忽视了对政治动员和行政动员差异和统合的分析。基于西方社会动员理论的检视以及新时期国家治理实践的变化，本文从组织联结和机制整合两个维度建构党政统合动员的分析框架。我国社会动员整体受到党政体制的深刻塑造。在统合动员模式下，政治机制的灵活性和权威性与行政机制的常规性和技术性联结成为社会动员的基本运作机制，依托党政双科层结构的组织基础，政治机制和行政机制在相对独立的前提下实现有效整合，形塑出独特的"有统有分，统分结合"的社会动员特征。党政统合动员是大规模社会动员的基本形式，并取得显著成效，其未来走向取决于国家在社会自主性与国家控制间的平衡。

关键词： 党政统合动员；双科层结构；组织联结；机制整合

一、文献回顾与问题提出

如何对日益多元、异质、疏离的社会实施常态化动员，引导并激励社会力量参与基层治理是当前重要的研究议题。以改革开放为时间坐标综观现有文献，中外学者对中国社会动员现象做出的大量观察大致可分为两类，即新中国成立初期的政治动员和改革开放后的行政动员。

　　[*]　原载于《中共中央党校（国家行政学院）学报》2021 年第 6 期，收入有修改。
　　[**]　陈天祥，广州南方学院公共管理学院、中山大学政治与公共事务管理学院教授、博士生导师，管理学博士；
　　王群，广州南方学院公共管理学院讲师，管理学博士。

（一）政治动员：通过动员建构国家

政治动员是指统治精英获取资源尤其是人力资源为政治权威服务的过程①，它多指共产党在革命时期和新中国成立初期发起的各项动员活动。在革命时期，共产党通过大力宣传革命思想以及积极开展组织工作，释放了底层民众的革命热情并构建了以共产党为中心的具有强大革命行动潜能的组织网络，为武装夺取政权提供了丰富的人力和物质资源②。政治动员作为推进中国革命胜利的有效工具，被广泛运用于新中国成立初期到改革开放前的社会改造和国家建设实践之中。从 1949—1976 年 27 年间，全国性的社会运动高达 70 余次，地方性社会运动更是不计其数③。新中国能够释放强大的社会动员能力是因为国家通过单位体制和公社制度实现了对社会资源的全面垄断和对城乡社会的高度控制，构建了一个政党、政府和民众高度整合的总体性社会④，同时沿用了革命时期发明的派遣工作队、召开动员会议、发掘积极分子和高密度的意识形态宣传等一系列娴熟的动员技术⑤。革命时期和新中国成立初期的政治动员具有强烈的国家建构意涵，巩固了国家基础权力并有能力全面展开社会主义建设⑥。

（二）行政动员：通过动员治理国家

改革开放后，国家进入常态发展阶段。政党、政府和社会三者关系发生变化，国家权力逐渐从社会退场，政府成为常态社会调控的核心主

---

① ［美］詹姆斯·R.汤森：《中国政治》，顾速译，江苏人民出版社 2003 年版，第 77 页。

② 李斌：《政治动员及其历史嬗变：权力技术的视角》，载《南京社会科学》2009 年第 11 期。

③ 周晓虹：《1951—1958：中国农业集体化的动力——国家与社会关系视野下的社会动员》，载《中国研究》2005 年第 1 期。

④ 孙立平：《转型与断裂：改革以来中国社会结构的变迁》，清华大学出版社 2004 年版，第 1 页。

⑤ 徐勇：《"行政下乡"：动员、任务与命令——现代国家向乡土社会渗透的行政机制》，载《华中师范大学学报（人文社会科学版）》2007 年第 5 期。

⑥ 李斌：《政治动员与社会革命背景下的现代国家构建——基于中国经验的研究》，载《浙江社会科学》2010 年第 4 期。

体①，社会动员更多体现出通过动员治理国家的行政色彩②。不少学者从官僚组织结构③出发，探讨了在"运动式治理"④"目标管理责任制"⑤ 和"多线动员"⑥ 等现象中国家仍然维持强大的科层动员能力的原因，但这没能解释科层内部压力如何向社会传导的过程。由于政治动员的制度性基础不复存在，受制于组织和资源的双重约束以及意识形态道德教化作用的下降，社会动员面临"上面运动、下面不动"的"组织化失效"局面⑦。近年来一些学者以村（居）委员会为研究对象发现，基层政权通过利益输出⑧、基层财政改革⑨，强化"乡政村治"模式下党口—政口关联⑩重塑基层政权和村（居）委员会之间的制度化联系，实现了对村（居）干部"准行政化"动员，但普通村（居）民缺乏参与热情⑪，社会动员仍存在"最后一公里"问题。在国家和社会疏离的状态下，国家如何实现社会动员仍是值得进一步探讨的议题。

　　已有文献描述了社会动员的两个重要面向，揭示出国家一直是支配我国社会动员的基本力量，为进一步推进社会动员研究提供了有益的理论思

――――――――――

　　① 唐皇凤：《常态社会与运动式治理——中国社会治安治理中的"严打"政策研究》，载《开放时代》2007 年第 3 期。

　　② 狄金华：《通过运动进行治理：乡镇基层政权的治理策略——对中国中部地区麦乡"植树造林"中心工作的个案研究》，载《社会》2010 年第 3 期。

　　③ 狄金华：《"权力—利益"与行动伦理：基层政府政策动员的多重逻辑——基于农地确权政策执行的案例分析》，载《社会学研究》2019 年第 4 期。

　　④ 周雪光：《运动型治理机制：中国国家治理的制度逻辑再思考》，载《开放时代》2012年第 9 期。

　　⑤ 王汉生、王一鸽：《目标管理责任制：农村基层政权的实践逻辑》，载《社会学研究》2009 年第 2 期。

　　⑥ 陈家建：《项目制与基层政府动员——对社会管理项目化运作的社会学考察》，载《中国社会科学》2013 年第 2 期。

　　⑦ 李怀：《"组织化动员"失效的制度逻辑——一个"城中村"改造中地方政府的民族志研究》，载《中山大学学报（社会科学版）》2010 年第 3 期。

　　⑧ 陈锋：《分利秩序与基层治理内卷化——资源输入背景下的乡村治理逻辑》，载《社会》2015 年第 3 期。

　　⑨ 黄宗智：《集权的简约治理——中国以准官员和纠纷解决为主的半正式基层行政》，载《开放时代》2008 年第 2 期。

　　⑩ 肖滨、方木欢：《寻求村民自治中的"三元统一"——基于广东省村民自治新形式的分析》，载《政治学研究》2016 年第 3 期。

　　⑪ 耿曙、胡玉松：《突发事件中的国家—社会关系——上海基层社区"抗非"考察》，载《社会》2011 年第 6 期。

路。然而，现有文献在理论层面深受西方政治—行政二分的理论逻辑和价值判断的影响，均从政党或政府单一权威主体出发（或统称为政府或政权），比较静态和孤立地分析社会动员现象，较少辨别我国党政体制不同于西方政治—行政二分的制度逻辑，及其对政党和政府动员的差异化影响。中央关于"党委领导、政府负责"动员机制的政策表述以及国家历次社会动员的实践共同显示社会动员蕴含了机制差异和统合的维度，政党和政府在社会动员过程中既非完全合一，又非分离对立，而是有统有分，分工协作的状态①，单独考察政党动员或政府动员可能会忽视对我国社会动员重要特征的把握。因此，有必要通过对大规模社会动员过程的考察，在理论上以恰当的学术建构回应这个"变化中的当代"②，在实践中更好地发挥社会动员"集中力量办大事"的制度优势，这也构成本文最主要的两个研究目标。

二、党政统合动员：理论基础与分析框架

本文分析框架来自对社会动员、党政体制和科层结构等理论成果的借鉴和吸收。"党委领导、政府负责"是对当前我国社会动员主体定位的高度概括，但鲜有文献对实现"党委领导、政府负责"的组织和机制进行分析。为了清晰展现党政统合动员的实现过程，本文将社会动员现象置于党政体制这一宏观政治制度背景下进行考察，重点围绕组织联结和机制整合两个关键维度建构本文的分析框架，见图 1－1。

---

① 杨华、袁松：《中心工作模式与县域党政体制的运行逻辑——基于江西省 D 县调查》，载《公共管理学报》2018 年第 1 期。

② 汪丹、李友梅：《新知识体系："变动中的当代"——中国转型社会学话语体系的当代构建》，载《探索与争鸣》2018 年第 2 期。

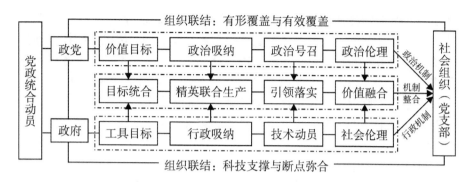

图 1-1　党政统合动员的分析框架

（一）社会动员的核心要素：结构、组织和机制

社会动员在西方文献中属于社会运动理论的研究范畴[①]。早期学者认为社会结构紧张（structural strain）引发个体出现焦虑、剥夺感、怨恨等"崩溃的心理状况"是个体选择社会运动的根源[②]。1960年开始有学者针对早期社会动员对情感等非理性因素的过度强调，针锋相对地提出以理性假设为出发点的资源动员理论，这一理论很快成为解释社会动员的主流范式，并在后期的发展过程中形成两种重要的研究取向：一是以麦卡锡（McCarthy）和佐尔德（Zald）为代表的学者强调资源的关键作用，社会运动的发起往往与动员主体手中掌握的金钱、时间等资源的增加有关[③]；二是以麦克亚当（McAdam）为代表的学者批判了早期资源动员理论对资源作用的过度强调，建构了更为广泛接受的政治进程模型（Political Process Model）。麦克亚当认为，宏大社会经济过程可能带来的政治机会为社会运动的开启提供了可能，组织资源是将政治机会转化为实际行动的关键，包括组织强度、增加组织内部凝聚力和认同感的激励机制、社会组织控制的通信网络广度、是否存在广为认同和尊重的领导成员和积极分子等，但政治机会结构和组织资源仍然只是社会动员潜在的结构条件，社会

[①]　范斌、赵欣：《结构、组织与话语：社区动员的三维整合》，载《学术界》2012年第8期。

[②]　杨灵：《社会运动的政治过程——评〈美国黑人运动的政治过程和发展（1930—1970）〉》，载《社会学研究》2009年第1期。

[③]　石大建、李向平：《资源动员理论及其研究维度》，载《广西师范大学学报（哲学社会科学版）》2009年第6期。

动员转化为实际的社会运动还必须经历认知解放的过程①。20 世纪 80 年代以后，社会动员研究沿着政治进程模型进一步强调政治机会结构、动员结构、话语策略和意识形态等的作用。特别是以新型怨恨、新型意识形态等多元认同感为基础的欧洲新社会运动理论，让美国学者重新发现话语、意识形态等古典理论要素在社会动员解释中的价值②。近年来，社会动员研究者更多采用更为全面和更有解释力的综合理论框架来分析社会动员的产生、发展和维持③。

尽管存在经验事实层面的差异，中国经验研究与社会运动理论仍存在较高的相关度，表现在对社会动员的结构、组织和机制三个维度的共同关注。首先，中西方文献都将社会运动/动员置于宏观制度背景下进行分析，强调政治机会结构对社会运动/动员的影响④。其次，中观层面强调组织资源的作用，包括两方面内容：一是动员的组织网络，强调个体与组织之间的关系——纽带的关键作用⑤；二是社会组织或积极分子的中介作用⑥。最后，微观层面凸显具体动员机制的激活作用⑦。本文遵循从结构、组织和机制分析社会动员现象的学术共识，观照核心要素在中国语境下的具体内涵，围绕社会动员的组织联结和机制整合建构更贴近当前中国现实的分析框架。政治机会结构是指社会动员生成的宏观政治制度⑧，本文将其指涉党政体制。党政体制是我国政治制度的核心。从党政体制的角度去分析社会动员，不仅与西方社会动员研究有显著的差异，也与当前国内研究忽视党政体制对社会动员的影响机制形成鲜明对比，构成了社会动员研究视角的重要转换。已有文献指出，政治机会结构对社会动员的组织结构和机

---

① 赵鼎新：《社会与政治运动讲义》，社会科学文献出版社 2006 年版，第 193 页。

② 刘能：《社会运动理论：范式变迁及其与中国当代社会研究现场的相关度》，载《江苏行政学院学报》2009 年第 4 期。

③ 刘能：《怨恨解释、动员结构和理性选择——有关中国都市地区集体行动发生可能性的分析》，载《开放时代》2004 年第 4 期。

④ 刘能：《怨恨解释、动员结构和理性选择——有关中国都市地区集体行动发生可能性的分析》，载《开放时代》2004 年第 4 期。

⑤ 赵鼎新：《社会与政治运动讲义》，社会科学文献出版社 2006 年版，第 241 – 246 页。

⑥ 赵鼎新：《社会与政治运动讲义》，社会科学文献出版社 2006 年版，第 240 页。

⑦ 朱海忠：《西方"政治机会结构"理论述评》，载《国外社会科学》2011 年第 6 期。

⑧ 刘能：《怨恨解释、动员结构和理性选择——有关中国都市地区集体行动发生可能性的分析》，载《开放时代》2004 年第 4 期。

制策略都有重要影响①。我国社会动员整体嵌入党政体制之内，党政体制的组织机制和运作机制形塑了我国社会动员的基本形态。因此，讨论社会动员离不开对党政体制的组织机制和治理机制的探讨，也就是说，必须对社会动员过程中政党、政府和社会的组织联结以及行政机制和政治机制等予以更多的关注。

（二）政党动员和政府动员的组织联结

社会动员的主体和客体都嵌于特定的社会网络之中，没有组织网络为依托，社会动员是不可能实现的。与西方社会动员理论描述的社会自发形成的分散化、小规模、社群性的动员网络不同②，当前我国社会动员的组织联结是改革开放后国家不断适应经济社会变化主动建构的结果，呈现"一核双元""经纬纵横"的组织特征，党政双科层结构是这一组织网络的关键部分，也是实现党政统合动员的组织保证。

1. 政党和政府的组织联结

政党和政府作为我国社会动员的两大主体，彼此之间的组织联结对形成统合动员至关重要。党政体制为政党和政府之间的组织联结奠定了制度基础，是指以中国共产党为领导核心的政治体制。政党通过将自身组织结构高度嵌入国家政权实现对政府的领导，在公共行政领域形成了党政双科层结构，即政府科层体系以及从中央到地方与不同层级政府组织相依并存的党委体系③。尽管政党和政府承担不同的组织职能，但这两套组织体系并非并列而立，而是以各级地方党委和同级政府中的党组联系为纽带联结而成的一个组织有机体④。党政双科层结构体现了党政之间紧密的组织联系，特别是新时期全面加强党的建设以来，通过完善政党自身组织建设以及强化政权内部政党建设，党政科层组织复合体内部形成以政党为中心的更加紧密的组织联系。

---

① 朱海忠：《西方"政治机会结构"理论述评》，载《国外社会科学》2011 年第 6 期。

② 曹威伟、张云英：《"一核多元"社会网络：理解中国社会动员能力的新视角》，载《湖南农业大学学报（社会科学版）》2020 年第 6 期。

③ 景跃进：《重新认识中国政治：视角、方法与结构——写在〈当代中国政府与政治〉出版之前》，载《复旦政治学评论》2016 年第 1 期。

④ 景跃进：《重新认识中国政治：视角、方法与结构——写在〈当代中国政府与政治〉出版之前》，载《复旦政治学评论》2016 年第 1 期。

2. 政党、政府与社会的组织联结

近年来，受政府公共服务职能转向、社会组织登记管理制度改革、行业协会商会与政府脱钩改革等因素的影响，双重管理体制出现监管不足甚至失效的问题①。为应对日益增大的社会治理压力，新时期国家重新寻找并强化与社会的连接方式。总体来看，国家采取了党政双科层结构双线下延的方法重新组织社会。一条线是指政党组织系统下延并直达社会组织内部，发挥引领社会组织配合完成社会动员战略需要的功能。政党利用自身嵌入社会的组织优势，推进社会组织党建全面覆盖和有效覆盖，形成纵合横通的政党组织网络，弥补了双重管理体制监管的不足②。另一条线是指政府借助科技手段弥合纵向接点裂缝，将社会组织甚至组织个人"置于富有成效的监管之下"③。行业协会、商会与政府脱钩改革为社会组织功能的有效发挥提供了更大的空间，但这并不意味着政府放弃了对社会组织的管理和监控。科技支撑是新时期政府构建组织网络最鲜明的特征。在双重管理体制不变的前提下，政府将社会组织传统管理权力和智能数字技术叠加使用，以数字技术提供的痕迹信息，弥合了政府与社会间垂直接点的制度性裂缝，使政府有条件对社会组织采取准科层动员方式。通过双线下延的组织建构，以政党组织系统为核心和枢纽，国家构建了政党、政府和社会间的组织联结并将三者整合成一张紧密的组织网络，使"党委领导""政府负责"的统合动员有了组织保证。依托上下延伸、纵横交错的党政双科层动员网络，国家具备了根据治理需要随时启动社会动员的组织潜力。

（三）政党动员和政府动员的机制整合

讨论党政统合动员的机制整合离不开对党政体制下形成的双科层结构运行机制的分析。韦伯经典科层结构是指在法理权威基础上建立的理性组织形式，是现代行政管理最基本的结构特征。科层制运行逻辑以专业分工、照章办事、提高效率为导向，但同时也具有治理碎片化、治理效果周

① 李朔严：《政党统合的力量：党、政治资本与草根 NGO 的发展——基于 Z 省 H 市的多案例比较研究》，载《社会》2018 年第 1 期。

② 向春玲：《关于社会组织党建创新的几点思考》，载《科学社会主义》2017 年第 3 期。

③ 王小芳、王磊：《"技术利维坦"：人工智能嵌入社会治理的潜在风险与政府应对》，载《电子政务》2019 年第 5 期。

期长和社会回应迟滞的缺陷，难以及时满足复杂多变的治理需求以及非常规治理任务的需要。党政双科层结构的运作机制与经典科层制不同，兼具政治机制的权威性和灵活性以及行政机制的规范性和效率性。在社会动员过程中，政党需要诉诸行政机制落实政治意图和目标，政府高度依赖政党组织体系的高权威性和灵活性，党的组织、话语和机制在其中发挥了更为重要的统领作用。依托党政双科层结构的组织基础，政治机制和行政机制在相对独立的前提下实现了有效整合，形塑出独特的"有统有分、统分结合"的动员特征。从社会动员具体过程来看，政党动员和政府动员的机制整合主要表现在以下四个方面。

1. 价值目标和技术目标统合

党政统合动员的机制整合首先体现在动员目标上政党引导行政。使命型政党掌握着国家领导权和核心决策权，始终坚持以人民为中心的价值立场来设定和发起新的动员议程。经由治理问题的识别诊断以及治理目标的遴选，政党通常根据宏观政治社会环境的变化以及国家整体利益和社会长远发展的需要，设定社会动员的总体目标和价值追求，并通过党组这一组织设置将动员目标和价值理想输入政府系统。在政党组织体系的逐级领导和意识形态的塑造下，政府通过将总体目标分解为具有可操作性的技术目标来贯彻政党意图和实现动员任务，成为政党动员目标和价值追求的执行载体。正是由于政府的技术目标来自对政党价值目标的分解和落实，政党和政府在社会动员过程中才能够保持价值同向和目标一致。

2. 双重吸纳和联合精英生产

社会组织位于国家与社会间的"接点"位置，并与国家和民众共同组成"三层结构"。对于国家而言，社会组织的支持和配合直接影响动员效果。常态化社会协同动员的组织基础是通过政党和政府共同对体制外精英的体制内吸纳，即制度化生产大批积极分子实现的。双重吸纳的可能性和必要性是政党和政府掌握着差异化的体制资源，政党主要掌握政治身份资源，政党对个人的政治吸纳是通过赋予体制外精英党代表、人大代表和政协委员等身份资源，从而将其纳入体制内部[1]。政治吸纳不能取代行政吸纳，否则可能高估政党动员的溢出效应。政府掌握大量配置性资源，政

---

[1] 李朔严：《政党统合的力量：党、政治资本与草根 NGO 的发展——基于 Z 省 H 市的多案例比较研究》，载《社会》2018 年第 1 期。

府行政吸纳的主要途径是分享社会组织管理权限，将体制外精英转变为社会组织共同的管理者。通过双重吸纳，社会精英被最大化纳入体制，并兼具代表政府和社会的双重身份。附着在身份之上的政治荣誉和权力符号能提升社会精英的资源兑换能力以及对政党和政府的忠诚和认同感。借助这两种身份的同时共存、随时切换，政党和政府将具体的动员目标通过组织精英的身体载体带入社会领域，在国家需要时社会精英因身份束缚与政党、政府结成责任联盟，为社会动员提供超常规支持并发动二次动员，在"政策之窗"打开之际将社会需求引入政策议程，国家进而可以获得可控的双重收益。

3．政治号召和技术治理统合

政党赶超型发展需要和突发社会风险对国家回应能力提出了更高要求，国家必须能够突破科层治理的常规轨道，通过社会动员激发并释放社会能量。具有"行动主义"[①] 取向的政党机制可以利用深入社会末梢的组织优势以及政党系统上下级间的隶属关系，发挥党员动员先行军的功能，优先撬动社会组织中的党员资源并深入社会组织内部发挥动员表率和引导功能[②]。同时，为避免过热的政党动员可能引发的失序风险，以及为发动党员外的社会成员配合实现政党意图，政党必须借助政府对社会组织的管理权限和技术手段。政府将分解后的技术目标与资金、组织合法性等资源获取匹配起来，并利用手机定位技术、目标指标化、佐证材料电子化、信息管理系统等技术手段作为政府"耳目"，实现对动员过程和动员效果的非在场实时监管，有效杜绝了因缺乏相应操作和考核手段，社会组织成员被动应付、社会动员流于形式等弊端[③]。为避免政党价值目标通过政府技术程序加以落实可能导致政治意蕴的丧失，政治机制的灵活性和高权威性可以作为行政机制的外部纠偏机制，实时监管和动态调整行政动员的具体目标和内容。

4．政治伦理和社会伦理统合

话语是重要的社会动员工具。社会动员任务的完成有赖于动员主体通

---

① 王浦劬、汤彬：《当代中国治理的党政结构与功能机制分析》，载《中国社会科学》2019 年第 9 期。

② 向春玲：《关于社会组织党建创新的几点思考》，载《科学社会主义》2017 年第 3 期。

③ 王雨磊：《农村精准扶贫中的技术动员》，载《中国行政管理》2017 年第 2 期。

过话语的策略性使用与动员客体之间形成对动员事件的共意理解①。政党基于自身政治领导和思想引领地位生成的政治伦理是政党话语动员的重要资源来源，"为人民服务"的价值追求和"党员党性"的纪律要求等政治伦理内容通过各类宣传和教育实践活动内化为党员的行动要求，对党员群体产生不可拒绝的天然正当性，克服党员群体发挥动员表率作用时可能产生的抵触心理。与政党动员强调"党员党性"不同，政府行政动员往往借助传统道德资源和发扬志愿精神等符合社会伦理的话语表达，塑造社会动员客体的道德形象，道德形象的生成同样具有资源兑换的价值。政府"发扬志愿精神"的社会伦理与政党"坚持党员党性"的政治伦理具有意识形态的共通性，反哺帮扶社会志愿精神激发的社会道义感与党员不可推卸的身份责任感相互激荡，共同塑造和改变动员客体对动员事件的价值认知，这不仅有利于国家消弭权责不对等产生的不公平感，更重要的是能够激发动员客体的主体性。

三、案例选择与资料收集方法

本文以 Z 市村（居）法律顾问政策动员过程作为研究案例。村（居）法律顾问政策是国家为加快基层法治化进程，解决基层法律服务需求大、法律资源匮乏困境，经司法行政机关组织协调，由村（居）民委员会聘请社会律师担任法律顾问，为村（居）民提供基本法律服务的一项社会政策。截至 2019 年 12 月，全国有 65 万村（居）配备法律顾问，覆盖率达 99.9%，进入常态运作阶段②。Z 市是 A 省村（居）法律顾问政策的发源地。2009 年起，Z 市开始试点村（居）法律顾问政策，2014 年 A 省开始在全省推广 Z 市试点经验，2017 年司法部将村（居）法律顾问政策纳入国家公共法律服务体系③。Z 市模式从地方创新向上传递，最终助力政策在全国推广，涵盖了从政策初创、政策扩散到政策普及三阶段完整动员过程。选择 Z 市作为个案满足研究现象的典型性要求。

---

① 刘蕾、史钰莹、马亮：《"公益"与"共意"：依托移动短视频平台的公益动员策略研究——以"快手行动"为例》，载《电子政务》2021 年第 3 期。
② 《以人民为中心推进公共法律服务体系建设新发展》，见中国政府法制信息网（http://www.moj.gov.cn/Department/content/2019－12/16/612_3237909.html）。
③ 司法部：《关于深入推进公共法律服务平台建设的指导意见》（司发〔2017〕9 号）。

笔者从 2015 年 4 月至今对村（居）法律顾问政策进行了 6 年左右的追踪调查，通过参与式观察、深度访谈和二手资料检索等方法，分四个阶段收集研究所需要数据资料。第一阶段为 2015 年 4—8 月，受 A 省律师协会委托对全省村（居）法律顾问政策实施效果进行第三方独立评估并完成项目评估报告。第二阶段为 2017 年 2 月—2018 年 7 月，第二作者在 Z 市 B 县挂职县委调研室副主任，随同 Z 市司法局对承担 B 县村（居）法律顾问工作的律师事务所及其律师、15 个镇和 1 个管理区的司法所，以及部分村（居）进行了走访调研①，通过参与式观察和深度访谈收集了大量资料。第三阶段为 2019 年 7—8 月，对 Z 市村（居）法律顾问政策主要设计者和实施者以及负责 Z 市律师资源动员的政府官员、Z 市律师协会会长、秘书长、监事长、公共法律资源委员会主任等工作人员和部分"十佳"村（居）法律顾问进行了访谈。第四阶段为 2019 年至今，主要采用二手资料收集法，以政府"条条"运作逻辑为资料收集的设计基础，同时收集国家、省、市司法行政部门及对应层级的律师协会和代表性律师事务所官网上的资料，同步收集有关村（居）法律顾问政策信息。这些资料有利于佐证 2015—2019 年收集的第一手资料，使证据更加全面可靠。主要访谈对象如表 1-1 所示。

表 1-1　主要访谈对象一览表

序号	层级	受访人	主要职责
1	省级	司法厅律师管理处处长	A 省村（居）法律顾问政策主要设计人员
2		律师协会国有资产委员会秘书长	A 省村（居）法律顾问政策参与人员之一

---

① B 县共 17 个镇 1 个管理区，受条件限制，第二作者在挂职期间未走访 LX 镇和 SW 镇。

续上表

序号	层级	受访人	主要职责
3	市级	司法局政治处主任	分管律师党建工作
		司法局律师管理科科长	2014年起负责Z市律师资源动员分配和调整
4		司法局普法办公室主任，现司法局副局长	2009—2014年Z市村（居）法律顾问政策主要设计者和实施者
5		律师协会会长	动员律师参与村（居）法律顾问政策主要负责人之一
6		律师协会秘书处秘书长	负责律师协会各类行政工作
7		律师协会秘书处副秘书长	协助秘书长分管律师协会行政工作
8		律师协会公共法律服务工作委员会主任	协助司法局设计实施公共法律服务政策
9		律师事务所主任（12人）	负责律师事务所日常管理，所内律师动员、分配和调整
10		普通律师（约40人）	担任村（居）法律顾问
11	县级	司法局局长	负责县司法局全局工作
12		司法局分管副局长	县村（居）法律顾问工作主管局领导
13		原司法局普法办公室副主任，现司法局公共法律股股长	县村（居）法律顾问工作主要经办人
14	镇级	镇司法所所长（15人）	负责镇级村（居）法律顾问的管理和政策实施

四、案例呈现与过程分析

A省相关文件规定，村（居）法律顾问政策由各市司法局负责组织动员①。Z市具体采用两条动员路线：第一条路线是政党动员，通过"司法局党组—律师行业党委—党支部—党员"组织链条直接发动党员律师以及具有党代表、人大代表和政协委员等身份的律师；第二条路线是行政动员，经由"司法局律师管理部门—律师协会—律所—律师"动员非党员律师。从动员阶段来看，一次动员由政党和政府联合发动党员律师和骨干律师。在党政强推力下，激发以党员律师和骨干律师为核心的律师事务所内部二次动员。党政双科层结构是将政治机制和行政机制联结形成一致共识和行动整体的组织基础（见图1－2）。Z市通过党政统合动员在规定时间内完成了社会律师全覆盖的目标。

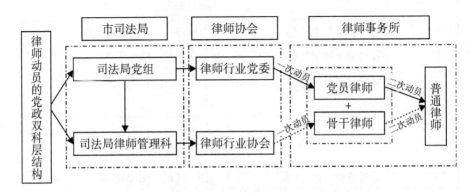

图1－2　律师资源动员的双科层结构组织路线图

注：实线箭头代表领导关系，虚线箭头代表指导关系；骨干律师指非党员律师精英，包括律师事务所主任、律师事务所内部团队负责人、律师事务所高级合伙人等。

（一）构建并强化双科层结构组织基础

这里的党政双科层结构具体是指司法局党组领导下的政党组织体系和行政组织体系。司法局党组成员同时担任律师行业党委书记和分管副局长的组织设置，使得政党组织和行政组织构成一体化的组织复合体。

1. 社会组织党建：有形覆盖到有效覆盖

Z市司法局构建了"司法局党组—律师行业党委—党支部—党员"的深入社会组织内部的政党组织链条。2004年，Z市成立律师行业党委，

---

① A省司法厅、A省律师协会：《A省村（居）法律顾问工作手册》（内部资料），2016年。

党委委员共 9 人，司法局党组成员兼任律师行业党委书记，律师协会会长任副书记，另有司法局的两名党员干部担任党委委员，司法局成员身份的双重性保证了司法局党组意志向律师行业党委的高效传递。2017 年以来，Z 市从三个方面确保党对律师行业的绝对领导。一是思想方面，"把加强律师思想政治建设放在首位，旗帜鲜明地在律师行业中讲加强党的领导，把握律师工作的正确政治方向"①。二是组织方面，2018 年，成立中共 Z 市律师行业委员会②，理顺律师行业党的领导机制，"解决了律师行业党建管理主体多、职责不明的问题"③。2020 年起，Z 市司法局党组书记、司法局局长兼任律师行业党委书记，并设一名专职副书记分管律师党建日常工作，加强律师行业党的领导力量。此外，加强党支部建设，"现在最新的要求是律所主任兼任支部书记，主任如果不是党员，就由一名重要合伙人兼任支部书记"④。三是发展党员律师，通过"双培养机制"⑤ 不断加大对党员律师的业务培养和对非党员律师精英的组织吸纳。

2. 组织纵向依赖：科技支撑与断点弥合

我国律师法规定，律师行业实行律师协会自律管理和行政指导"两结合"的管理体制。在实践中，实际上形成了"律师管理部门—律师协会—律所—律师"组织层级间的依赖关系。首先，司法局掌握着律师协会职务任免权。其次，律师协会通过参加年审（与司法局共同完成）实现对律师事务所的制约。最后，律师事务所通过基础管理制约律师执业的关键环节，涉及入口、过程和出口全过程。我国律师法规定，律师执业必须加入律师协会，同时还要加盟某个律师事务所，律师转所必须得到律师事务所主任签字同意，律师代理案件要加盖律师事务所公章，代理费用要打入律师事务所账户，这实际上将司法行政管理链条延伸至律师个人。

---

① 《A 省司法厅厅长在全省律师工作会议上的讲话》（内部资料），2017 年 12 月。

② 2017 年 10 月 26 日司法部党组报经中共中央组织部同意，决定成立中国共产党全国律师行业委员会（全国律师行业党委），负责指导全国律师行业党的建设工作，由司法部党组成员、副部长熊选国任党委书记。Z 市司法局对标成立中共 Z 市律师行业委员会。

③ 本文对访谈对象和数据做了技术处理，首字母 Z 代表 Z 市司法局，B 代表 Z 市 B 县司法局；第二个字母代表访谈对象单位，其中 L 代表律师管理科，P 代表普法办公室，X 代表律师协会，S 代表律师事务所；第三个字母代表访谈对象编号；数字代表访谈日期。全文访谈编号均依此规律编制而成。此处访谈对象为 Z 市律师管理科科长，访谈编号 ZLL20190731。

④ 访谈对象为 Z 市律师协会副会长，访谈编号 ZXX20190731。

⑤ "双培养机制"是指将骨干律师培养成中共党员以及将中共党员培养成骨干律师的机制。

2015—2021 年，Z 市执业律师人数从约 600 人增长到 1,400 人，为避免过长的组织链条带来的监管困难和信息扭曲，Z 市司法局一方面下放律师管理权限，发挥县区司法局靠近基层的优势，增强对律师事务所和律师管理的行政力量。另一方面借助科技手段升级改造律师事务所管理系统，实现对律师事务所内部情况的实时动态掌握；创新监管手段，利用微信、网站等多种途径，可视化呈现律师履职情况；打造律师行业信用信息服务平台，打破传统律师属地管理局限，实现跨区域律师管理。

（二）政治动员和行政动员的机制整合

1. 目标建构与分解

并非所有工作都会采取党政统合动员的方式推进落实，对拟解决的重要问题进行诊断识别是展开党政统合动员的逻辑前提。2014 年 5 月，A 省将全面开展村（居）法律顾问政策作为落实中央全面依法治国工作的新抓手，出台《关于开展村（居）法律顾问工作的意见》（A 省委办发电〔2014〕42 号），要求 2015 年年底实现村（居）法律顾问全省覆盖。对照 A 省政策要求，Z 市面临很大的政策落实压力：第一，作为政策发源地，Z 市面临更大的政绩压力。A 省省委书记对 Z 市首创的村（居）法律顾问政策给予高度肯定，"多次对此作出重要指示和批示，要求工作做出实效"[1]。第二，Z 市面临资源覆盖的巨大压力。A 省规定全部由社会律师担任村（居）法律顾问，重点覆盖经济欠发达地区[2]。以 Z 市欠发达的 B 县为例，2012 年，377 个村居仅有 7 名社会律师担任村（居）法律顾问（见表 1－2）。第三，政策补贴标准低，规范要求高，市场化动员失灵。"每个村（居）每年 1 万元经费支持"[3]，这与市场价格相去甚远。特别是在经济欠发达地区，兼任村（居）法律顾问的社会律师几乎没有在当地开拓市场的机会，使动员社会律师兼任村（居）法律顾问面临较大的激励难题。再加上 2015 年 9 月 A 省司法厅在工作方式、考核标准和奖励处罚等方面做出严格和细致的要求（A 省司办〔2015〕317 号），意味着律

---

[1] 《A 省司法厅厅长在村（居）法律顾问工作动员部署电视电话会议上的发言》（内部资料），2014 年 5 月 28 日。

[2] 《关于开展村（居）法律顾问工作的意见》（A 省委办发电〔2014〕42 号）。

[3] 《关于开展村（居）法律顾问工作的意见》（A 省委办发电〔2014〕42 号）。

师需要付出更多的成本。

表1-2 Z市B县2012年村（居）法律顾问构成

（单位：人）

类型	大学生村官	公安系统	法院系统	法律服务所	检察院系统	司法行政系统	社会律师	公职律师	综治办
人数	148	112	42	35	19	8	7	3	3

资料来源：《B县司法局村（社区）法律顾问工作制度汇编》，2015年12月。

在这种情况下，Z市能否将律师资源引向经济欠发达的地区，就事关Z市村（居）法律顾问政策的成败。"Z市发现，按照省里的政策要求，靠志愿活动是指挥不了全市律师的，就开始采取行政手段。"[1] 村（居）法律顾问政策具有为弱势群体提供服务、提升基层法治水平的价值追求，在任务重、时间紧的情况下为完成政策动员任务，Z市市委将政策落实提升到政治任务的高度。政治任务是硬任务、死任务，一旦下达之后，必须保质保量，甚至超质超量完成，否则会被政治问责[2]。政治任务的构建传递了更强的可信威胁，如果不能完成，受到严厉惩罚的风险将急剧上升[3]。Z市市委经过任务识别、界定后，由政法委书记在动员大会上向相关部门和律师群体进行传达，"推行村（居）法律顾问制度，是一项民心工程，更是一项政治任务，要从讲政治、讲大局的高度认真落实"[4]。为落实政治目标的价值追求，Z市司法局将总体目标分解为一系列可执行的具体目标，比如在全覆盖的时间进度上要求县区2015年10月完成60%律师覆盖率，2015年年底实现全覆盖；在具体任务上，将服务弱势群体的目标转化为每季度开展一次法制讲座、每个月现场服务8小时、免费电话咨询，并应村（居）要求提供村（居）依法自治、纠纷调整等法律

---

① 访谈对象为Z市律师协会副监事长，访谈编号ZXX20150730。

② 杨华、袁松：《中心工作模式与县域党政体制的运行逻辑——基于江西省D县调查》，载《公共管理学报》2018年第1期。

③ 周雪光、练宏：《政府内部上下级部门间谈判的一个分析模型》，载《中国社会科学》2011年第5期。

④ 《Z市政法委书记在全市村（居）委聘任法律顾问工作推进会上的讲话》（内部资料），2014年4月。

服务。

2．精英角色和二次动员

培养积极分子并建立实体化的动员共同体是国家长期动员实践的宝贵经验。积极分子不仅可以为动员提供超常规支持，还能争取带动中间分子、转化鼓励后进成员。党政双重吸纳产生的具有党代表、人大代表、政协委员等政治身份的律师以及在律师协会任职的律师、律师事务所主任、高级合伙人等律师精英发挥了动员积极分子的功能。他们因身份与政党、政府结成责任联盟，为社会动员提供超常规支持，包括协助司法局制定本地政策实施方案、制定法律服务资源配置方案、与司法局共同做好法律服务的培训工作等。2015 年，A 省第一批担任村（居）法律顾问的 36 名社会律师中，上述律师精英共 30 人，占比 83.33%[①]。大规模社会动员更加强化了律师精英作为国家与普通律师"接点"位置的重要性，成为律师事务所内部二次动员的主体，发挥社会网络中的"结构洞"功能[②]，将党和政府的意志传达到分众化、异质化、离散化的律师群体之中，横向上形成以律师精英为核心向外围普通律师辐射的关系网络。

3．党员表率和信息技术统合

村（居）法律顾问政策动员突破了司法局科层治理的常规轨道。面对利益分化的异质性社会，具有"行动主义"[③] 取向的政党利用深入社会的组织优势，优先撬动党员资源发挥动员引导功能，表现在党员最先响应号召，带头担任村（居）法律顾问并主动选择前往偏僻和经济欠发达地区。党员表率作用的发挥本质上是利益让渡行为，他们优先将自身利益让渡给社会[④]，因而可以号召和带领潜在行动者。然而，仅靠党员律师发挥作用是不够的。2014 年，Z 市共有律师 678 人，其中党员律师 165 人[⑤]，仅占 24%。要完成律师资源全覆盖的政策目标，需要动员大量的非党员

---

① 数据根据 A 省司法厅、A 省律师协会提交司法部案例集（内部资料）整理汇总，2015 年 10 月。

② 罗家德：《社会网分析讲义》，社会科学文献出版社 2005 年版，第 4 页。

③ 王浦劬、汤彬：《当代中国治理的党政结构与功能机制分析》，载《中国社会科学》2019 年第 9 期。

④ 孙梦婷、周幸钰：《突发公共危机中的政党力量——来自城市基层社区社会动员的案例对比研究》，载《中国非营利评论》2020 年第 2 期。

⑤ 参见《Z 市律师统计年鉴（2015）》。

律师参与。司法局律师管理部门基于律师管理权限将村（居）法律顾问工作达标情况与律师资格年审挂钩，并将科层治理技术包括建立工作台账、开展业务培训、定期检查评估等与现代信息技术如手机定位技术、村（居）法律顾问信息管理系统等相结合，实现直达律师个体的非在场实时联系和管理。通过司法局常规治理手段和信息技术等行政机制的支持，政治动员目标得到有效实现。

4．政党意识形态和道德公益精神统合

政党意识形态在社会动员中具有重要功能。政党政治伦理是政党话语动员的重要资源，"为人民服务"的价值追求和"党员党性"的纪律要求等政治伦理内容通过各类宣传和教育实践活动内化为党员的行动要求。Z市将党员带头参加村（居）法律服务视为党员党性的表现。党性指的是在政治生活中，党员必须在意识形态上认可党组织、听从组织的安排①。党员党性要求进一步强化了党员对政策参与的无条件服从。"我们党支部罗主任给我们下了死命令，说所有党员律师，必须参加。"②

行政动员同样非常重视话语动员，忽略对行政动员话语的考察可能难以理解共意支持的形成。与政党动员强调"党员党性"不同，政府行政动员借助传统道德资源和现代志愿精神的话语，利用"发扬志愿精神""社会精英带头履行社会责任"等话语表达。"我们做到这样的程度（全省推广），也是通过不断宣传、努力宣传。律师要重视回馈社会，要做一点社会工作，要体现社会价值。"③社会伦理与政治伦理共同形塑了动员客体对参与村（居）法律顾问政策的价值认知，这不仅消弭了权责不对等产生的不公平感，更重要的是能够激发律师参与政策的主体性和主动性。

五、结论与讨论

党政体制是理解当代中国政治的核心概念，从党政体制角度去分析社

---

① 孙梦婷、周幸钰：《突发公共危机中的政党力量——来自城市基层社区社会动员的案例对比研究》，载《中国非营利评论》2020年第2期。

② 访谈对象为Z市某律师事务所参加村（居）法律顾问政策的律师，访谈编号ZSL20190803。

③ 访谈对象为Z市B县司法局普法办公室主任，访谈编号BPZ20150722。

会动员，不仅与西方社会动员研究有着显著差异，也与当前国内忽视党政体制对社会动员影响机制的研究形成鲜明对比，构成了社会动员研究视角的重要转换。本文将社会动员置于党政体制框架下进行解读，从组织联结和机制整合两个维度建构了党政统合动员的分析框架。在党政统合动员模式下，政治机制的灵活性和权威性与行政机制的常规性和技术性联结成为社会动员的基本运作机制。依托党政双科层结构的组织基础，政治机制和行政机制在相对独立的前提下实现了有效整合，形塑出独特的"有统有分、统分结合"的社会动员特征。

在我国，"社会动员并非应对时局一时需要的手段或策略"①，而是贯穿革命、建国、改革历程的重要治理机制。整体来看，社会动员的基本逻辑一直没变，即国家根据经济社会的不断变化，重塑与社会组织的联结，并通过社会动员实现对社会资源的调控和整合。社会动员经历了从总体社会的政治动员到常态治理下的行政动员，再到新时期党政统合动员的转变。社会动员的变化和中国现代化进程不同阶段政党、政府和社会关系形态的变化密切相关。改革开放之前，政党、政府和社会三者之间的边界高度合一，党政合一、以党代政的体制导致政府科层组织发育不良②，行政动员缺乏独立运作空间。国家通过单位体制和公社制度实现对资源的全面垄断和对社会的高度控制，并对社会成员的思想和行为做出明确要求，社会动员过程中社会成员没有比较和选择的空间，国家对社会拥有极强的动员能力，社会动员的效果也相对统一③。进入市场转型之后，国家发动社会动员的体制资源、动员策略以及民众的动员反应、行动逻辑、参与策略都发生了很大的改变④。一方面，党政分开使得政府成为国家常态治理的主体，政党坐镇幕后，在一线社会治理中相对隐形⑤，政党社会动员的独特机制及其发挥渠道难以观察。另一方面，资源来源和价值观念多元化使

---

① 刘一皋：《社会动员形式的历史反视》，载《战略与管理》1999 年第 4 期。

② 孙立平、晋军、何江穗：《以社会化的方式重组社会资源——对"希望工程"资源动员过程的研究》，见中国扶贫基金会《中国扶贫论文精粹》，中国经济出版社 2001 年版，第 14 页。

③ 郑永廷：《论现代社会的社会动员》，载《中山大学学报（社会科学版）》2000 年第 2 期。

④ 刘岩、刘威：《从"公民参与"到"群众参与"——转型期城市社区参与的范式转换与实践逻辑》，载《浙江社会科学》2008 年第 1 期。

⑤ 唐皇凤：《常态社会与运动式治理——中国社会治安治理中的"严打"政策研究》，载《开放时代》2007 年第 3 期。

得社会自主性相应增强。从动员效果来看，压力型体制下科层组织内部自上而下仍然保持着强动员能力，但由于受制于组织和资源的双重约束以及意识形态道德教化作用下降①，社会动员面临"上面运动、下面不动"的"组织化失效"局面②。新时期政党、政府和社会关系出现了一些新的变化和调整，政党从幕后走向台前直接参与一线治理的实践增加③，行政机制更加强调科技手段在社会管理中的支持作用。从党政分开走向党的全面领导是对党政分开的合理扬弃，也是对党的十六大以来"加强和改善党的领导方式和执政方式"的发展深化④。党政统合动员的精妙之处在于可以实现政治动员和行政动员的互动组合，政党既能够依托自身组织体系优先撬动社会中的党员资源启动社会动员，也可以驱动行政机制贯彻动员目标，并利用政治机制的灵活性和权威性调整动员内容以及时回应变动中的社会需求。社会的异质性导致单独的政治动员或行政动员都难以实现社会动员的目标，只有通过党政统合动员，政治动员机制和行政动员机制通过双科层结构的组织基础形成优势互补才能实现社会动员能力的提升。

任何权力都具有天然的扩张性。改革开放后，市场经济发展带来社会自主力量的不断发育和成长，一定程度上造成了组织化动员失效的局面。党政统合动员的形成是政党和政府面对日益复杂化社会的一次"反向运动"，通过组织联结和机制整合，特别是现代技术手段与传统组织和资源调控的叠加强化，极大拓展了社会资源的汲取能力。从动员效果来看，党政统合动员无疑是成功的，但也隐含着国家与社会之间的潜在张力。在本案例中，政党出于国家整体利益和社会长远发展的考虑，有效动员社会律师参与基层法律事务治理。然而，社会动员是基于社会律师对个体利益的让渡而实现的，从长远来看，国家需要根据律师从事公益的合理限度而调整政策内容。更重要的是，社会律师的社会性属性是极为重要的⑤，社会

---

① 杨敏：《公民参与、群众参与与社区参与》，载《社会》2005 年第 5 期。

② 李怀：《"组织化动员"失效的制度逻辑——一个"城中村"改造中地方政府的民族志研究》，载《中山大学学报（社会科学版）》2010 年第 3 期。

③ 吴晓林：《党如何链接社会：城市社区党建的主体补位与社会建构》，载《学术月刊》2020 年第 5 期。

④ 沈亚平、范文宇：《党政分工：新时代机构改革的深层逻辑》，载《天津行政学院学报》，2020 年第 3 期。

⑤ 张志铭：《当代中国的律师业以民权为基本尺度》，载《比较法研究》1995 年第 1 期。

性表现为律师个体身份的"非官员化"以及律师个体与国家权力机构形式上的疏离，律师才因而获得了代表社会公众与国家权力机构对话和交涉资格的必要前提①，从而有助于法治建设的稳健推进。党政统合动员的实现一定程度上建立在对社会律师管束的基础上，才能在地方财政有限的情况下实现律师资源向经济欠发达地区倾斜的动员目标，但客观上又造成了社会律师再次被体制吸纳所导致的社会性内涵的阙如，进而对国家法治建设构成新的考验。

---

① 季卫东：《律师的重新定位与职业伦理》，载《中国律师》2008 年第 1 期。

软嵌入：基层社会治理中政府行为与文化共同体的契合逻辑[*]

陈天祥　王　莹[**]

摘要：一段时期以来，作为基层社会公共性代理人的群众自治性组织出现了行政化和官僚化的转变，由于国家通过资源汲取推动政权现代化建设留下的制度惯性和基层社会长期积累中形成的习俗元制度未发生根本性转变，其他社会主体在充当新代理人的过程中仍面临着嵌入性的张力问题，基层社会公共性的重构面临着外生权威缺乏和内生权威式微的双重困境。基于"嵌入性"和"软治理"的讨论，本文用"软嵌入"一词概括了基层社会中新乡贤群体所构建的文化共同体与基层政府行为之间的契合逻辑。研究发现，松动的威权主义政策为以新乡贤为核心的基层文化共同体提供了集体行动的空间；文化共同体下的价值认同和身份认同驱动着各个主体参与集体行动，并通过非正式的软权力系统作用于基层社会的政治生活；以基层政府为代表的行政性机构用行为导向和行为归化的方式维护着基于文化纽带形成的新公共秩序，进而构建了主体间地位平等化、秩序规范互嵌化、成果评估方式多元化的基层社会治理新格局。

关键词：基层治理；公共性；新乡贤；软嵌入

一、新时代基层社会治理面临的公共性困境

在相当长的一段时间里，中国基层社会公共产品的供给都由政府主

---

[*] 原载于《华南师范大学学报（社会科学版）》2020年第5期，收入有修改。

[**] 陈天祥，广州南方学院公共管理学院、中山大学政治与公共事务管理学院教授、博士生导师，管理学博士。

王莹，重庆大学公共管理学院讲师，管理学博士。

导，基层社会公共性的塑造主要依靠着国家权力的渗透①。近年来，随着改革的深化和社会的快速发展，基层公共领域的内部结构也呈现出多元化变迁。

一方面，公民对原有公共性代理人的认同感出现了动摇。为适应我国行政体制改革的需要，国家在基层社会领域也进行了不断的改革尝试，基层群众自治组织（居民委员会、村民委员会）逐渐承担起繁重的社区管理任务，如计划生育、城市管理、辖区三包、社会治安、殡葬改革、民事调解等。在维持这类工作的日常化运行过程中，由于财政来源依靠政府划拨，组织管理和考核方式参照行政化模块（岗位目标责任制、支书备案管理等）进行②，基层群众自治组织逐渐行政化和官僚化③，有违其作为公共性代理人的初衷。

另一方面，原有的公共性塑造者在现代化发展进程中部分退出。改革开放以前，基层社会的管理方式以城市单位制与街居制、乡村人民公社制度呈现，整个社会被纳入国家的权力支配体系和资源分配体系当中，公共性社会关系建立在国家权力支配关系的基础之上④，社会的政治中心、意识形态中心、经济中心重合为一，国家权力在基层社会有着极强的社会动员与组织能力。随着城乡体制改革以及单位制的解体，社会分工和利益群体的分化为新兴社会经济空间的开放提供了可能，私营的、合资的或股份制的经济组织形式出现，社会组织的发展有了体制外的成长空间，国家与社会也由此出现了制度性的关系调整。进入 21 世纪，市场化经济体制改革带来的红利不仅为基层社会中的互助团体、商会、行业协会的进一步发展提供了便利，也助推了公众对公共产品和公共服务的专业化、高端化需求，国家权力逐渐开始有意识地将社会组织纳入基层社会公共物品供给之中。在这个过程中，国家权力不再是制度来源和公共性塑造的唯一主体，社会力量的崛起为制度供给提供了新的可能，国家权力在基层社会的定位

---

① 严火其、刘畅：《乡村文化振兴：基层软治理与公共性建构的契合逻辑》，载《河南师范大学学报（哲学社会科学版）》2019 年第 2 期。

② 黄冬娅：《多管齐下的治理策略：国家建设与基层治理变迁的历史图景》，载《公共行政评论》2010 年第 3 期。

③ 景跃进：《中国农村基层治理的逻辑转换——国家与乡村社会关系的再思考》，载《中共浙江省委党校学报》2018 年第 1 期。

④ 周庆智：《改革与转型：中国基层治理四十年》，载《政治学研究》2019 年第 1 期。

上发生了重大转变。尽管基层社会治理的政治框架仍然根植于国家权威的合法性，但国家权力在基层社会的动员方式已经转变为以国家规范性权力为主、非规范性为辅的秩序形态①。

（一）国家权力的部分退出：外生权威减弱引起的公共性危机

在上述基层公共领域内部结构的变迁过程中，一方面，国家对基层社会的管理和控制方式实现了由"政社合一"向"政社分离"的转变，体制性权力从村社收缩至乡镇一级，体制外的社会成员大量涌入，多元的、异质的社会空间不断扩大；另一方面，公民对公共事务管理的期望又并未因为规范性权力的减弱降低，反而随着国家权力的部分退出和公民意识的提升有了进一步的要求。因此，公民希望更有能力的基层社会主体能成为社区公共权力的代理人。实际上，自 2004 年中共第十六届四中全会提出"党委领导、政府负责、社会协同、公众参与"的社会管理格局后，民间组织作为协同发展的重要组成部分，受到了基层社会的广泛关注，业主委员会、志愿组织、文艺性社团组织等多种形式的基层组织形态随之出现，并在"协同治理、公众参与"政策的深化下得到了蓬勃发展。在这个背景下，国家权力的部分退出与国家对新兴社会经济空间的放开为社会主体充当新的公共性代理人提供了可能。

然而，国家通过资源汲取推动政权现代化建设留下的制度惯性②和基层社会长期积累中形成的习俗元制度③并未发生根本性转变，基层社会组织在实际充当公共性代理人的过程中仍面临着嵌入性的张力问题。

首先，行政化后的基层群众自治组织仍是基层社会治理的重要组成部分，长期以来国家权力悬浮于基层社会之上所形成的制度惯性也无法在短时间内释放结束，这使得公民对社会组织充当新的公共性代理人既渴求又犹豫。

其次，在现代化的冲击下，基于人情网络的村落共同体逐渐向基于行政单元的社区共同体转变，而传统社会结构与文化价值沉淀下的宗族、血

---

① 周庆智：《改革与转型：中国基层治理四十年》，载《政治学研究》2019 年第 1 期。

② 付志虎：《城乡二元户籍制度惯性与农民市民化行为选择》，载《农村经济》2019 年第 1 期。

③ Ekkehart Schlicht. *On Custom in the Economy.* Oxford：Clarendon Press，1998，p.2.

缘、道德规范等习俗元制度又并未彻底从日常生活中消逝。正式制度的缺失和非正式制度的无序运行使得社会组织充当公共权力代理人面临着"进场难"的问题。

最后，在现阶段各地对社会组织参与基层公共事务管理的外部法律环境尚不统一的情况下，纵使一部分基于地方文化形成的社会组织能顺利"进场"，以利益互惠为基础的基层人际信任网络仍主导着组织网络的外扩，这意味着组织所能承担的公共事务治理职能在较大程度上需要依托组织自身的影响力。在这种情况下，倘若组织内部的激励机制和运作机制出现问题，一项良好的改革措施极易背离初衷，进而引起"公共池塘"的治理悲剧①。

（二）基层社会组织的自主性不足：内生权威式微对公共性再现的裹挟

回看现代国家的建设，政治现代化的发展具体表现为两个方面②：一是制度化，即国家适应性能力的增强并能不断推动社会的变革；二是参政化，即国家有能力将新生的社会力量纳入制度之内。党的十八大以来，党和国家的各项文件多次肯定了基层社会治理在国家治理体系和治理能力现代化建设中的重要位置，对基层社会的描述也实现了从"社会管理"向"社会治理"的转变，较好地展现了国家适应基层社会变迁、推动社会变革的决心。在这个基础上，尽管基层社会组织在试图担任公共性代理人的过程中存在着"进场难"的问题和"公共池塘悲剧"的陷阱，但其仍是国家现代化和公共性再现的突破口。

从组织的进化形式来看，各类基层社会组织可基于协同理论分为"自组织"和"他组织"两种形式③。其中，"自组织"指那些在没有特

---

① 杨开峰、何艳玲、郁建兴：《如何建设社会治理共同体》，载《浙江日报》2019 年 11 月 13 日。

② ［美］塞缪尔·P. 亨廷顿：《变动社会的政治秩序》，张岱云、聂振雄、石浮、宁安生译，上海译文出版社 1989 年版，第 3 页。

③ Hermann Haken. Synergetics, *An Introduction*: *Nonequilibrium Phase Transitions and Self-Organization in Physics, Chemistry, and Biology*. 3rd rev. New York: Springer-Verlag, 1983, pp. 37 - 50；范逢春、谭淋丹：《城市基层治理 70 年：从组织化、失组织化到再组织化》，载《上海行政学院学报》2019 年第 5 期。

定外部作用下自行建立起的有序结构群体，"他组织"则指在特定外部作用干预下获得有序结构的群体。在国家权力部分退出基层社会后，不论是"自组织"还是"他组织"，组织内部的自主性成为其参与基层治理的主要倚靠。然而，在组织的实际运作中，受筹资渠道和孵化环境等影响，二者都面临着自主性动力不足的问题。

基层社会"自组织"的自主性培育大多依赖草根精英的个人魅力和个人资源，组织运营的资金来源和利益分配受出资人影响大，核心人物和组织的存亡有着密切的依存关系，这使得组织的延续和稳定具有较大的不确定性。"他组织"大多基于政策扶持平台（城市治理孵化平台、培育资金等）成立，能在一定程度上规避个人精英所带来的不确定性。但是，正因为其孕育或建成的背景与正式机构有所关联，在运作过程中若是不主动参与同正式性机构的互动，往往会面临着技术性治理难题和后续信任危机；若互动过深，则又可能被反向形塑①。这使得"他组织"在既有治理任务完成后或是疲于应付正式机构的评估，抑或是面临后续资金审核等问题，一定程度上影响其自由"退场"。由此来看，组织内部的自主性在通过日常运作中的行动策略创造的过程中，仍会受到原有基层治理逻辑的裹挟②，社会组织作为公共性重现的切口还面临内生权威式微的问题。

二、新乡贤：一种新的基层社会治理文化共同体

在上述背景下，要真正打造第十九届四中全会所提的"社会治理共同体"，形成"人人有责、人人尽责、人人享有"的社会治理新格局，还需解决基层社会公共性重构过程中面临的外生权威缺乏和内生权威式微的双重困境。因此，本文从基层田野出发，以湖南省攸县"乡贤文化特色小镇"建设的实践经验为例，试图从传统文化中汲取智慧，探讨以新乡贤为载体的社会组织重构公共权力的可行性，以期为基层社会公共性重构贡献良策。

---

① 张雪、甘甜：《软嵌入：社会组织参与扶贫的行动逻辑——基于 H 组织的案例研究》，载《中国非营利评论》2019 年第 1 期。

② 黄晓春、嵇欣：《非协同治理与策略性应对——社会组织自主性研究的一个理论框架》，载《社会学研究》2014 年第 6 期；姚华：《NGO 与政府合作中的自主性何以可能？——以上海 YMCA 为个案》，载《社会学研究》2013 年第 1 期。

（一）案例背景介绍

2015 年，中央一号文件提出，要"创新新乡贤文化，弘扬善行义举，以乡情乡愁为纽带吸引和凝聚各方人士支持家乡建设"，"新乡贤"一词首次出现在国家层面的政策文件中。2017 年，党的十九大报告指出，"要以培养担当民族复兴大任的时代新人为着眼点，强化教育引导、实践养成、制度保障，发挥社会主义核心价值观对国民教育、精神文明创建、精神文化产品创作生产传播的引领作用，把社会主义核心价值观融入社会发展各方面，转化为人们的情感认同和行为习惯"。在这一背景下，各地政府开始从传统文化中汲取智慧，新乡贤群体作为传统文化与社会主义核心价值观的联结者，成为了时代新人的重要代表，以此为载体产生的新乡贤文化群体为新时代社会治理提供了新途径，逐渐受到学术界和政策界的广泛关注。

湖南省攸县将新乡贤作为基层社会治理的实践可追溯到国家正式政策文件对此关注之前。攸县地处湘东南、罗霄山脉中麓，南通粤港澳，北临长株潭，西屏衡阳南岳，东与江西萍乡、莲花接壤，古有"衡之径庭、潭之门户"之称，是中南楚文化的重要发祥地之一，具有深厚包容的历史文化。2014 年 10 月 9 日，中央电视台《走基层·我眼中的乡贤》首期以《回乡"种文化"的赤脚教授》为题报导了攸县籍退休教授夏昭炎先生在基层社会发展文化事业（"种文化"）的事迹，由此引发了该地区对乡贤文化促进基层建设的一系列探讨。

"新乡贤"是对拥有一定文化知识、品德高尚且情系乡里之人的统称，既源于中国传统乡土社会，又富含着鲜明的时代特征。在漫长的中国历史进程中，以乡绅、乡贤为基础的传统绅士制度始于隋唐时期，成熟于明清时期，它既是封建社会地方政治制度的重要组成部分，也是封建皇权统治的基础和重要保障①。新乡贤出现于社会主义民主框架下，虽与传统绅士一样特指品德高尚的才能之人，但其并不属于政治制度的一部分，"新"字将其组成结构和社会功能与传统乡绅、绅士、乡贤等区分开来，具有鲜明的时代意义。实际中，新乡贤是从地方基层走出去的具有一技之长的人，他们或致仕，或求学，或经商，以自己的经验、学识、专长、技

---

① 阳信生：《明清绅士制度初探》，载《船山学刊》2007 年第 1 期。

艺、财富以及文化修养为家乡的建设和治理贡献力量。

在农村和中小城市精英人才大量涌向城市、基层治理主体和手段呈现多元化的背景下，新乡贤身上散发出来的文化道德力量可以教化乡民、反哺桑梓、泽被乡里，其在乡里、社区的威望对凝聚人心、促进和谐、重构社区公共性大有裨益。基于此，笔者通过访谈和参与式观察为主的调查方法获取到第一手资料，从外部权威来源和内部自主性建立两个方面梳理了新乡贤在基层社会公共性重构中的作用。

（二）文化共同体外部权威的来源

1. 理论起源：文化软治理理论

在单位制解体后的相当长一段时间里，"社区人"概念引导着基层共同体建设的相关研究①。然而，现代国家的发展使得人与人之间、群体与群体之间联系和交往的纽带不再受到传统血缘和地域的局限，社区共同体"脱域"（dis-embeddedness）现象随之出现②，原始意义上的共同体概念逐渐瓦解。

依据奈伊（Nye）的观点，治理能力包括以军事、经济、法律等硬性命令方式呈现的硬治理能力和以文化、意识形态、制度规训等软性同化方式呈现的软治理能力③。在我国基层社会的治理过程中，硬治理表现为治理主体对基层社会公共秩序、公共环境和公共安全等方面的保障，软治理则表现为治理主体对公民道德约束、信仰和文化传承等意识形态方面的引导和教育④。在现代国家的发展进程中，若是执行和运用现代制度的人没有从心理、思想、态度和行为方式上都经历一个现代化的转变，那么无论在硬治理下形成了多么完善的现代制度、管理守则和正式规范，在缺乏共同的价值认同时都如同空壳，将无可避免地遭遇失败或畸形发展⑤。

---

① 张广利：《社会生活共同体就是社区组织吗》，载《解放日报》2007 年 11 月 1 日。

② Anthony Giddens. *The Consequences of Modernity*. New York：John Wiley & Sons，2013，pp. 21 – 22.

③ Joseph S. Nye Jr. *Soft Power：The Means to Success in World Politics*. New York：Public Affairs，2004，pp. 6 – 8.

④ 彭振：《民族习惯法在乡村善治中的地位和功能》，载《广西民族大学学报（哲学社会科学版）》2017 年第 3 期。

⑤ ［美］阿列克斯·英克尔斯、［美］戴维·H. 史密斯：《从传统人到现代人——六个发展中国家中的个人变化》，顾昕译，中国人民大学出版社 1992 年版，第 3 – 4 页。

由此可知，基于文化认同而形成的政治认同是基层社会治理的价值基础，文化软治理并不仅仅是国家治理的工具性条件，还能通过"文化存储"这个介质树立国家信仰的价值标杆①。

2. 建立动力：习惯机构与正式机构的联结

从攸县石羊塘镇乡贤馆的建立过程来看，基层社会原有的习惯机构是新的文化共同体建立的基础与动力。2008 年，攸县籍退休教授夏昭炎先生及夫人于自家老房子建立了高桥文化活动中心，开展老年学校相关公益性活动。2009 年，二人修缮老屋用于开办书屋，筹措图书上百册，吸引了屋场周围众多少年儿童前来阅读。之后几年，少儿假期学校、广场舞队、保健操队等各类兴趣组不断加入。至 2011 年底，老年学校、农家书屋、少儿假期学校已初成规模，基于高桥文化活动中心的精神文明孵化器逐渐形成。

在高桥文化活动中心发展的过程中，基层社会主体间的联结方式出现了新的变化：一方面，日常活动之余的"唠嗑"逐渐成为基层社会解决家庭纠纷和传播最新便民政策的有效途径，文化活动中心不仅担任着文娱活动聚集地的角色，更成为居民日常生活的心灵寄托。"上个月我婶子因为孙女不听话和自家媳妇吵了几句，结果当天广场舞队说 U 盘新曲子播不出来，让她问问自家媳妇，两人又好了"（田野资料 FT2018082202YLJ）；"老一辈们没了田，总要做点事，年轻一辈看着他们有得消磨也都落得开心"（田野资料 JS2018081002WSM）；"我妈没读几天书，有时候回来还能讲几句新政策"（田野资料 JS2018081902CJT）。另一方面，文化活动中心规模的壮大使各类正式组织对其关注度逐渐增大，日常活动运营所需的公共性资源纷至沓来。如 2016 年 8 月，中宣部政研室工作人员来农家书屋调研并送来 90 本注音彩绘版图书；2016 年 12 月，《中国社区报》为活动中心捐赠了价值达 10,000 元的图书。在这个变化中，文化活动中心孵化出的各类文化小组因不同兴趣聚集在一起，他们之间彼此信任，成为社区社会学所认同的精神联合体、集体精神②和精神家园③，具备了文化共同

---

① 王列生：《国家公共文化服务体系论》，文化艺术出版社 2009 年版，第 276 页。

② Robert M. MacIver. *Community: A Sociological Study, Being an Attempt to Set out Native & Fundamental Laws.* London: Frank Cass & Co. LTD, 2012, pp. 3 – 5.

③ Göran Rosenberg. *The Squaring of the Warm Circle-Bernadotte in Palestine.* Lecture at conference "Rethinking the Nation State," Florence, 1999.

体形成的雏形。

之后，在各类媒体的报道下，高桥文化活动中心的日常活动受到了地方政府和行政性组织的关注。2017 年 3 月，县委宣传部、县委组织部、镇党委、镇政府前往文化活动中心调研；同年 3 月，县妇联邀请 9 名孤儿到文化活动中心参加户外活动；同年 4 月，"农家书屋基层延伸服务调研工作座谈会"在文化活动中心举行，国家新闻出版广电总局工作人员以及省、市、县、镇相关领导参加。在这个基础上，攸县政府于 2017 年 6 月起先后投入 50 多万元公共设施建设资金，用两个多月时间将原有的高桥文化活动中心改造成新乡贤文化的传播基地，形成了现行的石羊塘镇乡贤馆。

到 2018 年底，乡贤馆形成了以农家书屋、老年学校、少儿假期学校、文体队和军鼓队"五指成拳齐出力"的活动形式，包含了门前小广场、馆内小讲堂、馆旁小书屋（又称"门前三小"）为基础的活动基地。在原有的乡土共同体转化为离土共同体的背景下，新乡贤成为了新时代文化软治理的切入口，以其为载体建立的乡贤馆则成为了习惯机构和正式机构之间的联结纽带，既引领着基层社会的文化回归，又为文化共同体的形成提供了外在动力。

（三）文化共同体内部自主性的产生

1. 新公共秩序的出现：个体归属及身份认同

以乡贤馆为核心的文化共同体的出现使得基层社会价值观从原有生活形式中脱离出来，在既有正式制度的保障下，逐渐形成了以文化为纽带、以道德规范和法理合理性为约束所建构的新公共秩序。受文化本身所具备的公共性特点影响，这种新形成的公共秩序不仅是身份认同后生成的结果，还是文化共同体内个体归属感产生的基础，具体可从如下两个层面理解①。

一是新公共秩序所依托的权威系统，即乡贤馆有序运转的规则体系和规则作用下的身份认同。在乡贤馆各类活动的实际运作过程中，活动举行和群众参与基本遵循着既定的时间表。其中，农家书屋常年工作日开放；

---

① 徐春光：《公共文化服务的"软治理"要义与发展逻辑》，载《学习与实践》2016 年第 8 期。

老年学校每月初三、十六进行授课；文体队除赶集日外，坚持每日活动（早上太极拳、晚上广场舞等）；少儿假期学校寒暑假开班，开班时间不少于 15 天；军鼓队无固定活动日期，遇文娱活动、大型节日等则机动组织排练。这种年龄上的全面覆盖和时间上的多重选择将个体无形地纳入文化共同体之中，个体的行为既是共同体活动的参与者，又是作用于共同体外的秩序维护者。

二是新公共秩序内在的认知结构，即个体归属感产生所依靠的一套完整的价值系统。以村组路灯的修建和日常维护为例，2017 年，为方便网岭镇罗家坪村村民出行，作为当地新乡贤一员的谭春生主动找村组长商量，提议将组里道路全部装上路灯，由他想办法集资。听到消息后，村民们开始自发联系他，关心起资金问题。"老谭是个好心肠的人，原来村里修路、架桥、搞水利建设，都主动参加，还不要一分钱工资"，"他把女婿给的 8 万块钱都拿出来了，那我们肯定也要表示点，都是做好事"（田野资料 FT2018081002TXD），"他说装路灯，这个事情肯定能办好，一家出点，钱也不多，子女们过年回来看着也好看"（田野资料 FT2018080902PZN）。在谭春生的四处奔走下，"其他在外工作的人员，也自发出资出力参与家乡建设，为村民服务"（田野资料 FT2018081001XYZ）。2018 年年初，基于谭春生自筹和村民们自发拿出的资金，罗家坪村完成了组里路灯的购买与安装。作为新乡贤的谭春生凭借着根植于日常生活的道德口碑塑造了群众对新乡贤文化的价值认同，并引领了集体行动的产生。集体成果的成功出现肯定了集团内个体作为行动者参与集体行动的自我价值，而成果共享时所附带的集体荣誉感和归属感又为下一次集体行动的出现提供了可能。"还真像'温良恭俭让，人人正能量'[①] 说的那么回事，看我们这边弄得好，谭家垅（社区）那边也有人出钱修路灯了"（田野资料 FT2018081001PZN）；"（谭家垅社区）外面工作的都听说了，路灯的电费他们约好了按时付过来，不要集体出一分钱，也不用有意地催谁，都是自觉自发地把电费存在村里"（田野资料 FT2018081001XYZ）。从上一次集体活动完成到下一次集体活动产生的过程中，群众基于道德口碑形成的价值

---

① "美丽石羊塘，乡贤在身边，温良恭俭让，人人正能量"是石羊塘镇乡贤馆门口最大的标语，源自子贡对孔子的评价"温和、善良、恭敬、俭朴、谦让"，被当地广泛用于乡贤文化宣传材料中。

认同逐渐扩散为个人对文化共同体的身份认同。

由此可见，新乡贤群体所引领的集体行动来源于并影响着群众的日常生活，基于新乡贤文化所形成的新公共秩序根植于公民对道德规范和法理合理性的价值认同之上，它既是个体对文化共同体身份认同的表现形式，也是基层社会公共意志转换为公共信念的有效途径，通过教化和同化的方式影响着基层社会的价值系统。

2. 新公共秩序的维系方式：行为导向与行为归化

文化软治理目标共识的达成是充分聚合政府、市场与社会等所有相关者的共同体利益网络和多元文化诉求[1]，由此延伸出的基层社会治理不仅意味着治理主体的多元化、公共权力和资源的分散化，还包括多元治理主体公共责任的明确划分和承担[2]。从这个角度出发，在讨论以乡贤馆为载体的文化共同体如何维系其公共性时，仍需梳理其与政府行为间的关系。

从已有研究来看，文化所形成的理性价值权威在基层治理中往往不是直接发挥作用，而是把国家治理寄托在文化政策框架之内[3]。因此，国家权力部分退出后，政府虽不再对社会进行强制性管控，但仍保留由制度化渠道、非制度化渠道和社会网络共同构建等中介途径与社会群体和个人互动的权利，这个过程便是埃文斯（Evans）所说的"自主性嵌入"[4]。在本案例中，这种嵌入主要通过行为导向和行为归化的方式体现。

一方面，政府通过行为导向的方式对公共治理的目标进行引导，具体可以新乡贤文化下"门前三小"的发展为例。2016 年，株洲市政府提出全面启动村级文化服务中心建设；之后的两年间，攸县的 5087 个村民小组通过村民自筹、政府配置的形式陆续增添了篮球架、乒乓球台等文体器材；到 2018 年全县已建成 1,000 个组级文化服务中心。然而，"由于距离、资源分配等原因，实际开展文体活动时居民大多都很被动"，"基层文化的发展和服务重在氛围、难在常态"，"如若群众家门口就有'小舞

① 徐春光：《公共文化服务的"软治理"要义与发展逻辑》，载《学习与实践》2016 年第8 期。

② 刘志辉、杨书文：《政府购买社会组织公共服务的公共性论纲》，载《理论月刊》2019年第 10 期。

③ 刘勇：《论中国特色社会主义生态文明的认识维度》，载《湖北社会科学》2016 年第 1 期。

④ Peter B. Evans. "Predatory, developmental, and other apparatuses: A comparative political economy perspective on the Third World state," in *Sociological Forum*, 1989, 4 (4): 561 –587.

台'存在，就可以自发组织广场舞、读书会等各种活动，'政府搭台，群众唱戏'便能成为常态"（田野资料 FT2018081601YXY）。基于此，在组级文化服务中心建设的基础上，攸县党政部门领导和工作人员深入挖掘乡村文化建设过程中的痛点与难点，提出将公共文化服务点搬到家门口，以 10 分钟路程为标准进行"门前三小"建设，力图让更多的群众享受到便捷的公共服务。各镇"门前三小"发展所需的资金主要依靠新乡贤通过自筹和引进外资的方式获得，如网岭镇于 2016 年自发筹措 20 万元建成门前小广场等项目。在这个过程中，政府实现了由组织者、出资者向集体行动的主导者、参与者的转变，用行为导向的方式保障了以文化为纽带的基层公共服务供给。

另一方面，政府通过行为归化的方式对共同体内成员进行组织同化或教育。从本质上看，因公共利益的存在，多元主体参与基层社会治理仍是一项集体行动，那么，新公共秩序下公共性的维系也无法避免地要考虑集团内广泛存在的"搭便车"现象。实际田野中，政府在进行自主性嵌入时也确实遵循了奥尔森为避免"搭便车"行为所设计的强制与选择性激励相结合的组织策略①。强制策略表现为政府在新乡贤文化基本形成后将地方产业发展和群众经济生活也纳入文化软治理范围内，用行政规划的方式促使集团内成员参与集体行动。2018 年，石羊塘政府与专业文化机构合作，先后投入 70 万元打造乡贤文化特色小镇，从称呼上改变了传统意义上基于行政区划的镇级单位，以期对集团内成员进行组织同化。在选择性激励策略方面，从 2017 年年底开始，石羊塘镇开展了"寻找身边新乡贤"评选活动，通过各村（社区）征集、镇政府与第三方公司的走访考察、政治审查、网上投票等一系列程序，对积极参与集体行动的成员授予"新乡贤""十佳乡贤"等称号，以证书奖励和新媒体推送等形式对获得称号的成员给予名声、威望上的奖励。在取得良好的社会效应后，石羊塘镇于 2018 年继续开展"第二届十佳乡贤评选"活动，将这种选择性激励方式以习惯制度的形式延续下来。

---

① ［美］曼瑟尔·奥尔森：《集体行动的逻辑》，陈郁、郭宇峰、李崇新译，上海人民出版社 2003 年版，第 41、192－193 页。

三、软嵌入：基层社会政府行为与文化共同体的契合机制

嵌入性理论最早出现在波兰尼（Polany）对工业革命前后经济体系与社会体系二者间嵌入（embeddedness）关系的描述中，他认为，"经济作为一个制度过程，是嵌入在经济和非经济制度之间的"①。之后，格兰诺维特（Granovetter）运用关系嵌入性和结构嵌入性的框架阐明了人和组织所处的社会关系，将嵌入性从双边联系阶段推进到多边联系阶段②。此后，嵌入性理论受到了学者们的广泛关注，并出现了与政治、文化、制度等因素相结合的嵌入性治理，即国家运用自身的政治、组织优势整合社会资源，并通过渗透、宣传、动员等方式将国家权威嵌入社会内部的结构、关系和规范之中③。

在基层社会治理的研究中，嵌入性治理通常以国家依靠行政手段或制度性规训对社会进行监督和引导的硬嵌入形式呈现。国家权力部分退出以及社会公共空间放开后，硬嵌入成为国家权力引导社会组织参与社会治理的主要途径：一方面，国家借由正式制度、组织架构和利益诱导等硬嵌入途径对非正式组织的合法性地位、内部结构和社会资源进行积极的形塑；另一方面，非正式组织又依据自身的利益诉求进行策略性行动，以反嵌入和妥协的形式作用于社会治理④。然而，由于硬嵌入本质上遵循的仍是一种制度性、灌输性和责任无限性的行动逻辑⑤，基于这一逻辑下的国家权力担任着嵌入主体的角色，与非正式组织间的互动并没有明确的边界限制，故而往往会出现根据行动需要主动调适其嵌入力度并试图加深其嵌入层次的情形；而作为嵌入客体的社会组织，或是为维系其行政性资源和合

---

① ［英］卡尔·波兰尼：《大转型：我们时代的政治与经济起源》，冯钢、刘阳译，浙江人民出版社 2007 年版，第 15 – 16 页。

② Mark Granovetter. "Economic action and social structure: The problem of embeddedness," in *American Journal of Sociology*, 1985, 91（3）: 481 – 510.

③ 陈锋：《论基层政权的"嵌入性治理"：基于鲁中东村的实地调研》，载《青年研究》2011 年第 1 期。

④ 唐兴军：《嵌入性治理：国家与社会关系视阈下的行业协会研究——以上海有色金属行业协会为个案》（博士学位论文），华东师范大学 2016 年。

⑤ 张雪、甘甜：《软嵌入：社会组织参与扶贫的行动逻辑——基于 H 组织的案例研究》，载《中国非营利评论》2019 年第 1 期。

法性地位而主动接受调适后国家权力的形塑，抑或是由于依赖关系难以自主"退场"而被动接纳硬嵌入程度的加深。在二者深入和持久的互动博弈中，无论上述哪种形式的接纳，都将带来社会组织内部结构僵化和治理效果内卷化等问题。

因此，在权威主体自觉性的制度安排、利益主体策略性的调适行动以及人际能量场赋予的行动能力的运行机制下，如何保证地方政府嵌入性行为与基层社会内生秩序的平衡成了避免治理的内卷化的关键问题①。

回看我国基层社会的发展，传统社会中乡绅或士绅长期占据着基层治理的主体地位，帝国逻辑下的府际关系通过正式和非正式两种形式共存并行且相互依赖的关系来有效缓和权威体制与有效治理之间的矛盾，实现统一性和灵活性的兼容②。因此，传统基层社会的政治秩序较多地依赖基层文化网络中蕴涵的文化权力和自治实践，这种借由文化权力所形成的柔性和简约治理方式一直是几千年来中国乡村社会有序统治的密码③。从这个角度，现代基层社会所产生的多元文化可以被看作是时代发展的产物，它是一种思想积淀、一种历史流变过程、一种文艺批评理论，更是一种政治态度和政治认同、一种意识形态的综合体④。随着传统村落共同体和行政单元共同体的解体，利益分化的组织形态、契约主导的市场秩序、组织化的社会关联正在重塑基层社会的公共秩序，运用文化软治理整合基层社会中多元主体的理性共识，能为政府行为的嵌入和基层社会的内生秩序提供价值指引。

基于上述对"嵌入性"和"软治理"概念的讨论，本文将田野调查

---

① 许源源、左代华：《乡村治理中的内生秩序：演进逻辑、运行机制与制度嵌入》，载《农业经济问题》2019 年第 8 期。

② 周雪光：《从"黄宗羲定律"到帝国的逻辑：中国国家治理逻辑的历史线索》，载《开放时代》2014 年第 4 期。

③ 吴理财、解胜利：《文化治理视角下的乡村文化振兴：价值耦合与体系建构》，载《华中农业大学学报（社会科学版）》2019 年第 1 期。

④ 周彦每：《公共文化治理的价值旨归与建构》，载《湖北社会科学》2016 年第 7 期。

中所观察到的基层政府行为用"软嵌入"①一词来概括，其形成过程既囊括了基层政府利用嵌入性行为对新公共秩序的维护，又展现了软法和道德规范所形成的文化软权力对基层群众集体行动产生的推动作用。

如图2-1所示，横向上看，传统道德规范和法理合法性下形成的新乡贤文化有着符合时代发展的多元价值，担任着联结传统文化与现代公民精神的角色，由此产生的文化共同体既包含了柔性的人文关怀（文化认同），也囊括了理性的契约精神（身份认同），能有效促进群众意愿和利益表达。文化共同体的出现促使国家借助文化威权而不是企图取代它来实现基层社会的局部整合，进而通过行为导向和行为归化的方式维护基于文化纽带所形成的新公共秩序，有效缓解了基层社会公共性重构面临的双重困境。

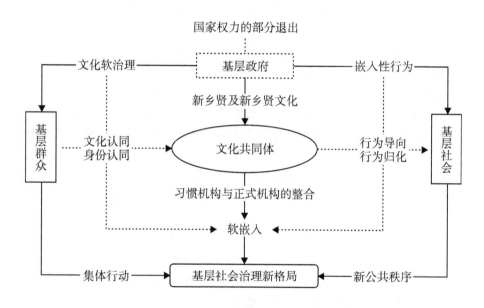

图2-1　软嵌入逻辑作用于基层社会治理的运行机制

---

① "软嵌入"一词最先出现于张雪、甘甜的研究（参见张雪、甘甜《软嵌入：社会组织参与扶贫的行动逻辑——基于H组织的案例研究》，载《中国非营利评论》2019年第1期），指社会组织通过软性的关系、资源和结构嵌入实现与其他主体有效合作的一种方式。本文的"软嵌入"概念受此启发，但重点关注基层政府对文化振兴和治理方式所做出的行为调适与策略性回应，是对基层政府行为的讨论。

纵向上看，松动的威权主义政策为新乡贤群体和新乡贤文化的发展提供了公共空间，基于新乡贤文化形成的文化共同体在实践中对基层社会的习惯机构和正式机构进行了整合，并采用半正式的方式进行着半行政式的治理。其中，以基层政府为代表的行政性机构一方面通过"嵌入性行为"促使基层社会公共秩序的变迁；另一方面又借助"文化软治理"所形成的软权力机制驱动着基层群众的集体行动，进而引导了基层社会治理格局的转变。

四、软嵌入逻辑下的基层社会治理新格局

过去我们讲基层社会治理，通常都假定治理的主体是政府、对象是社会，是政府的社会治理，由此产生的治理成效大多停留在政府考核的层面，与人民群众的获得感、满意度关系不是很大①。软嵌入逻辑下的基层社会治理格局则发生了新的变化，这种变化既整合了基层社会发展本身所蕴含的主流价值观和公众生存方式；又使得基层社会公共性建构和民主化建设下沉到基层群众的日常生活之中，是一种主体间地位平等化、秩序规范互嵌化、成果评估方式多元化的新格局，具体可从如下三个层面理解。

一是新的社会治理格局下成员之间的主体地位趋于平等，社会组织和群众不再局限于在执行阶段参与社会治理，更能通过文化共同体来共同规划社会治理的目标、共同设计社会治理的政策。新的治理格局下，基层社会的公共性建设依赖基层群众对政治合法性和文化共同体的价值认同，它既包含了治理主体对自我存在的全面理解，也凸显了国家权力对社会发展的整体观瞻。同时，以个体、社会组织为代表的治理主体不但处于行政规划所建构起来的区域共同体中，也处于基于文化性建构起的文化共同体之中，他们在参与基层社会治理时能根据行政供需来调整决策和行动，还能根据其所属的文化网络为己发声和彼此互动。

二是新的治理格局下基层社会的秩序逐步向国家的规范性权力为主、基层社会的非规范性权力（基层群众自治组织）及基层社会规范（习俗、惯例等地方性知识）为辅的秩序形态转变。文化共同体的出现融合了基

---

① 杨开峰、何艳玲、郁建兴：《如何建设社会治理共同体》，载《浙江日报》2019年11月13日。

层社会约定俗成的潜意识和人民群众的精神文明需求，它与中华传统文化一脉相承，既有道德文明的柔性关怀，也具备了文化软权力的政治张力。因此，软嵌入逻辑实现了国家法与民间法的混融和互嵌，使得基层社会的秩序运作不再限于国家与社会的二元对立结构，而是将国家权力寓于基层社会几千年来的传统文化和道德习俗之中，为国家与社会的良性互动贡献了良策。

三是新的社会治理格局下治理成果的评估不再局限于政府考核的层面，还与治理主体的满意度息息相关。新的治理格局下，参与基层社会治理的诸多行动者之间存在着基于文化多元发展的共同利益，如个体能借此获得的精神文明需求、新乡贤能借此获得的道德名誉满足，以及基层政府能借此获得的文化产业收益。在这种共同利益的驱使下，基层社会治理中的每个主体都是参与者，也都是利益既得者，改变了原有治理格局中基层政府单方面将治理成果转变为政绩利益的情形。在这个基础上形成的治理成果既是基层社会集体行动的表现形式，也是群众、社会组织对政府行为进行约束的工具和保障，治理成果是否合格不再是基层政府的一家之言，而是以多元评估的形式展现，既实现了社会主体对政府行为的约束，也保障了社会治理能力的有效提升。

由此看来，新的治理格局下，个体、社会组织不仅在执行阶段参与社会治理，还共同探索了社会治理的工具，共同开展了社会治理实践，扩展了原有治理格局中"参与"二字的内涵，为实现中共第十九届四中全会提出的建设"人人有责、人人尽责、人人享有的社会治理共同体"提供了可能。当然，基层社会的多元化情形是由基层社会的文化根基和其他因素共同构成的，软嵌入逻辑将当下的基层社会视作文化、政治、经济等因素之间的互动场域，这就意味着软嵌入并不是一种彻底的文化治理论，而旨在呼吁学术界和政策界建立基于软嵌入的多元治理模型来探索治理现代化背景下的社会治理共同体的发展。因此，在运用软嵌入探讨基层社会治理的新格局时，仍需警惕行政先导和过度嵌入所带来的行政化、精英化的陷阱。

实际上，在新乡贤参与基层社会治理的实践中，仍存在地方政府为了迅速营造多元治理的格局，通过行政推动的手段选择性地培植一些典型的情形，这种拔苗助长的方式不但不能促成社会治理的内源式发展，反而会回到硬嵌入的逻辑圈中，既削弱了政府与社会、群众的整体互动，又与顶层设计所提出的群众路线背道而驰。所以，在使用软嵌入推动基层社会治理格局转变时，一方面应时刻关注社会治理主体自主性的维系，切勿操之过急；另一方面还要尽可能扩大选拔和推举面，着力防范脱离群众、精英化转变等问题。

推动新时代基层社会治理法治化的思考

曾　欣[*]

摘要：进入新时代，基层社会出现了不少新问题、新挑战，对社会治理工作提出了新要求。法治化是新时代推进基层社会治理现代化的题中之义、关键举措。本文阐述了新时代推动基层社会治理法治化的重要意义，在对影响基层社会治理法治化问题分析的基础上，提出了务求实效和紧扣关键的破题之策：即是深入贯彻习近平法治思想，把基层社会治理纳入法治轨道，在基层社会治理中树立新理念、构建新模式、建立新体系、形成新风尚，推动形成办事依法、遇事找法、解决问题用法、化解矛盾靠法的良好社会氛围，努力营造和谐稳定、国泰民安的社会环境。

关键词：基层社会治理；法治化；党的领导；创新

基层是国家治理的"最后一公里"，也是服务群众的"最近一米线"。党的十九大报告强调，加强社会主义新时代法律体系建设，进一步完善党委领导、政府负责、社会协同、公众参与、法治保障的社会治理体系，提高社会治理社会化、法治化、智能化、专业化水平[①]。要坚持以习近平法治思想为指导，将基层社会治理纳入法治化轨道，综合施策推动新时代基层社会治理法治化，构建和谐稳定的基层社会共建、共治和共享的新格局，深入推进更高水平的法治中国和平安中国建设，努力营造国泰民安的社会环境。

一、推动新时代基层社会治理法治化意义重大、影响深远

基层社会治理涉及千家万户、城镇乡村，其核心是维护社会秩序，维护公平正义，保障经济社会平稳健康发展，关键在于法治化水平的提升，

---

　*　曾欣，广州南方学院公共管理学院教师，国际法学硕士。

　①　刘源隆：《打通共建共治共享的任督二脉》，载《小康·财智》2019 年第 2 期。

这在整个国家治理体系和治理能力现代化中占有十分重要的位置。

（一）推动基层社会治理法治化是确保党长期执政和人民当家作主的重要举措

治国安邦，基础在基层，重点在基层。基层社会治理的法治化水平，很大程度上反映出国家治理体系和治理能力现代化的重要成果。党对一切工作的领导，最重要的基础和支撑在基层，影响国家治理体系和治理能力现代化的推进和水平的主要因素也体现在基层。在国家治理的范畴里面，基层社会治理是一个重要方面，其治理成效事关国家治理和社会治理的成效，事关人民群众的获得感、幸福感和安全感，事关党的长期执政和政治安全、社会安定、人民安宁。习近平总书记主持召开中央政治局会议时强调，推进基层治理体系和治理能力现代化建设，是全面建设社会主义现代化国家的一项重要工作，各地区各部门要从巩固党的执政基础和维护国家政权安全的高度，深刻认识做好基层治理工作的极端重要性①。坚持以人民为中心，关键在于基层治理基础的夯实，由此人民群众的获得感、幸福感、安全感才能不断增强。

（二）推动基层社会治理法治化是实现基层治理体系和治理能力现代化的重要内容和关键环节

《中共中央关于制定国民经济和社会发展第十四个五年规划和二〇三五年远景目标的建议》，将"社会治理特别是基层治理水平明显提高"纳入经济社会发展主要目标②。习近平总书记在吉林考察时强调，"一个国家治理体系和治理能力的现代化水平很大程度上体现在基层"③。推进国家治理体系和治理能力现代化离不开基层社会治理，其治理效果直接关系

---

① 谢倩、闫妍：《中共中央政治局召开会议审议〈中央政治局常委会听取和研究全国人大常委会、国务院、全国政协、最高人民法院、最高人民检察院党组工作汇报和中央书记处工作报告的综合情况报告〉〈关于加强基层治理体系和治理能力现代化建设的意见〉〈关于十九届中央第六轮巡视情况的综合报告〉〈关于二〇二〇年中央巡视工作领导小组重点工作情况的报告〉》，载《人民日报》2021年1月29日第1版。

② 刘畅：《中共中央关于制定国民经济和社会发展第十四个五年规划和二〇三五年远景目标的建议》，见中国政府网（http://www.gov.cn/xinwen/2020-11/03/content_5557023.htm）。

③ 张敏彦：《吉林之行，习近平这五句话涵义极其深刻》，载《理论导报》2020年第7期。

到社会的和谐稳定和人民的安居乐业。因此，重视基层、倾斜基层、支持基层是中国特色社会主义法治体系建设的题中之义。以基层社会治理法治化水平的提升，保障人民群众的参与、监督等合法权益，创造公平、民主、法治和可持续发展的环境，有利于全面推动依法治国，有利于全面推进社会治理现代化，有利于全面提升国家治理效能。因此，以法治力量推动基层社会治理水平势在必行。

（三）推动基层社会治理法治化是促进基层治理创新实践转化的法治保障

构建和谐社会，关键靠法治，需要发挥法治在维护社会和谐稳定中的重要作用。社会治理创新的基本要求，在于以法治的思维和方式看待和处理社会治理中碰到的突出问题，坚持人民至上、以人民利益为重，敬畏法律、尊重宪法，在法律和政策框架内分析问题、化解纠纷、解决矛盾，有力有效维护社会和谐稳定。一些地方出现的"黑天鹅""灰犀牛"事件，充分说明防范风险重点在基层，难点也在基层，稍有不慎就会引发不安定事件。因此，适应新时代要求，需要各级党委和政府以"时时放心不下"的责任感，更加重视动员各方力量参与基层社会治理，以改革创新推动依法决策、依法办事，在法治化轨道上行稳致远，把控好每一个细节、每一个环节、每一个层面，运用法治化方式推进基层治理，让各种风险化解在成灾之前、解决在萌芽状态。

二、推动新时代基层社会治理法治化问题不少、挑战多多

当前，基层社会治理面临不少困惑和挑战，存在一些短板与弱项，治理成效与人民群众愿望仍有一定差距，实现全面依法治国、推动国家治理体系和治理能力现代化仍然任重道远，需要聚焦问题、保持定力、久久为功，积小胜为大胜。

（一）立法工作不匹配

与基层社会治理相关的法律同人民群众对"急难愁盼"民生实事解决和国泰民安社会环境营造等方面需求不相适应。一些法律之间还存在冲突，在一些立法领域还存在漏洞，难于调和现有的社会关系和社会矛盾。

导致立法滞后的原因多种多样，有客观方面的因素，如立法能力和立法资源不能适应实际需要；也有主观方面的影响，对新的立法任务存在畏难情绪、满足于过得去，没有依据与时俱进的要求去研究推动立法工作。另外，一些地方还存在部门立法现象，比如随意设置审批、特别许可和收费等，缺乏全国"一盘棋"的大局意识和全局观念。同时，一些地方在立法过程中，没有很好地体现"开门立法"，没有做到深入基层、深入群众充分听取人民群众的意见建议，立法听证搞形式、走过场。同时，没有真正做到与时俱进、包容开放，对一些不合时宜的法律法规没有及时修改完善，一定程度上影响立法质量和人大机关、党政部门的形象，一定程度上影响基层社会治理法治化的进程。在文明城市创建中，一些地方没有针对最为影响"创文"的文明行为规范、城区生活垃圾分类处理、占用公共区域乱摆停乱放等问题开展地方立法，导致在推动工作中缺乏足够的法律支撑，城市乱象久治不结、时而死灰复燃。

（二）法治观念不牢固

一些地方仍然存在以言代法、以权压法等现象，不单侵害了群众切身利益，而且导致出现一些"信关系不信政策""信访不信法"的不良风气，解决问题不是先找法律、政策，而是习惯于"做工作""讲人情"，先找熟人关系开后门。一些人违法甚至犯罪，不是主动投案自首争取宽大处理，而是用老办法找人说情，更有甚者以钱谋权寻求"保护伞"，拉拢腐蚀政法干警、执法人员或领导干部，破坏政治生态、社会风气和社会公平正义。一些地方不敢正视问题，对信访群众不是正面教育引导，而是一味求稳怕乱，一味无原则让步当"老好人"，一味乱给钱来"息事宁人"，结果让一些无理取闹的缠访者尝到了甜头、大起了胃口，导致"闹者得益"，甚至非法闹访，形成恶性上访。一些地方不敢也不善于运用法律手段分析处理问题，因不能果断依法处理，而错过了最佳时机，未能让违法者付出应有的违法成本，无形中助长了个别歪风斜气。一些地方存在惯性思维，习惯于出台"红头文件"，且不少文件不够规范、严谨、科学，顾此失彼。

（三）专业人才不充足

党的十九大报告指出，"加强农村基层基础工作，健全自治、法治、德治相结合的乡村治理体系"①。对照覆盖城乡、便捷高效、均等普惠的要求，公共法律服务体系建设差距较大、能力不强，难于充分发挥法治的指引、规范、保障和惩戒作用，真正做到依靠法律手段来化解社会矛盾、预防打击犯罪、规范社会秩序和解决社会问题。在基层法治队伍建设方面，法学类专业人才紧缺，特别是在镇村两级更是凤毛麟角，公检法和行政执法两类力量不足问题也相对突出，法律人才难招录、难引进、难留住，人员不足、素质不高、年龄偏大等问题突出，难以适应履职尽责、引领保障的需求。国家司法部提供的数据显示，截至 2020 年年底，全国共有基层法律服务机构 1.4 万多家，其中乡镇所 8,700 多家；共有基层法律服务工作者 6.3 万余人，但是在乡镇所执业的只有 2.8 万余人，总体上编制内人员偏少。② 基层法律特别是乡镇一级服务队伍力量更是不足，只能一个法律服务工作者挂任几十个行政村，难以落实"一村（居）一法律服务工作者"的要求。

（四）工作责任不落实

一些地方和部门没有真正履行"保一方平安、促一方发展"的职责，政治站位不高，风险意识不强，没有真正把防范化解重大风险任务作为一项重要工作来抓，没有坚持从政治上观察、判断形势、谋划和推进基层治理工作，往往是守土不知责、不尽责，责任不明确，遇事不担当，方法不讲究。对习近平总书记教给我们的世界观方法论不精通不会用，没有理解透人民至上、生命至上的深刻内涵，没有坚持用大概率思维应对小概率事件，基层基础性工作不扎实，防范化解各类风险的防线不牢固。时度效把握不准，没有因时因势完善应急机制和防范处置预案，关键时刻措手不及。2022 年 4 月，粤东某市价格主管部门在批准天然气公司提高天然气销售价格时，没有充分考虑居民承受能力和实际需求，没有与时俱进修订完善天然气购销价格联动机制，没有对涉及重大民生事项稳定风险认真分析研判，同意批准较大幅度调高价格。通告公布后只有一个晚上时间可以充气，当晚即导致大量群众集聚充气，网上产生不少负面舆情，造成不良

---

① 左明武：《新时代法治乡村建设的路径探析》，载《法制博览》2020 年 18 期。

② 刘璐：《司法部：截至 2020 年底　全国共有基层法律服务工作者 6.3 万多人》，见大众网（http://www.dzwww.com/xinwen/guoneixinwen/202106/t20210609_ 8607298.htm）。

影响。次日，当地市委市政府紧急研究，责成市价格主管部门与天然气公司协商暂缓调价，仍按原价格执行，才平息了涨价风波，化解了潜在风险。

（五）依法行政不到位

群众利益要实现不损害、能保障、有提高，依法治国基本方略要得以有效实施，关键靠依法行政。习近平总书记强调，各级政府一定要严格依法行政，切实履行职责，要做到事事有回应，件件有着落①。行政执法人员在实施行政法规、地方性规章时，直接面对广大人民群众的切身利益，直接体现党和政府的形象。执法主体多、数量大、涉及面广，更加需要执法机关严明执法规矩，要求所有执法人员依法办事、按章操作，时时处处事事体现公正文明执法，让人民群众在每一宗行政执法中感受到公平正义和政府公信力，进而形成和巩固遵法守法护法用法的良好氛围。从各地推动综合行政执法改革情况来看，行政执法公示、执法全过程记录、重大执法决定法制审核等制度得到积极落实，事关经济发展、民生改善和安全稳定等重点领域执法工作，都取得了明显成效。按照统筹发展和安全的要求，需要对社会矛盾凸现期出现影响社会和谐稳定的不安定因素有清醒的认识，正视执法领域存在的执法不严、执法不公、机械执法、选择性执法等问题，加强源头防范和日常监督，尽快扭转不良现象。要树牢"人民至上、执法为民"理念，大力弘扬法治精神，进一步把握行政执法的深刻内涵和目标任务，向改革要动力，向规范求质量，严防执政上的不作为、慢作为、乱作为，让每一宗执法都经得起历史和人民的检验。

三、推动新时代基层社会治理法治化务求实效、紧扣关键

进入新时代，应对各种挑战、化解各类风险，更加需要基层治理的创新与赋能，才能更好地满足人民对美好生活的向往。只有不断加强和完善基层治理，深入贯彻落实中共中央、国务院《关于加强基层治理体系和治理能力现代化建设的意见》的部署要求，大力推广新时期"枫桥经验"，坚持目标导向、问题导向、效果导向相统一，坚持系统、依法、可

---

① 张敏彦：《吉林之行，习近平这五句话涵义极其深刻》，载《理论导报》2020 年第 7 期。

评价原则，全面推进综合施策、源头管控，才能顺应人民群众对美好幸福生活的新期待，才能不断筑牢国家治理的根基，才能不断引领人民群众在推进全面建设社会主义现代化国家新征程中当好主人、唱好主角、做强主业。

（一）树牢基层社会治理法治新理念

1．千方百计增强法治意识

"没有规矩，不成方圆。"基层干部的法律意识、规范意识如何，关系到党群干群关系和社会面的和谐稳定，直接影响全面依法治国和法治社会建设的成效。要抓住领导干部这个"关键少数"，深入贯彻习近平法治思想，自觉做遵纪守法的模范，带头遵法、带头学法、带头守法、带头用法，善于运用法治思维和法治方式看待问题、谋划措施、推动工作，示范引导广大群众在生产生活中依法依规办事，不断增强法治观念，在全社会努力营造守法为荣、违法可耻，维护宪法权威和法律尊严的良好氛围。各级领导干部要自觉在宪法和法律的框架内工作学习生活，慎重决策、慎重用权，坚持做到科学决策、依法决策、民主决策，严格按政策办事、按程序操作，决策前、执行时都要多想想法律关、政策关、程序关，时时处处事事都坚决守住底线、不越红线、不碰高压线。

2．千方百计弘扬法治精神

"奉法者强则国强，奉法者弱则国弱。"习近平总书记强调，要"努力让人民群众在每一个司法案件中都能感受到公平正义"①。法律有无权威、能否执行，很大程度上取决于人民群众是否真正拥护和真正遵守。要把法治文化融入乡村、社区、企业等文化建设中，用好各种阵地各种资源，尊重群众意愿，弘扬法治文化，让人民群众感受到法治时时刻刻就在身边，真正拿起法律武器来保护自身合法权益和维护公平正义，让践踏法律的人和事受到社会谴责、得到依法惩处，营造风清气正的法治环境。坚持民事民管、民事民议，对涉及群众切身利益的公共事务和重大民生事项，认真贯彻落实《重大行政决策程序暂行条例》，决策前严格落实重大行政决策公众参与、专家论证、风险评估、合法性审查、集体讨论决定和

---

① 樊跃发、王树清：《论习近平关于实现社会公平正义的思想与实践》，载《山西高等学校社会科学学报》2018 年第 7 期。

决策性规范化建设的要求，认真倾听民意、集中民智，从最好处着想，做最坏的打算，充分做足做好应急应对预案，特别是对各种风险问题，宁可信其有、不可信其无，宁可信其大、不可信其小，宁可备而无用、不可用时无备，做到"万无一失"、不可"一失万无"，增强"时时放心不下"的责任感，确保出台的政策、做出的决策合理可行、群众拥护、风险可控。

3. 千方百计加大法治宣传力度

要按照"八五"普法规划的要求，推动"谁执法谁普法"，运用好信息化科技赋能手段，立足于全民法治素养的提高，扎实推动普法工作，不断提高普法的实效。建设社会主义现代化国家，必然要有一个风险能防住、矛盾能化解、权益能保障、发展能安全的法治环境，必然要求充分运用法治思维和法治方式去面对挑战、解决问题、推动发展。只有通过依法治理、维护稳定、促进发展，才有坚实保障，付出的代价和成本才是最小的。因此，不管是在立法上还是在执法和管理中，应将更多的精力聚焦在防范在先、预防为主上，通过建立闭环机制，让各种矛盾纠纷处理在萌芽之时、成灾之前，探索出更多新时代"枫桥经验"。利用各种群众喜闻乐见的形式和现代媒体平台，大力开展普法送法活动，在广大机关、社区、校园、企业努力营造浓厚法治氛围。青少年是一支重要的普法守法力量，要重视加强对青少年的法律教育，落实立德树人根本任务，防止青少年被坏人利用甚至走上违法犯罪道路。全国人大强调，基层政府要认真实施"八五"普法规划，深入实施《中长期青年发展规划（2016—2025年）》，以持续提升青少年法治素养为重点，以提高普法的目的性、实效性为落脚点，不断深化青少年法治宣传教育，引导广大青少年将法治作为日常生活的基本准则，引领青少年做社会主义法治的忠实的恪守者、崇尚者和坚定捍卫者。同时，政府应在校园内大力宣传和普及《未成年人保护法》《预防未成年人犯罪法》，帮助广大青少年特别是未成年人了解和掌握家庭、学校、社会、政府和司法机关给予未成年人的保护制度。此外，相关部门应对未成年人不良行为进行分级，根据不同的等级，制定预防、干预和矫治的主要措施，让广大青少年切实感受党和国家的关心与爱护。按照中长期青少年发展规划要求，聚焦青少年关心关注的热点难点问题，组织开展专题普法活动，提高青少年学法用法的积极性。学校可将普法课程融入青少年日常生活，引导青少年提高法治素养，办事依法、遇事找法、解决问题靠法，积极投身全面依法治国伟大实践。例如广州南方学院与广州市从化区人大常委会合作建设以宪法教育为主题的西塘宪法馆，打造全国首个乡村宪法展览馆和全省第一个宪法馆，采用文献资料、影像图片、漫画故事、宣誓互动等群众喜闻乐见的形式进行普法宣传，创新搭建普法宣传教育新平台，以宪法教育进基层推动构建共建共治共享的社会治理新格局，实现宪法宣传教育常态化、长效化、通俗化，为乡村振兴注入法治力量，该项目"西塘宪法馆——为乡村振兴注入法治力量"获评广东省2020—2021年度优秀普法项目。①

（二）构建基层社会治理法治新体系

1. 要加快完善法律法规

高度重视做好涉及基层社会治理的法律法规制度建设，尤其是要适应更高水平的平安中国、法治中国建设的需要，发挥各方面立法力量的作用，加紧制定能有力有效推动基层社会治理的各种法律规章，适应解决人民群众操心事、烦心事、揪心事的实际情况，切实做好涉及社保、文教、体卫、环保、安全等社会领域的立法，依法保障人民群众和社会组织合法权益，实现更知情、更支持、更主动参与，实现共建共治共享。例如，梅州市第七届人大常委会坚持把党领导立法、人大主导立法原则贯穿于地方立法的全过程，根据梅州法定立法权限，紧扣苏区振兴发展的实际需要，聚焦城乡建设与管理、环境保护、历史文化保护三个方面开展立法，引领和推动红色苏区社会治理和经济发展。2017年3月正式实施《梅州市森林火源管理条例》以来，全市森林火灾发生率逐年下降，有效保护梅州的森林资源、守护人民群众的生命财产安全。针对该市梅江区和梅县区市民反映强烈的乱停乱放、乱占乱排等损害人居环境、影响创建全国文明城市的乱象，以及一些镇村存在生活垃圾长时间乱堆放、有毒有害垃圾乱丢弃等突出问题，该市先后制定《梅州市城市市容和环境卫生管理条例》和《梅州市农村生活垃圾管理条例》，解决城乡环境和秩序管理突出问题，助推优化城乡人居环境。近几年来，该市共制定实施了5部地方性法规，都是严格按照地方立法的规定程序和相关要求起草制定的，体现了科

---

① 广东省教育厅：《棒！广东教育系统这8个普法项目获奖啦!》，见广东教育微信公众号（https://mp.weixin.qq.com/s/6uxTkARCxd4uiGWDvCW_1Q）。

学、民主、依法的原则，顺应了群众愿望和发展需求。①

2．要科学制定自治规范

习近平总书记在 2022 年新年贺词中指出，"千头万绪的事，说到底是千家万户的事"。要引导村委会和居委会认真吸纳村民的意见建议，建立完善符合各村实际的村规民约，以此规范引领村民共同遵守、民主议事、民主监督。浙江省近年来创新推动建立"民主恳谈""村民说事"等基层协商民主方式，创造了村民自治的新鲜经验，值得各地学习借鉴。要时刻关注人民群众的所思所想所盼，不断完善基层民主协商自治制度和自治组织，更好地引导群众自我管理、自我教育、自我服务，在团结和谐民主的氛围中切实维护人民群众当家做主的权利。梅州市在推进市域社会治理现代化工作中，依托村民议事会，活化村规民约，邀请德高望重的老人、乡贤、老党员、老干部主动参与议事、调解、治理，充分发挥德治教育、自治强基作用，以德化人，春风化雨。②

3．要突出做强法律服务

紧紧围绕满足人民群众法律服务需要，建立健全公共法律服务体系，推动法律服务规范化、便利化和精细化。多做雪中送炭的事情，重视法律援助制度建设，整合各类法律服务资源和平台，为困难群众提供及时有效的法律资助。提高基层治理决策水平，重视建立完善法律顾问制度，扩大法律服务市场供给，通过各种方式聘请法律顾问，不断发挥法律顾问在解决基层治理法律问题方面的优势，助推依法决策、民主决策和科学决策。

（三）探索基层社会治理法治新模式

1．要坚持党建引领

东西南北中，党是领导一切的。在推动基层社会治理中，重要的一条原则是要坚持把党的领导和党的建设贯彻于全过程、各方面。要不断扩大党建工作覆盖面，增强党组织的领导力和影响力，充分发挥基层党组织在推进基层社会治理法治化工作中的战斗堡垒作用，坚持以基层党组织为核

---

① 李盛华：《"五治"融合打造梅州样本！梅州这样推进市域社会治理现代化试点工作》，见掌上梅州（http://y. meizhou. cn/mzzf/p/131419. html）。

② 李盛华：《"五治"融合打造梅州样本！梅州这样推进市域社会治理现代化试点工作》，见掌上梅州（http://y. meizhou. cn/mzzf/p/131419. html）。

心，不断构建各类公共服务平台和群众自治组织，让党旗在基层治理一线高高飘扬。如广东省以实施新一轮基层党组织建设三年行动计划为契机，不断增强基层党组织政治功能和组织力，把加强基层党建贯彻于基层治理全过程、各方面，扩大党建覆盖面，推动新时代文明实践中心建设，更好地服务群众、凝聚群众。要努力提高基层党组织依法依规治理的能力，帮助群众形成自觉守法意识，不断增进全民法治观念，让法律成为一种信仰、一种习惯、一种追求。① 再如梅州市蕉岭县在推进全国乡村治理体系建设试点中，突出"一个支部管事"，即明确由村党组织书记主持村级各类会议，由村党组织审议研究村级重要事项，提名村委会、监委会、村民理事会等组织班子人选，由党组织开具银行账户统管村级资金，以村党群服务中心为主落实惠民举措，持续完善党支部服务日制度和村干部包片、党员包户服务群众制度，以支部主导破解乡村动能不足等难题，推动组织力提升。②

2. 要扩大群众有序参与

群众利益无小事。在社会治理过程中，要始终把群众利益放在第一位，始终高度关注人民群众的所思所盼，让基层治理的内容和项目能够充分反映群众的意愿和呼声，让人民权益得到有效保障，让人民群众能在参与社会治理的过程中真正体现主人翁意识，充分激发人民群众参与基层治理的积极性、主动性和创造性。进一步建立健全法律法规体系良法善治，加快基层社会治理法治化进程，加大对《民法典》的宣传力度，让法治深入人心。在依法治国背景下，加快基层社会治理进程，让基层社会治理法治化水平跃升至新高度，助推国家治理体系和国家治理能力现代化的实现。要通过宣传教育活动的开展，以及参与渠道的扩宽，激发群众主体意识，积极引导人民群众变被动为主动依法参与基层社会治理和公共服务。要更加重视培育发展各类社会组织，不断提升服务队伍的专业化、社会化、普惠化水平，为人民群众搭建共建共享的平台载体，发挥其打理基层事务、促进和谐共处、推动乡村振兴的重要作用。在立法、执法、司法的

---

① 王聪：《广东新一轮基层党建三年行动计划进入第二年》，见南方网（https://news.southcn.com/node_ 54a44f01a2/2cabf87517. shtml）。

② 陈萍：《梅州蕉岭：实施"六事"治理方式　推动党建引领基层治理向纵深发展》，见南方＋客户端（http://static. nfapp. southcn.com/content/202202/21/c6239107. html）。

全过程各环节中，要体现全民普法的具体行动，要充分吸纳群众的意见建议，认真做好释疑解惑、以案说法，回应群众关切。如梅州市蕉岭县，探索建立"一套机制议事"机制，成立村级协商议事会，形成以党组织为领导，村"两委"成员、村民代表、村民理事会理事长、村监委会成员、退休人员、驻村工作级等多元主体参与的议事协商机制，实现"大事大协商""小事小协商"①。

3．要创新治理方式

要推行网格化治理，搭建"网格事网格管、有事不出格"格局，实施"多格合一"，推动"一员多能"，压实责任、具体到人，坚持横到边、竖到底，实现社会治理和法律服务在网格内的有效下沉。按照"一网格一专员"精细配置的要求，配强基层专职网格员队伍，健全网格员队伍基本信息库，不断提高基层专职网格员配备率。强化基层一线网格员业务培训指导与监督巡查，不断提升网格员专业水平和履职尽责能力，推动落实"一村委一网格长，一自然村一网格员"工作机制，打通乡村基层治理"神经末梢"。要推进信息化治理，强化科技赋能，运用大数据、数字化贯穿各环节，对涉及基层维稳事情，以信息化、便利化、大众化为目标的"网格化"共治共享社会治理体系，有效拓宽了基层社会治理触角，有利于做到早发现、早研究、早处置，防范于未然。要推进人文关怀，始终体现人民情怀，基层党员干部要带着感情、带着责任、带着使命开展工作，创新思想政治工作方法，说群众听得懂的话，做群众最盼望的事，引导人民群众听党话、跟党走，懂得感恩，珍视机会，形成"大合唱"、画出"同心圆"。

（四）形成基层社会治理法治新风尚

1．要着力规范化推进依法行政

依法行政是社会治理的核心内容。法定职责必须为，法无授权不可为。要强化各级政府尤其是县镇两级政府的依法行政意识，按照建设法治政府的要求，不断增强法律观念、程序意识，落实合法性评估审查。要以深化行政执法体制改革为契机，进一步规范设置、明确权限、落实责任，

---

① 陈萍：《梅州蕉岭：实施"六事"治理方式 推动党建引领基层治理向纵深发展》，见南方⁺客户端（http://static.nfapp.southcn.com/content/202202/21/c6239107.html）。

明确"负面清单"，自觉接受各方面的监督，更好地保障基层政府依法全面履行职能。要依法推进政府职能转变，能够让市场和社会做的事项，一律推向市场，不能包办一切、包打天下。要全面推进政务村务信息公开，自觉接受社会监督、人民监督。要坚持群众利益无小事，正当权益不容任何人侵犯，体现公平正义就在群众身边。一是推进权责清单化。建立权责清单动态调整制度，做到"法无授权不可为"。二是推进政务服务规范化。例如，山东省依托"政务服务事项管理系统"，在 2021 年，146 项政务服务事项网办率达到 100%，12 项依申请政务服务事项可网办率、全程网办率、集中进厅比例等达到 100%①。依托山东省"互联网＋监管"系统，对监管事项、检查行为、处罚和强制行为等录入监管，逐渐搭建新型监管机制。三是主动接受监督。依托政务网站，严格执行政务公开制度，依法依规满足和保障群众知情权。利用民生热线、12345 政务服务热线、听证等方式，主动回应价格、规划、重大基础设施谋划等方面的关切，接受群众监督，让权力在阳光下运行。四是规范严格执法。积极组织参加行政执法资格考试，原则上每个业务执法科室都配备"执证"人员，提升执法专业化水平。

2. 要着力常态化打击黑恶势力

坚持有黑打黑、有恶除恶、有乱治乱，对各类黑恶势力和犯罪团伙坚决做到"零容忍"，形成"过街老鼠、人人喊打"的局面，不断增强人民群众的安全感。要加强日常防控措施的落实，基层执法力量下沉一线，对黑恶势力露头就打、深挖根源、铲除土壤，绝不能任其做大形成气候。2022 年 1 月 4 日，《中共中央、国务院关于做好 2022 年全面推进乡村振兴重点工作的意见》中提出："切实维护农村社会平安稳定，推进更高水平的平安法治乡村建设，常态化开展扫黑除恶斗争，持续打击'村霸'，防范黑恶势力、家族宗族势力等对农村基层政权的侵蚀和影响。"② 截至 2020 年 11 月底，全国累计打掉农村地区的涉黑组织 1,198 个，占打掉涉黑组织总数的 33.4%，打掉农村地区的涉恶犯罪集团及团伙 13,272 个，

---

① 赵树锋、谭祖沧：《推行高效政务服务深耕企业发展沃土——恩施市探索实践"54321"模式打造优质营商环境》，载《中国经贸导刊》2020 年第 10 期。

② 宋岩：《中共中央、国务院关于做好 2022 年全面推进乡村振兴重点工作的意见》，见中国政府网（http://www.gov.cn/zhengce/2022－02/22/content_5675035.htm）。

依法严惩"村霸"3,727 名，对受过刑事处罚、存在"村霸"和涉黑涉恶等问题的 4.17 万名村干部，全面清除出农村干部队伍。[①] 事实证明，党中央做出开展扫黑除恶专项斗争的重大决策，符合国情民意，符合时代要求，各级各部门要从讲政治的高度看待此事，发扬斗争精神，时刻绷紧这根弦，不能有"松口气""歇歇脚"的思想，要广泛发动群众参与，对违法犯罪行为"零容忍"，对黑恶分子不手软，巩固和拓展专项斗争成果，让人民群众有更强的安全感。

3．要着力多元化加强人民调解

要重视推动人民调解制度的落实，建立完善社会矛盾纠纷多元预防、调处、化解综合机制，把调解矛盾纠纷的过程变成做群众工作和法治宣传的过程，发挥好人民调解定分止争、维护社会和谐稳定的作用。完善人民调解、行政调解、司法调解联动工作体系，推动品牌调解工作室建设，加强人民调解员职业化、专业化建设。优化基层矛盾纠纷化解资源和力量配备，发挥基层法治机构依法、及时、就地预防化解后的综合分析评估机制。

4．要着力数字化发挥智治支撑作用

实施"互联网＋基层治理"行动，加强基层基础设施智能化建设，协同规划、共建共享、标准规范，加快实施各类"智慧"项目，有效整合人、房、物、事等要素，让乡村、社区治理更聪明、更智慧、更精细，推动基层社会治理多网融合、优势互补，使"智慧天网"的功能从打击破案向综合治理转变，从严从实从细抓好政治安全、社会治安、社会矛盾、公共安全等风险隐患的源头发现、早期管控、风险化解工作。2021年 9 月，《广东省数字经济促进条例》正式实施，该条例聚焦"数字产业化、产业数字化"，推动解决困扰数字经济发展壮大的体制机制性障碍，并为全国立法提供参考。要建立健全基层治理风险评估体系，运用大数据对基层经济运行全领域、社会建设各环节、地方文化多方面进行系统性评估，准确识别和掌握风险隐患，加强应对方案和应急预案的制定，真正做到精准拆弹、从容应对。广州市越秀区作为全省首个数字政府改革建设示

---

① 陈天赐：《全国扫黑除恶专项斗争总结表彰大会在京召开　部署常态化开展扫黑除恶斗争》，见中国长安网（http://www.chinapeace.gov.cn/chinapeace/c100007/2021-03/30/content_12468913.shtml）。

范区，该区政务服务数据管理局与广州南方学院 2021 年 1 月开始在省内先行共同推进"数字人口"专题研究，设计越秀人口模型，紧抓数据治理，拓展人口统计方式，为建设大数据智慧政府提出了关键性的参考建议，形成了"越有数"经验。①《广东省社会信用条例》明确提出，要在建立健全守信激励和失信承接措施清单管理等制度的同时，预留发展空间，允许根据社会治理、市场监管和公共服务新需求适时更新本地清单。

①　赖泽旎:《广东省首份!"越有数"人口模型课题研究报告重磅推出!》，见越秀政务微信公众号（https://mp. weixin. qq. com/s/24HjN4dJjcjGmu9jjuDWmw）。

乡村振兴篇

共同富裕理念下乡村振兴的实现路径与机制探析

——以广东省五个村庄为例*

刘云东　陈振霆　李唐丹　王泽宇

林曼佳　陈嘉妮　韩滢安　张润然　钟元涛**

摘要：广东各地在共同富裕理念下探寻乡村振兴的养殖、电商、旅游等路径，创新村企合作、农户合作等机制，积累了大量的实践经验，值得深入分析。本文认为，基于共同富裕理念下进一步推动乡村振兴，还需加强思想引导、多主体参与、加大扶持力度、加强合作社引领、加强技能培训、优化项目管理、创新产业发展模式等。

关键词：共同富裕；乡村振兴；路径；机制

一、共同富裕与乡村振兴

共同富裕是马克思主义理论的一个基本问题，是马克思恩格斯对未来社会的一个基本设想①。共同富裕是社会主义的本质要求②，其实质是在中国特色社会主义制度保障下，全体人民共创日益发达、领先世界的生产

　＊　本文为2020年广东省科技创新战略专项资金（"攀登计划"专项资金）项目阶段性成果。项目名称："产业脱贫的实现路径和政策建议——以广东省级贫困村虎石村的脱贫实践为例"，项目编号：pdjh2020a0802。

　原载于《南方农业》2021年第30期，收入有修改。

　＊＊　刘云东，广州南方学院公共管理学院副教授、硕士生导师，政治学博士；

　陈振霆、李唐丹、王泽宇、林曼佳、陈嘉妮、韩滢安、张润然、钟元涛，广州南方学院政商研究院2018级本科生。

　①　杨明伟：《共同富裕：中国共产党的坚定谋划和不懈追求》，载《马克思主义与现实》2021年第3期，第36－42、204页。

　②　习近平：《关于〈中共中央关于制定国民经济和社会发展第十四个五年规划和二〇三五年远景目标的建议〉的说明》讲话稿，2020年10月。

力水平，共享日益幸福而美好的生活①。共同富裕，无疑为我国实现国家治理现代化而构建国内大局和国际大局奠定重要基础②。党的十八大以来的重要论述都涉及到如何实现共同富裕的战略目标。2012 年，党的十八大报告指出，建设中国特色社会注意必须坚持走共同富裕的道路，共同富裕是中国特色社会主义的根本原则。2017 年，党的十九大报告进一步明确，到本世纪中叶的两个阶段战略任务中共同富裕的目标：第一个阶段，从 2020 年到 2035 年，全体人民共同富裕迈出坚实步伐；第二个阶段，从 2035 年到本世纪中叶，全体人民共同富裕基本实现。2021 年 6 月，中央又印发了支持浙江建设共同富裕示范区的文件。2021 年 8 月，中央财经委员会第十次会议提出，要在高质量发展中促进共同富裕。

乡村振兴将是全体人民实现共同富裕的必然要求③。广东各地在共同富裕这一理念指引下，地方政府充分发挥能动者的作用，发展出一套基于基层自主性的应对之策④，开展了丰富多样的乡村振兴路径探索和机制创新。2017 年，第十二届全国人大五次会议广东代表团在回答媒体记者的问题时，广东省委书记指出，广东已经过了"让一部分地区、一部分人先富起来"的阶段，到了"先富帮后富，最终实现共同富裕"的阶段。这就要求我们必须始终注重协调发展，切实解决发展中不协调不平衡的问题。

广东各地发展墨兰、荔枝等特色产业，通过村企合作、村民合作、通过"企业（合作社）+ 基地"，发挥农业企业、农民合作社、家庭农场等经营主体作用，发展"一县一园、一镇一业、一村一品"，提高乡村产业振兴能力，谋求共同富裕。

---

① 刘培林、钱滔、黄先海、董雪兵：《共同富裕的内涵、实现路径与测度方法》，载《管理世界》2021 年第 8 期，第 117 – 129 页。

② 任剑涛：《论国家治理现代化的"两个大局"》，载《西华师范大学学报（哲学社会科学版）》2021 年第 2 期，第 1 – 12 页。

③ 李实、陈基平、滕阳川：《共同富裕路上的乡村振兴：问题、挑战与建议》，载《兰州大学学报（社会科学版）》2021 年第 3 期，第 37 – 46 页。

④ 颜昌武、许丹敏：《属地管理与基层自主性——乡镇政府如何应对有责无权的治理困境》，载《理论与改革》2021 年第 2 期，第 73 – 86 页。

二、路径与机制

（一）虎石村

1．路径探索：养殖产业＋光伏项目

虎石村位于梅州市兴宁县石马镇。虎石村两委干部带头，充分整合资源，通过安装供给全村的光伏发电设备，实现集体创收；支持多名村民共同建立起小型的养殖场，创业增收（见表4-1）。虎石村通过集体经济和个人捐赠，为居住在破旧房屋的孤寡老人提供热心帮助，充分了解其需求，让他们充分体会到村集体的关怀。虎石村带动村民大力推进乡村振兴，为实现共同富裕奠定了基础。

表4-1　虎石村乡村振兴路径

乡村振兴路径	主要内容	主要成效
光伏发电项目	由广州市天河区引导投资49.12万资金，建设一个规模73.08千瓦的分布式光伏发电项目，预计年发电量约8.316万度	户年均分红900元，项目已经拓展到第四期
特色种养项目	2018年，虎石村辉声种养专业合作社出资建设牛棚，并与全村39户筹集入股资金9.68万元，签订供销协议，在家务农劳动力以每日100元工资签订雇佣协议	一年期间，养殖牛数量达到26头

资料来源：项目组访谈资料整理。

2．机制创新：外部扶持与内部发力

虎石村创新乡村振兴机制，在自身资源条件不足的情况下，用足外部扶持力量，与天河区政务服务数据管理局结对帮扶。2016—2018年，虎石村先后引入天河区引导资金245万元、广东省财政引导资金158万元，以及帮扶单位自筹资金11万元，完成了村道硬底化建设、光伏发电站建设、自来水管道建设、村农业合作社产业发展等。虎石村充分利用天河区引导资金，先后建立了四期薄膜光伏发电站项目，每期项目的发电量固定

为 70 ~ 80 千瓦，单期资金投入约为 50 万元。据村干部介绍，参与建设的家庭，每户年均可分得近千元收益。

虎石村也意识到外部扶持始终有限，要真正推进乡村振兴，实现共同富裕，还必须内部发力。虎石村两委带动村民积极参与乡村振兴，完成危房改造、鼓励村民外出务工和发展农业生产，落实教育、医疗、养老、低保和五保等各项保障，切切实实让全村人口实现"八有"目标。

（二）三八村

1. 路径探索：墨兰种植

三八村位于梅州市佛冈县石角镇。三八村积极响应"一镇一业、一村一品"的号召，村内大力发展墨兰种植项目。在兰花合作社建设初期，李扬明和村书记及县驻村干部一起到各村民家中做思想动员工作，动员 46 户利用"小额担保贷款"筹集资金加入专业合作社种植兰花。项目落地后，驻村干部迅速物色优质可信的合作商家，创立众富兰花种植专业合作社，紧锣密鼓地推进项目的建设，建立健全长效稳定的乡村振兴机制，有效增加了村民家庭经济收入。

2018—2020 年，村民每年每户获得的分红分别是 3,000 元/户、5,000 元/户和 7,000 元/户。在 2019 年 12 月，石角镇三八村得到上级部门给予 20 万元的奖补资金，已建成第二期共 5 亩的兰花基地。受此影响和推动，全县有共 13 条村种植了 390 多亩兰花，直接投入资金达 3,920 多万元。（见表 4-2）

表 4-2　三八村乡村振兴路径

乡村振兴路径	主要内容	主要成效
墨兰养殖	三八村 146 户村民成功向银行申请贷款 230 万元，建立墨兰种植项目合作社。合作社对近百人次进行兰花种植和管理技术培训并参与兰花种植	养殖户可在兰场务工领取报酬，每年还能从合作社领取不低于所投入金额 10% 的回报

续上表

乡村振兴路径	主要内容	主要成效
合作社＋公司＋农户	兰花项目投入350万元，整合土地资源达40亩，运作大面积、规模化的墨兰种植模式，并与相关公司达成了合作共识，由公司提供种苗、技术、固定价格回购等，把养殖户的贷款变成股金，让养殖户变成股东享受固定分红	2018年分红3,000元/户，2019年分红5,000元/户，2020分红7,000元/户

资料来源：项目组访谈资料整理。

2. 机制创新：村干部＋合作社＋公司＋农户

三八村创新"村干部＋合作社＋公司＋农户"机制，通过有机联结各主体利益，不仅实现合作社快速发展，而且提高村民的收入水平，确保乡村振兴工作真正达到政策效果。三八村充分发挥基层组织战斗堡垒和"先富带后富"先锋模范作用，创新工作机制，狠抓工作落实。作为三八村村站长及三八村致富带头人的李扬明，利用当地特色领办合作社参与乡村振兴的实践探索。新机制配合"四议两公开一监督"决策制度，激发了村民共谋共议、共筹共建的热情，乡村振兴工作大踏步前进。村全村已实现"八有"目标，在2018年被评选为美丽乡村示范村。

（三）琴口村

1. 路径探索：桑芽菜种植＋电商营销

琴口村位于梅州市五华县梅林镇。琴口村两委干部积极探索特色养殖产业，推动乡村振兴。2020年6月起，琴口村确立了"五扶一美"的发展模式，与敏捷集团签署协议，扎实推进教育、产业、就业、消费等发展工作。敏捷集团出资在当地建设了教学楼、运动场、足球队，促进了当地经济发展和美丽乡村建设。村干部的带领村民，打造了以桑芽菜种植、加工产业链为主的"造血式"乡村振兴发展方式。村民们将荒地开垦出来种植桑芽菜，2020年5月，桑芽菜基地迎来首摘，第一期的亩产量达到了3,000～4,000斤，并通过打通粤东农批发市场、粤港澳大湾区"菜篮子"工程等食品出口渠道，走出大山，走向市民的餐桌。村民在种植环节提高了劳动积极性，产业在加工环节吸纳剩余劳动力，琴口村实现了村

民家门口就业，如今已带动了全村 220 人就业。（见表 4 - 3）

表 4 - 3　琴口村乡村振兴路径

乡村振兴路径	主要内容	主要成效
村企合作，共建利益链接	琴口村启动了 250 亩桑苗种植业项目。在梅林镇人民政府、琴口村村委、番禺对口帮扶五华工作队的牵头下，相关公司与梅林镇签订了帮扶协议，由公司提供资金与技术，琴口村提供土地与人力，将琴口村丢荒弃耕多年的闲置土地盘活	经过统一整合与示范种植，桑芽菜第一期亩产达 3,000 ～ 4,000 斤。同时，村民有 3 项收入保障
科学种植，形成种植加工产业链	琴口村由科研单位提供种植技术指导，统一规划整理土地，统一种植，统一加工和营销。随着深加工车间的建设完成，桑芽菜产业走上了规范化生产的道路，同时，项目优先安排本村农户就业，辐射周边村民	现代一体化的深加工车间已完成主体工程建设和配套基础设施完善，冷链冻库工程已投入使用
结合企业优势，多平台助力营销	桑芽菜产业项目现已通过五华县餐饮行业协会开发出 8 个桑芽菜菜式，并走上了五华人民的餐桌。未来，将通过粤东农批发市场、粤港澳大湾区"菜篮子"工程等食品出口渠道对外输出，带动村民共同奔康致富	桑芽菜已在粤港澳大湾区"菜篮子"配送中心上架展示，并与五华县电子商务协会及五华县优秀电商企业达成营销方案

资料来源：项目组访谈资料整理。

2. 机制创新：合作社 + 致富带头人 + 农户

琴口村桑芽菜产业项目采用"合作社 + 致富带头人 + 农户"的合作模式，建设产业车间，利用作业车间来辐射带动整个南片区域，包括为龙村、梅林等附近的农户 220 多人提供就业岗位，发展他们一起种植，农户还可以获得收益红利。

琴口村凭借精准的发展切入点，紧抓可造血、可持续的"牛鼻子"，扎实推进乡村振兴各项工作，同时合理分配管理资金，采取"4321"的模式——40% 用于合作社的周转，30% 助力全镇农户发展，20% 用于促进村集体收入，10%用于促进镇发展。该村深入乡村振兴建设的各主要领域，精准施策，重点增强和提高群众生产生活水平，把产业开发与美丽乡村相结合，形成发展长效机制，从而实现农民富、农业强、农村美的目标。

（四）南平村

1. 路径探索：荔枝种植＋电商订制＋网红旅游

南平村位于广州市从化区温泉镇。2016年，南平静修小镇启动特色小镇建设，依托"山、泉、林、溪、石"五大特色生态，打造以"静修"为主题的休闲观光特色小镇，已建设了凤凰展翅、凤溪栈道、南平双汇桥、进士亭、同心桥、枫叶公园等景观节点，成为游客心中的"网红"景点。扶持打造首批共10家民宿、小餐饮、特产商店，树立标杆、以点带面，让农户看到收益，从而带动更多农户参与小镇发展、共享小镇发展成果，逐步形成"先富带后富"的发展局面。

南平的特色产品是荔枝、青梅，南平村引进"石斛附树栽培"和"阴蔽荔枝园改造和荔枝高接换种"等高科技农业种植项目，建设从化市双壳槐枝"一村一品"基地和青梅"一村一品"基地。通过互联网＋农业＋旅游，以"订制专享"的模式销售荔枝，实现了荔枝等农产品从传统的自产自销到产品订制、定向销售的转变，创新了产销模式。2019年，珠江南平公司帮扶销售荔枝约13万斤，起到带动荔枝价提升的作用。

村企合作的广州珠江南平投资发展有限公司已为村民提供就业岗位40多个，第二期特色精品酒店建成后预计可为当地农民提供300个就业岗位。村民在家门口的收入渠道更加宽广，实现了农业收入、工资性收入的叠加组合。村民年人均收入由2016年的1.62万元增长至2019年的3.8万元，增长135%。（见表4-4）

在静修小镇建设的带动下，南平村荣获"2019年中国美丽休闲乡村""国家森林乡村""广东省文化和旅游特色村"等称号，成功入选第九批全国"一村一品"示范村镇名单，正奋力打造与国际一流湾区和世界级城市群相匹配的美丽乡村。

表 4 – 4　南平村乡村振兴路径

乡村振兴路径	主要内容	主要成效
丰富乡村旅游产品	利用特色地貌资源，深度开发特色美食、休闲娱乐、农事体验等乡村旅游产品，推动乡村旅游由"看半天吃一顿"向"玩一天住一宿"模式转变	2019 年已接待游客 5.2 万人次，全国各地到南平参观学习的有 80 多批次 6,000 多人，实现旅游收入 60 多万元
做大特色民宿产业	将南平旧小学和旧村委改造建成南平客栈，配置客房 41 间，共 80 个床位。规划盘活岩口社空心村开发"南平静修精品民宿"和高品质的乡村酒店	酒店建成后将集住宿、餐饮、会议为一体。建业控股、广州通垣等公司，共同组建了广州珠江通垣投资有限公司，将负责南平静修小镇的酒店经营管理项目
逐步发展乡村教育培训产业	建立并投入运营静修博物馆、新水方庙、影视文化中心等重要基础设施，引入成立广东省实施乡村振兴战略培训中心、从化区农村工匠培训中心等教育培训机构	承接了一批机关、企业、学校等举办的各类培训实践活动，进一步拓展产业发展空间
延伸电影制作产业链	广州城市职业学院微电影学院落户南平，打造广州广播电视台从化南平影视制作基地	广州（国际）城市影像大赛、羊城影像国际微电影节拟永久落户南平
开创"订制专享"荔枝销售模式	利用互联网平台，推出晚熟荔枝双壳槐枝"订制专享"销售菜单	2019 年实现年订制销售 8.5 万斤，带动社会消费 500 多万元

资料来源：项目组访谈资料整理。

2．机制创新：公司＋村集体＋农户

南平村坚持"政府引导、市场运作、企业推进"原则，注重体制机制创新，统筹推进小镇规划、建设和管理。与国有企业珠江实业集团合作，通过"三变"改革（即资源变股权、资金变股金、农民变股民），对闲置校舍等村集体资源、资产量化入股，以村企 1∶4 股比组建成立广州珠江南平投资发展有限公司，由政府、村集体、村民和企业四方共谋、共建、共管、共享，逐步形成"公司＋村集体＋农户"一体化利益联结机制，让村集体和村民享受年终"保底＋分红"收益，成为村企合作的典范。另外村委经常召开会议，宣传保护村落自然生态资源、文化资源知识，并制定村规民约。南平村切实加强村企紧密合作、高效协同，以"共建"推进"共治"，实现"共享"，高效率、高质量推动美丽乡村建设工作。

（五）双头村

1. 路径探索：合作社＋基地＋电商＋生态旅游

双头村位于河源市源城区埔前镇。双头村创新"合作社＋基地＋电商＋生态旅游"机制，在镇委镇政府的支持和深圳大鹏新区葵涌办事处的对口帮扶下，大力发展种植、花卉苗圃等产业，建设双头双创电商创业园，推进村集体乡村振兴产业项目——双头村水果采摘园。

双头村充分发挥基层组织优势，根据产业发展现状，按照产业类型相同、地域相近的原则，将各村熟悉电商业务，会经营、懂管理，愿意从事农产品开发、带领群众致富的村民联合起来。村干部发挥好"互联网产业孵化园"平台作用，用好线上线下两种资源，树立双头双创电子商务中心公共服务品牌，实现劳动力就业有保障、有渠道、有岗位，创业有政策、有载体、有环境，把发展农村电子商务作为村民共同致富的重要抓手、创业者的重要平台，为源城区全域全面融入粤港澳大湾区贡献力量。村集体还要求指挥部对双头村的采摘园产业发展进行总结宣传和支持，采摘园同创业园是增加村民收入有效途径。双头村将文化广场打造成乡村最闪亮的精神支柱，在村干部的带领下，双头村形成了"干部带头、电商助推、乡村振兴"的乡村振兴新路子。（见表4-5）

表4-5　双头村乡村振兴路径

乡村振兴路径	主要内容	主要成效
农旅结合、促进农民增收	积极开发"农业＋旅游＋电商"，投资约300万元，园区面积217亩，种满了葡萄、沃柑、百香果、牛油果等特色水果	建设停车场、活动草坪等配套设施，带动农业观光旅游业的发展

续上表

乡村振兴路径	主要内容	主要成效
走农村电商之路，助推乡村振兴	大力发展电商创业园，提高产业造血能力。从引进连平鹰嘴桃、霸王花米粉等品牌农副产品，到建设果园基地开发具有市场竞争力的本村特产，创业园已将电商平台打造成双头村的发展平台和河源农副产品展示之窗	创业园累计产值约 820 万元，间接带动 235 人就业。2019 年创业园盈利 26 万元，为 33 户农户分红 13 万多元，户均增收 3,939 元。2017 年双头村创业园被评为"河源市市级众创空间"，2018 年被评为"广东省省级众创空间试点单位"
推进农村科技发展，加快农产品提档升级	建立一家集农产品检测、技术培训为一体的科技服务平台——农产品快检中心，为双头村电商创业园、蔬菜基地，为全村、周边村乃至源城区提供农产品检测等科技服务	通过检测等服务，进一步加快农产品提档升级，帮助双头村乡村振兴提速
建设美丽乡村，走可持续发展之路	大力推进美丽乡村建设，改善农村环境，抓好"三清三拆三整治"、"厕所革命"、农村生活垃圾和污水处理、新农村建设项目。全村道路硬底化 90%，全村自来水普及率 98%，主村道路灯安装率 95%	实现了通电、通邮、通信、通电视广播、通光纤，开展"五线下地"项目。美丽乡村建设成果已经初显规模

资料来源：项目组访谈资料整理。

2．机制创新：村民＋合作社、电商＋电商集群

双头村通过与河源职业技术学校校企合作的方式，建立了产学研基地、实习基地，培养专业基础扎实、实际操作能力强的应用人才，推动园区与学校互动发展和成果转化。同时，把村民组织起来，成立合作社，规模化经营，形成合力；还成立农产品安检中心，立足创业园和蔬菜基地，为全村提供农产品检测服务。

双头村整合科技资源发展电商产业，从单一的电商向"电商+"、电商群转变。一方面，将村内的水果采摘园、产学研基地、钓鱼休闲区、农产品快检中心等陆续投入使用。另一方面，抓住直播电商新零售、新业态、新模式风口，引导动员更多入园企业、创业村民开展电商直播活动、拓宽增收渠道。同时，给村民们开展电商直播创业特训班。目前，创业园内已经签订供货商11家、第三方服务机构5家。未来，双头村仍计划扶持若干家直播公司，打造"电商集群"，将创业园打造成知名直播电商示范基地。

三、共同富裕理念下推进乡村振兴的政策建议

（一）加强共同富裕思想引导，提高村民思想水平

在当代中国，共同富裕需要体现发展性、共享性和可持续性的统一，要让全体人民有机会、有能力均等地参与高质量经济社会发展，并共享经济社会发展的成果。推动共同富裕是一项现实任务、长期任务[①]。基层干部可以对农户加强共同富裕思想引导，增强共同富裕的意愿，并激发其内生动力。大力提高群众综合素质，深入理解三次分配的概念，推动群众从"要我发展"到"我要发展"转变，切实把共同富裕的理念渗透到每个群众的思想意识、日常生活和生产工作当中。

（二）政府、公司、农户多主体协作推动乡村振兴

政府通过政策引导，优化乡村振兴资源配置，让政策流向市场竞争能力强、带动效果好的市场主体，组织实施各类产业项目；市场主体要深入考察各地乡村振兴实践，根据具体的资源条件、劳动力状况、市场需求，并结合自身企业发展目标及市场定位，选准选好产业发展项目；地方政府搞好政策宣传和落地工作，做好市场主体在参与乡村振兴过程中的服务协调工作，真正将地方"有什么""缺什么"与帮扶企业"需要什么""能给什么"充分对接，选择最合适的产业项目和最恰当的市场主体，多种途径实现共同富裕。

---

① 郁建兴、任杰：《共同富裕的理论内涵与政策议程》，载《政治学研究》2021年第3期，第13-25、159-160页。

（三）完善乡村振兴长效机制，推动产业发展

社会主义乡村建设水平提升，需要一个较为完善的长效机制作为依托，逐步推广。通过对比，本文发现，对于参与乡村振兴意愿强烈，劳力充足，追求持续发展与产业兴旺的村落，地方政府的政策制定起到至关重要的作用，选择高投入、高回报的产业更能适应当地发展。而对于劳动力不足，原生动力缺乏的地区，可先通过与企业的合作建立一定规模的产业，再以此为依托，逐步推动产业兴发展。

（四）建设新时代的合作社组织，整合资源

通过合作社可整合资源，扩大规模，快速将小规模分散生产与大市场有效对接，形成现代农业的雏形，提升农业竞争力，夯实农民致富的基础。同时，由于合作社的利益与群众的利益一致，合作社也能够最大化地保护群众的利益，激发内在发展动力。三八村成立众富合作社种植兰花，建立示范点，给村民做培训，让他们掌握技能后通过自己的努力成为项目管理者。合作社是实现农民发家致富的根本途径，乡村振兴要发挥好合作社的重要作用，要大力支持合作社的发展。

（五）加强技能培训，分层次进行人才培养

优化农业技能培训内容，让村民可以在最短的时间内高效地获取知识，并将所学知识和技能应用到实际的工作中，有更多的机会获得更高的收入，从而实现增收致富。建设规范技能培训体系，根据乡村振兴工作发展情况，有针对性、分层次进行人才培训。地方政府制定人才引进政策，吸引农业专业人才或者毕业生回乡工作，从根本上避免由于智力储备不足导致的发展瓶颈。

（六）优化项目管理，创新乡村振兴模式

在现有的产业项目基础上，相关部门还可以构建多层次的产业布局，在现有种、养的基础上，因地制宜发展旅游业，手工业等新兴产业为地方增加更多的收入来源，从源头上实现共同富裕。例如，琴口村现有的产业发展，主要是通过一定途径引导群众参加政府的特色种养项目，产业发展模式单一，不可替代性较弱；同时，桑芽菜对气候条件与地质环境要求不高，很容易发生产品同质化问题，应加强品牌建设，让产品在产业中标准化、规范化，增加市场竞争力，扩大品牌知名度，努力打造有带动力的龙头企业。

（七）发展绿色农旅，打造环境友好型产业

针对某些落后地区，可以向南平村学习，适当拓展产业链，因地制宜发展旅游，培育生态游、乡村游、观光游、休闲游、农业体验游等农旅融合产业，开发农业农村生态资源和乡村民俗文化，促进农业产业链延伸、价值链提升、增收链拓宽，可以带动农民增收、农村发展、农业升级，从而很好地解决环境问题和三农问题，进一步实现共同富裕。

"后脱贫时代"农民培训产品有效供给的机制设计[*]

史 娜[**]

摘要："后脱贫时代"农村绝对贫困消除后相对贫困仍将长期存在，低标准脱贫群体因自身脱贫能力不足面临巨大返贫风险。为了应对农村贫困可能出现的新变化、新挑战，本文着重进行"后脱贫时代"农民培训产品有效供给的机制设计，以制度分析、时间激励、锦标制度完善政府与高等院校、社会培训组织间的委托代理合同，以降低政府以外的其他组织在农民培训产品供给中因信息不对称引致的风险，提高农民培训产品的供给效率，以期在"后脱贫时代"真正为农民"赋能"。

关键词：后脱贫时代；农民培训产品；声誉模型；锦标制度；时间激励

一、问题的提出

习近平总书记在全国脱贫攻坚总结表彰大会上正式宣告脱贫攻坚战取得全面胜利，困扰了中华民族几千年的绝对贫困问题取得历史性成就。梳理贫困治理的演进历程，提炼"后脱贫时代"我国贫困治理的主要特征与现实问题，有针对性地提出贫困治理新思路，对于巩固拓展脱贫攻坚成果同乡村振兴有效衔接，全面开启建设社会主义现代化强国新征程具有重要的时代价值与现实意义[①]。2020年年底，随着现行标准下农村贫困人口全部实现脱贫、贫困县全部摘帽、区域性整体贫困消除的脱贫底线目标即

---

* 部分原载于《人力资源管理》2016年第1、2期，收入有修改。

** 史娜，广州南方学院公共管理学院副教授，传播学博士。

① 王琳、李珂珂、周正涛：《"后脱贫时代"我国贫困治理的特征、问题与对策》，载《兰州大学学报（社会科学版）》，2021年9月第49卷第5期。

将实现，中国进入脱贫攻坚的决胜阶段和脱贫攻坚决胜结束后巩固脱贫成效的"后脱贫时代"。为了应对农村贫困可能出现的新变化，本文在能力视角下，深入探究培训对脱贫能力的提升作用，分析提升农民培训产品有效的供给机制，应对"后脱贫时代"农村贫困变化带来的新挑战①。

随着反贫困理论和实践的深入推进，学界对贫困的认识逐步从收入贫困转向能力贫困。森指出，贫困必须被视为对基本可行能力的剥夺，而不仅是收入低下②。联合国开发计划署在《人类发展报告》中也指出，贫困不仅仅是缺少收入，更重要的是缺乏基本生存与发展的能力。舒尔茨认为传统农业是一种特殊类型的低水平经济均衡状态，改造传统农业的关键在于农民获得并有效地使用某些现代生产要素，通过对农民人力资本的投资——教育与在职培训，使农民学会有效地使用现代农业要素③。我国多年的扶贫开发实践证明，通过教育培训和职业技能培训，提高贫困人口素质，增强其就业和创业能力，是加快贫困人口脱贫的有效途径。《中共中央 国务院关于打赢脱贫攻坚战的决定》要求"加大职业技能提升计划和贫困户教育培训工程实施力度，确保贫困家庭劳动力至少掌握一门致富技能，实现靠技能脱贫"。2004 年以来，我国实施了"阳光工程""农村劳动力技能就业计划""雨露计划"等增加农村劳动力和贫困人口技能的培训工程。已有研究表明，劳动力培训取得了一定的成效，但也存在不少问题。例如，蔡荣生等指出，劳动力培训中专业设置比较理想化，课程技术含量过高，培训效果不够理想④。吴国宝认为，贫困地区劳动力转移培训存在一些技术性和制度性问题，如扶贫部门在技术培训、劳动力就业市场和信息方面不具有任何优势，在培训人员和实际就业人数的监测方面，也没有可靠的方法来避免委托或代理部门的舞弊或不当作为；同时由于培训补贴标准较低，对培训机构参与合作的激励也不足⑤。莫鸣等发现，培

---

① 王雨柔：《后脱贫期农村贫困群体脱贫能力问题研究——基于能力视角的思考》（硕士学位论文），东北石油大学 2020 年。

② ［印度］阿马蒂亚·森：《以自由看待发展》，任赜、于真译，中国人民大学出版社 2002年版，第 94 页。

③ ［美］西奥多·W. 舒尔茨：《改造传统农业》，梁小民译，商务印书馆 2006 年版，第26－27、141－145 页。

④ 蔡荣生、赵亚平、金驰华：《我国贫困地区劳动力转移培训的现状与对策》，载《北京工商大学学报（社会科学版）》2005 年第 6 期。

⑤ 吴国宝：《扶贫开发重点工作的有效性讨论》，载《老区建设》2008 年第 5 期。

训工作存在着一些"不精准"的问题，如培训项目管理不完善、培训资金短缺、贫困户难以参加培训项目①。《〈中国农村扶贫开发纲要（2001—2010 年)〉实施效果的评估报告》指出，贫困地区低技能水平者、低教育水平者参与培训的比例明显偏低，提出在培训内容、组织形式上要有所创新，充分考虑贫困人口的这些特点，要使培训内容有吸引力、易于接受②。仔细分析可以发现，这些研究指出了贫困人口能力贫困是我国农村长期贫困的根本，并提出扶贫开发的重要方向是加强贫困人口的职业技能教育，提升可行能力。但大多数研究把农村劳动力培训效果不够理想的主要原因归结为政府的培训供给缺陷和培训机构执行不到位，关注点在培训体制与机制。这些研究指出的问题是有启发性的，但明显的不足是对培训对象的关注不够，对培训活动所嵌入的农村经济环境关注不够。我国贫困地区普遍存在小农与贫困户交集的现象，越贫困的地区，从事纯农业的农户比重越高，利用农业技术的比重越低③。鉴于此，本文从政府、培训机构与贫困人口三个层面，分析农村实用技术培训过程中的多主体行为逻辑、相互关系对培训效果的影响，以及可能存在的外部约束条件，形成提升农民培训绩效的机制设计。

二、农民培训产品说明

（一）农民培训产品的初步界定

农民培训产品是由各地各级政府部门向所在地农民提供的公共物品，本身具有非竞争性及非排他性。在培训产品具体提供过程中，较多区域的政府部门为了提高农民培训产品的供给质量，帮助农民获取有效信息、获得职业技能、实现技术脱贫，逐步将高等院校、社会专业培训组织等引入农民培训产品市场。目前，我国农民培训产品基本分为两类：一类是完全由各地各级政府一直向农民提供的农业信息知识方面的培训，这类农民培

---

① 莫鸣、张黔珍、刘纯阳：《贫困地区农民务工培训的问题与对策》，载《农村经济》2008 年第 7 期。

② 范小建：《完善国家扶贫战略和政策体系研究》，中国财政经济出版社 2011 年版，第 402－403 页。

③ 吴重庆：《小农与扶贫问题》，载《天府新论》2016 年第 4 期。

训产品属于纯粹的公共产品；另一类是政府通过制度设计引导社会组织向农民提供的培训产品，这类农民培训产品属于俱乐部产品。

（二）农民培训市场说明

1．农民培训市场供给情况分析

农民培训产品是由各级各地政府向农民提供的公共产品，政府、高等院校、社会培训组织提供给农民的培训产品各有优劣。

2．农民培训市场需求情况分析

第一，统一需求。提高农民对城镇配套设施的适应能力和就业能力是后脱贫进程中贯彻群众路线的基本前提。第二，区域化需求。农民培训产品的设计及提供以区域资源禀赋、文化禀赋、发展情况为前提。第三，需求者。分析理性的收益—成本的限制，了解其已经获得的信息及知识水平，关注其偏好及支付能力等约束。

3．政府在农民培训市场中的职能定位

脱贫必须渐进进行，且必须大中小相结合，以发展中小城镇为主。如此多的城镇人口，如何在"赋权"的同时，保证"赋能"，成为"后脱贫时代"稳固脱贫局面的关键问题。目前，政府在促进农民就业方面主要有三个渠道：第一，通过职业介绍促进农民工到城市打工就业；第二，通过技能培训来促进就业；第三，通过创业培训来促进就业。因此，政府职能在此过程中具体化为以下三点：了解辖区内农民的培训需求，差异化地指定培训目标；结合乡村振兴方向有针对性的供给农民培训产品；区分就业需求类培训、技能成长需求类培训或创业需求类培训。

为了提高政府在农民培训工作中的绩效、改善农村人力资源状况，政府在农民培训工作中的职能定位需体现区域化、阶段化、专项化特点。第一，政府对农民培训工作的职能应体现区域化，较发达区域的政府职能主要体现在引导方面，欠发达区域的政府职能主要体现在组织、引导及控制方面。第二，政府对农民培训工作的职能要满足阶段化要求，帮助农民适应这些变化是政府对农民培训现阶段的职能要求。第三，政府对农民培训工作应实现职能专项化，积极寻求合理的社会培训组织实现培训效益最大化，实现管理方式的创新，制定适宜区域农民培训活动开展的政策，有效管理配置农民培训资金，科学介入对培训流程的监管等。

（三）农民培训产品的特点分析

基于不同的培训需求及培训对象，农民培训产品有其自身特点。其一，加强农民培训的首要目的是要匹配并推动持续稳定脱贫进程。其二，充分把握农民的基本状况，是合理安排培训内容及层次的前提。其三，农民所在地的文化禀赋对农民影响较大，培训师需客观尊重并差异化设计培训内容和培训难度。

（四）农民培训产品供给模式分析

我国农民培训产品供给模式主要包括三种：政府独立供给，政府与高等院校合作供给，政府、高等院校及社会培训组织多方供给。

1．政府独立供给

目前，政府提供农民培训产品务必做到"四个结合"，即培训与农时季节相结合、培训与重点项目相结合、培训与农民需求相结合、培训与实践相结合，不断完善跟踪服务，及时帮助他们解决生产中遇到的技术问题。

2．政府与高等院校合作供给

将高等院校引入农民培训市场是增强社会资源有效运用的有益举措。高等院校将成为帮助政府提供农民培训产品的有效主体之一。政府与高等院校合作供给的缺点是评价难度大，部分培训产品属于高端技术，社会化程度低。

3．政府、高等院校及社会培训组织多方供给

仅仅依赖政府开展农民培训活动显然不能完全满足农民培训市场的要求，政府应动态地配置自身的功能和服务。有效引导社会培训组织等外包对象进入这一领域是提升培训活动绩效的有效方式。

4．贫困人口能力建设的多主体关系与分析框架

20世纪70年代以来，西方国家在公共服务领域逐步推行民营化政策，旨在减少政府对公共资源的垄断，弱化政府的公共服务角色，强化社会组织参与公共服务的地位。我国政府也以购买公共服务和外包服务等方式探索建立新型公共服务供给机制来促进需求的有效满足。在公共服务的现有研究中，最简便的分析框架是由"服务主体——培训产品的供给方""服务内容——培训主题与内容""服务动因——培训需求""服务方

式——培训产品的供给方式""服务绩效——培训效果转化与评估"构成的逻辑链条,这个框架忽略了公共服务到底"如何服务"这个关键命题。世界银行把公共服务供应链中的四大参与主体(公民/客户、政治家/政策制定者、服务提供者和一线专业人员)用责任连接起来,强调任何参与主体的责任缺失都将导致公共服务的失败。政府购买公共服务的过程就是将服务的规划者与生产者分离,政府将生产职能委托给其他服务生产者,将自身的职能转为制订目标、过程监督和拨付资金,由生产者整合各类资源、提供公共服务,满足社会需求。基于以上分析,可以把政府购买公共服务行为中的参与主体分为政府、服务生产者和客户。政府部门是服务的规划与购买者,承担服务项目的监督、验收和资金提供职能;服务生产者是服务的直接提供者,主要任务是提供高质量的公共服务;客户是服务的接受者和获益者,对服务质量、服务需求有向政府部门和服务生产者表达意见的权利。农村实用技术培训是政府财政专项扶贫项目"雨露计划"的一部分,旨在通过对贫困人口开展实用技术培训来提高其科技素质和致富能力。在实践中,由于县扶贫部门一般不具备直接提供培训服务的能力,往往把培训任务委托给具有一定资质的培训机构来实施,这样就出现了农村实用技术培训委托者和生产者分离的情况,从而产生了县扶贫部门、培训机构和贫困人口三类参与主体。从理论上讲,农村实用技术培训的实际效果取决于政府对培训机构的监督和激励程度、培训机构的努力程度和所提供服务的实用性,以及贫困人口对培训内容的接受状况。县级扶贫部门把培训任务委托给培训机构,就产生了委托代理关系;由于信息不对称和利益不一致,实践中会产生"逆向选择""道德风险"等委托代理问题,解决委托代理问题的关键是加强监督和激励,保持委托人和代理人的利益一致性。培训机构所提供的培训内容如果脱离农村实际,超出贫困人口接受的范围,培训方案缺乏科学性、针对性和实用性也会影响培训质量和实际效果。同时,贫困人口的学习意愿和能力也会影响其接受程度和培训效果。这是农村实用技术培训效果分析的第一个层次,涉及的是培训委托者、生产者、接受者之间的关系,关注的是能力提升问题。农村实用技术培训效果分析还有第二个层次,即提升后的能力是否能够在实践中充分发挥作用,进而推动生产效率的提高,形成扶贫效果,其隐含的逻辑是:贫困人口获得实用。

由于政府本身提供各类农民培训产品的实力有差异,因此,这里可以根据政府提供培训产品的能力将培训产品划分为两类：一类为政府可以有效提供的培训产品，另一类为政府不能有效提供的培训产品。目前，部分区域在农民培训产品领域逐步尝试了民营化、合同外包、凭单制等市场化工具。

三、"后脱贫时代"农民培训产品有效供给的机制设计

贫困治理是国家或政府管理贫困问题的全过程，从宏观看，由政府、市场、社会发挥作用，政府担负主要责任，制定相关减贫战略和政策工具、落实减贫任务、监督和问责等；从微观看，主要涉及贫困识别、分析、检测和评估①。贫困治理以关注人本身为中心，以维持自身需要为目的，发展自身能力，从多维角度进行治理②。效率与公平的矛盾在区域公共产品的供给上同样存在。显然，必须创新机制、综合运用政府和市场的力量，寻求效率和公平之间的平衡。

（一）农民培训产品制度设计的三个保障

1. 加强政策引导与扶持力度

"后脱贫时代"意味着我国贫困治理将进入新阶段，根据出现的新任务、新特点，需要出台新的政策加以扶持与引导。其一，调整贫困治理标准。在贫困治理由绝对贫困向相对贫困、收入贫困向多维度贫困转变过程中，人民对美好生活的向往需求日益增长，原有的贫困标准（2011 年标准）已经不能满足人们对美好生活的需求。因此，政府在制定新的贫困线时，应以实际情况为基础上调贫困标准。其二，提升贫困治理目标。我国贫困治理目标多以农村贫困人口为主，消除绝对贫困。随着绝对贫困问题的解决，这一目标已经无法适应"后脱贫时代"多维贫困治理的需求。贫困治理目标的确定要以收入为基础，在考察人们生存和发展需求的前提下，多维度衡量制定贫困治理目标。其三，巩固贫困治理成果。新政策的

---

① 王小林：《改革开放 40 年：全球贫困治理视角下的中国实践》，载《社会科学战线》2018 年第 5 期。

② 王琳、李珂珂、周正涛：《"后脱贫时代"我国贫困治理的特征、问题与对策》，载《兰州大学学报（社会科学版）》2021 年第 5 期。

出台还须以巩固贫困治理成果为目的，针对贫困人口脱贫中的"困难户""钉子户"精准施策，做好衔接要求相匹配，确保脱真贫、真脱贫、不返贫，以达到巩固贫困治理成果的目的。

2．提高贫困人口自身发展能力

提高贫困人口自身发展能力是"后脱贫时代"贫困治理的重要内容。现阶段，我国解决了中华民族千百年来的绝对贫困问题。从长远来看，只有提高贫困人口自身发展的能力，激发贫困人口内生动力，才能增强其摆脱贫困的持续性。第一，政府要坚持以人民为中心，加强脱贫人口的思想和文化教育，增加实训技能与教育机会。通过加大脱贫地区教育投入，建设完善的义务教育教学点，配置教育教学相关设施，重视高等教育与职业技术培训的发展，加大教育投入，完善贫困地区基础设施；通过强化职业技能培训，使不适宜受教育的贫困人口学会一门过硬的技术，切实提高脱贫人口发展能力；用精神扶贫解决光棍、懒汉贫困问题，摒除陈规陋习[1]。第二，脱贫人口要树立主体意识，发扬自力更生精神，增强过上美好生活的信心。"人穷不能志短，扶贫必先扶志"[2]，脱贫人口要树立脱贫的志气，摆脱"等、靠、要"思想，坚定依靠自己的力量摆脱贫困的信心。同时，要积极响应政府号召，积极参加技能培训，增强自身发展能力。在这一进程中为农民提供培训产品是促进农民充分就业的保障。选择、设计适宜本区域的培训供给机制是培训产品有效供给的前提。

3．发挥市场在相对贫困长效机制中的作用

市场对资源配置起着决定性的作用，能在一定程度上规避政府规划资源时的不灵活性，将市场中的有限资源精准用于贫困治理，并构建贫困治理长效机制，能提高贫困地区自我发展、自我造血能力，为满足"后脱贫时代"贫困人口增长的发展需求提供保障。为充分发挥市场在建立相对贫困长效机制中的作用，一要做好市场与政府在贫困治理中的衔接工作。以政府购买服务为重点，提高市场在"后脱贫时代"贫困治理机制创新，市场主体通过公开竞争方式承接公共服务，以养老保险、能力培训

---

① 汪三贵、曾小溪：《后 2020 贫困问题初探》，载《河海大学学报（哲学社会科学版）》2018 年第 2 期。

② 中共中央党史和文献研究院：《习近平扶贫论述摘编》，中央文献出版社 2018 年版，第 135 页。

等贫困人口需求为重点，发挥市场配置资源的优势，助力"后脱贫时代"的贫困治理。二要提高贫困地区的市场意识，以产业为主导构建长效脱贫机制。延长后续产业链与附加产品升级，做到产销一体化，并加强知识学习，提高防范和抵御风险能力，以市场为跳板，做到脱贫致富，实现地区经济的快速发展。

（二）农民培训产品有效供给的机制设计

1. 理论框架

农民培训产品的供给与一般培训产品供给的基本要求及程序相似，以下运用"主体—工具—内容"体系建立农民培训产品有效供给模式的理论框架。

农民培训精准扶贫在脱贫攻坚阶段取得的扶贫成效得到社会各界的广泛认同，与此同时积累了丰富的扶贫经验，因此需要在之前精准扶贫的基础上进一步巩固拓展脱贫成果与深化创新帮扶模式。在脱贫攻坚与乡村振兴的过渡期，培训组织应在理论层面建构并完善农民培训帮扶的框架体系，并回答"谁来扶""怎么扶""扶什么"的问题。"主体—工具—内容"的理论框架能为建构农民培训产品有效供给模式提供指导。

第一，基于主体维度，回答"谁来扶"的问题。即在巩固拓展脱贫攻坚成果与推进乡村振兴的衔接主体的具体指向，以及如何推进各主体协同联动发挥帮扶与振兴的功能作用，达成主体上的衔接。职业培训帮扶的衔接主体应从单一主体、松散联盟走向共建共享、同舟共济的共同体，打造政府、行业、企业、学校跨界协同联动、深度融合的帮扶共同体，建立协同联动的精准帮扶运行机制。通过精准帮扶运行机制，明确四方主体在协作帮扶中的职责与作用，促进四方主体协同参与精准帮扶。第二，基于工具维度，回答"怎么扶"的问题。即利用何种手段或途径来巩固拓展脱贫攻坚成果与推进乡镇振兴，以及如何发挥工具的功能从而实现工具衔接。借鉴"定向招生、定向就业"所构建的定岗位招生、定培训方案、定技能培养的定向帮扶模式，旨在以定向培训帮扶相对贫困者获得一技之长从而实现就近稳定就业、巩固脱贫成果以推进乡村振兴，专门为本区域人才紧缺和条件艰苦的行业企业有针对性地培养和输送人才。第三，基于内容维度，回答"扶什么"的问题。即巩固拓展脱贫攻坚成果与推进乡村振兴的具体帮扶内容，以及采用何种方式，达成帮扶内容的衔接。甄别相对贫困者的返贫致贫原因，发现部分相对贫困者思想观念落后、文化知识匮乏、技术技能贫瘠，进而确定"扶志—扶智—扶技"的整体帮扶内容，增强相对贫困者反贫困的核心能力。高等院校与当地政府、行业、企业等共同设计涵盖帮扶内容的课程体系，使培训项目契合当地产业发展需要、培训内容贴近岗位能力要求和受帮扶者成长发展需要，然后高等院校与企业协作采用灵活多样的教学方法将培训内容传授给受帮扶者。

2. 机制设计

（1）完善农民培训市场中对代理人的正、负激励设计。

第一，政府需采取动态补贴、差别化税收等方式激励适宜从事农民培训项目的外包主体进入农民培训市场。第二，政府需采取招投标限制、黑名单制等负激励方式改善农民培训市场中的外包主体的准入效果。

（2）尝试"时间激励"，优化梯度激励机制。

在竞争的代理人市场上，代理人的市场价值取决于过去的经营业绩。从长期看，代理人必须对自己的行为负完全责任，因为这样做可以改进自己在市场上的声誉，从而提高未来收益。第一，绝大多数农民培训产品是具有时间性的，因此动态更新培训内容成为提升培训产品有效性的保证。第二，时间要素是改善代理人努力状况的有效推力。如果委托代理关系是一次性的，则代理人的积极性有限。但是，当代理人持续两个阶段时，尽管代理人在第二个阶段仍然在努力，努力程度却不一定持续第一阶段的水平。因为博弈没有第三阶段，代理人无需考虑声誉问题，但是代理人在第一阶段的最优努力水平大于零。第三，以培训产品的"时间"作为激励要点。一是临界点合同时间。可以设置为对培训产品提供优良代理人优先选择合作的时间点。二是时间延长奖励。对于能够给予培训对象优良培训产品的代理人，政府可梯度奖励其持续代理下一周期培训活动的培训时间。三是专题可能性延伸的优先奖励。对于培训产品供给优良的代理人可以优先获取下一期培训合作信息并有机会优先参加招投标报名。

（3）设置农民培训市场锦标制度，完善农民培训产品代理人市场。

由于与专业培训机构的业绩相关，因此，锦标制度可以剔除更多的不确定因素从而使委托人对专业培训机构努力水平的判断更为准确，既降低风险成本，又强化激励机制。第一，政府需逐步建立农民培训市场代理人业绩评价考核体系，形成有效数据库，动态提供绩效评价的观测值。第二，完善农民培训市场的过程评价信息体系和要素评价信息体系。第三，建立持续性农民培训市场信息管理台账。培训产品供给的有效程度、培训产品的改善意见、培训对象的跟踪信息等都可成为信息管理台账的信息整理点。另外，需要建立政府与农民相互制约机制。有效的培训的评估需要赋予农民评价社会培训组织及政府的话语权。在实施培训过程中，形成农民与政府相互制约的机制，促进农民培训市场的长效发展。

四、结论

通过政策演变可以看出，培训与职业教育反贫困的基本政策逻辑为：与国家反贫困战略目标内在统一，融入国家持续高速的经济发展之中，始终注重贫困者面向就业的能力开发，以及适时优化反贫困的实施方式；学历职业教育反贫困面向多维贫困和脱贫难度较大的贫困家庭学生，提供适合的学习机会和优质的资源支撑，实施长周期和系统化培养，最终实现综合赋能的目标。表现出以职业院校为主体，以国家贫困标准为识别依据、以能力开发与就业服务衔接为途径，以就业、创业、促脱贫、促发展为目标，以学校和企业共同赋予贫困家庭学生发展权能为保障的运行特征。面向新时代乡村振兴和低收入群体增收的现实需要，职业教育需要从以促进贫困人口摆脱贫困为主体转向以服务低收入群体增收为重点，注重职业教育与普通教育和终身职业培训的整合以提供终身发展的支持，从促进贫困群体就业转向服务低收入群体生涯发展，从而为优化社会结构和社会融合贡献职业教育的力量。

合作社发展实现乡村绿色治理的机制和途径研究

——以泰国东北部有机茉莉香米合作社为例

林诗文[*]

摘要：绿色治理与我国当前正在实施的乡村振兴战略是相辅相成的，目的是在实现美丽乡村的同时实现乡村振兴。本文阐述了当前我国乡村普遍面临的生态环境和可持续发展突出问题，通过合作社发展推动乡村绿色治理的必要性，并借鉴泰国东北部有机茉莉香米合作社参与乡村绿色治理的机制，提出以合作社组织管理形式促进传统化学农业向生态环境友好型绿色产业转型，有效实现乡村绿色治理的途径。

关键词：合作社；乡村绿色治理；机制；实现途径

建设生态文明是中华民族永续发展的千年大计。改革开放以来，我国乡村地区生产、生活方式发生巨大变化的同时，也打破了原有可持续的内部物质循环模式，导致环境污染、生态破坏问题突出。十八大以来，党中央把生态环境保护放在国家发展战略的优先位置。习近平总书记提出"绿水青山就是金山银山"的理念，强调良好生态环境既是自然财富，也是经济财富，关系经济社会发展的潜力和后劲，要加快形成绿色发展方式，促进经济发展和环境保护实现双赢。2022 年中央一号文件对农业面源污染综合治理、农业投入品减量、畜禽粪便资源化利用、农膜科学使用回收、秸秆综合利用、村庄生活垃圾和有机废弃物综合处理利用等做了明确规定。如何通过产业绿色转型，实现生态环境末端治理向以源头预防为主的全过程控制的转变，是有效实现乡村绿色治理的关键问题。

---

[*] 林诗文，广州南方学院公共管理学院讲师，文化学博士。

一、当前我国乡村普遍面临生态环境和可持续发展的问题

在实行联产承包责任制以前，我国乡村地区农业经济呈现显著的循环经济特征，农资主要来源于当地内部供给，以少量的外部输入为辅。改革开放后，为了提高以粮食为主的农产品产量，以满足工业发展、市场需求以及人民日益提高的生活水平对粮食、食品消费数量需求的增长，开始大量引入以农药、化肥和塑料地膜为代表的外部化学农资，在缺失测土配方施肥技术的情况下迅速转型为化学农业。化学农业初期，得益于数千年以来我国农业循环经济所保持的良好地力，农药、化肥、地膜的大量施用和使用实现了农业生产效率短期内的大幅度提升，进一步刺激了农民对这些外部农资的使用偏好和依赖。由于使用量巨大，有效利用率过低，依赖程度逐渐增强，已导致乡村地区土壤、水体乃至空气的严重污染，土壤结构改变、贫瘠、板结和适种性下降。乡村地区的排放物也大量增加，生态环境污染严重破坏了耕地土壤的自我修复能力和综合再生产能力，如任其发展，最终会显著降低国内耕地资源质量，甚至失去可耕性。我国乡村地区的可持续发展，成为乡村绿色治理的一大难题。

（一）农药、化肥、地膜无节制施用、使用对乡村生态环境的污染

使用化学农药对农作物病虫害的防治效果好，见效极快。据农业农村部统计数据显示，农药在我国大宗农产品生产中，如水稻、玉米、小麦，平均有效利用率为 39.8%[1]。根据《中国统计年鉴》的数据，2019 年我国商品农药使用量为 139.17 万吨，单位耕地面积使用量接近美国的 5 倍。我国农药使用量大，毒性亦很强，大量农药残余渗入地下在土壤中积累或流入河流，很难有效降解，也会影响农作物生长，杀灭鸟类、蚯蚓、食蚜蝇、青蛙等有益动物和有益微生物，并通过空气、粮食、饮用水农残影响人体健康。而且，毒性过强的农药提高了病虫耐药性，形成抗体的害虫危害更大，需研制毒性更强的农药来消灭它们，进而对乡村生态环境造成更

---

[1] 曾祥明、蒋若凡、胡元：《论习近平生态文明思想引领乡村振兴的价值及其实现路径》，载《南方论刊》2022 年第 1 期。

大破坏①。随意丢弃的农药包装物也是土壤、水体污染源之一。

根据《中国统计年鉴》的数据，2019 年我国化肥使用量为 5,403.59 万吨，2020 年为 5,250.65 吨，有效利用率约为 40%，单位耕地面积使用量约是美国的 3.7 倍。化肥长期过量施用带来硝酸盐和亚硝酸盐等在土壤里大量积聚，打破土壤营养元素特别是微量元素的平衡，有机碳被快速消耗，导致土壤板结、肥力下降，不利于农业生产，并进一步增加对化肥的依赖。化肥氮、磷等元素在地表水系统中累积，导致水质恶化，浮游植物大量繁殖，水生生物大量死亡。氮肥经各种途径进入地下水系统，直接导致地下水硝酸盐含量超标，对不少地区尤其是乡村地区的生活饮用水造成严重威胁②。

塑料薄膜能够创造和改善作物生长的微气候条件，在大规模推广的前期，可实现大面积增产和稳产。但其可回收率低、分解缓慢，部分薄膜还具有耐用性差、易破碎、清除率低的特点，废旧残膜无法回收再利用，常年在土地中残留、积累，导致土壤和环境污染、生态破坏③。随着温室大棚和地面覆膜技术的推广，农用塑料薄膜使用量近年来大幅度增加，根据《中国农村统计年鉴》的数据，2010—2020 年间我国农用塑料薄膜使用量始终处于较高水平，其中 2016 年接近 260 万吨，2020 年仍高达 238.9 万吨。相关研究表明，大量废旧薄膜在耕地中积累，会直接破坏耕作层土壤结构，降低通透性、透气性及其蕴含的肥力，导致土壤严重板结，不利于农业可持续发展，也会对整个生态环境系统构成巨大威胁④。

近年来，由于环境污染加剧，土壤越来越贫瘠，大部分农业生产者都过度依赖化肥、农药、塑料地膜来维持农作物稳产。而滥用化肥、农药、塑料地膜又导致乡村环境污染进一步加剧，形成土壤贫瘠的恶性循环⑤。2018 年，贵阳市开展农业用地土壤污染详查、农业用地质量地球化学背景调查，全市 16 块地被列为疑似污染地块。同年，云南从事农业研究的

---

① 杨金茂、孙克：《农村生态环境污染治理的法律思考》，载《四川环境》2022 年第 2 期。

② 王红：《农业面源污染对生态环境的影响研究》，载《农技推广》2022 年第 2 期。

③ 赵国党、董荷兰：《河南省农村生态环境治理质效提升机制研究》，载《许昌学院学报》2021 年第 6 期。

④ 王红：《农业面源污染对生态环境的影响研究》，载《农技推广》2022 年第 2 期。

⑤ 张世军：《河南乡村生态振兴与农业绿色发展研究》，载《农村·农业·农民》2022 年第 1 期。

多位学者对云南省个旧市 50 个农产品产地的 561 个耕层土壤样本进行检测，评价土壤污染程度和生态风险，结果整体表现为重度生态风险[①]。

（二）乡村地区排放物对生态环境的污染

改革开放以前，秸秆主要用作燃料，牲畜的饲料，猪、牛、羊圈的垫料，最终形成灰肥、粪肥还到农田里。随着乡村生活、生产方式转变，秸秆变成了不再具有经济价值的废弃物。就地焚烧秸秆产生大量二氧化碳、$PM_{2.5}$，青蛙、蚯蚓等有益动物被烧死，破坏了农田土壤结构，还有引发火灾的可能性[②]。畜禽与水生动物排出大量粪便，每年仅河南省畜禽粪便总量就高达 24,637 万吨，作为废弃物排放率近 50%[③]，导致水体污染，土壤受到各种寄生虫、病原体、病毒等有害微生物危害[④]。

随着新型城镇化的发展，民营企业将大量规模小且技术水平低的粗放型工厂建在城乡结合部，该类工厂缺乏齐全的污水、废气处理系统，大量未经处理或仅经简单处理就直接排放的废水、废气和废碴，造成了乡村地区水域、大气和土壤的大面积污染[⑤]。工业废弃物排放流向广大乡村地区，导致点源污染向地下蔓延，隐性污染悄然发生，土地修复和自我净化能力不断下降。

另外，乡村地区人口基数大，且居住相对分散，难以建设起完善的垃圾处理系统和污水处理系统。村民习惯随意丢弃垃圾，给乡村的水体、土壤和空气带来严重污染。日常生活污水中往往含有许多微生物生长繁殖的有害病原体，不加任何处理就直接排放，对河流、湖泊、土壤造成了严重污染[⑥]。受污染的水资源通过循环，最终影响村民的饮用水。

---

① 何瓦特、唐家斌：《农村环境政策"空转"及其矫正——基于模糊—冲突的分析框架》，载《云南大学学报（社会科学版）》2021 年第 1 期。

② 王红：《农业面源污染对生态环境的影响研究》，载《农技推广》2022 年第 2 期。

③ 张世军：《河南乡村生态振兴与农业绿色发展研究》，载《农村·农业·农民》2022 年第 1 期。

④ 王红：《农业面源污染对生态环境的影响研究》，载《农技推广》2022 年第 2 期。

⑤ 曾祥明、蒋若凡、胡元：《论习近平生态文明思想引领乡村振兴的价值及其实现路径》，载《南方论刊》2022 年第 1 期。

⑥ 张世军：《河南乡村生态振兴与农业绿色发展研究》，载《农村·农业·农民》2022 年第 1 期。

二、通过发展合作社推动乡村绿色治理的必要性

（一）当前我国乡村绿色治理失效诸因

1. 村民

乡村居民文化水平普遍偏低，环保意识淡薄，知识欠缺，观念落后。我国缺乏全面系统的生态文明教育，农业科技推广不足，测土配方施肥还没有普及。由于生活还不够富足，广大农民关注眼前利益甚于长远利益，私人利益甚于公共利益[1]。部分村民违背自然规律，滥用自然资源，忽视生态环境保护，为追求短期经济利益不惜牺牲长远的生态利益。此外，不少群众片面地认为生态环境治理应当是政府的职责，环境恶化是政府不作为、不重视环境问题所致，将自己置身事外，生态环境治理参与度、践行度低[2]。农民出于生计需要超标使用农药、化肥，厕所粪水乱排，露天焚烧秸秆，忽视垃圾分类等问题，制约了环境共生界面优化。同时农民属于"低地位群体"，环境维权意识淡薄，环境权益易被"强势群体"漠视和侵犯，从而降低了参与环境治理的主动性[3]。由于农产品市场存在劣币驱逐良币的市场失灵现象，从事绿色有机产品生产的农户很难通过市场价格机制实现优质优价，利益导向使得农民不愿选择环境友好型生产行为以避免农业面源污染的发生，有机肥、双降解生态地膜、生物农药等环境友好型技术、产品的应用也难以普及[4]。

2. 法制建设与基层政府

乡村与城市之间生态治理发展不平衡积弊已久，存在资源分配差距，乡村资金、人才、技术、设施等硬件、软件均落后于城市，大数据生态网

---

① 赵国党、董荷兰：《河南省农村生态环境治理质效提升机制研究》，载《许昌学院学报》2021 年第 6 期。

② 曾祥明、蒋若凡、胡元：《论习近平生态文明思想引领乡村振兴的价值及其实现路径》，载《南方论刊》2022 年第 1 期。

③ 文宇、竺乾威：《农村生态环境共生治理：价值、演进及挑战》，载《广西大学学报（哲学社会科学版）》2021 年第 9 期。

④ 沈贵银、孟祥海：《农业面源污染治理：政策实践、面临挑战与多元主体合作共治》，载《云南民族大学学报（哲学社会科学版）》2022 年第 1 期。

络治污、多元合作治污等先进治理方式普及甚微，阻滞了环境共生治理模式创新①。另一方面，涉及乡村地区的环境法律法规落后，环境治理工作机构、机制不健全，生态环境监督检查体制不完善。现行的一些环保法规出台时间早、内容陈旧、条款不匹配、惩治力度不足，在生活污染、农业废弃物、农药污染处理、农村垃圾分类和污染物排放标准等方面存在立法空白②。我国现有法律规范体系中尚缺乏一部综合性的乡村生态环境保护基本法，用以针对面源污染防治、垃圾处理、恶臭污染防治、土壤污染防治、环境损害赔偿和环境监测等乡村环境污染治理的主要方面③。

面对复杂的生态环境治理课题和生态建设历史欠账，乡镇级政府实际工作难以落实到位，不尊重自然生态发展基本规律和社会经济发展规律，片面追求经济效益的短视行为，加剧了乡村生态文明冲突。乡村生态环境治理政策落实不到位产生的"政策空转"现象日渐引人关注，政策执行阻滞表现为政策执行表面化或象征性执行，也就是在政策执行过程中出现走样、失真与形式化，成为类似弱治理的公共事务。此外，生态环境领域通常由很多不同的政府部门和政府层级负责，缺乏必要的部门间、区域间和层级间的分工合作，导致政策执行过程中权责不清或互相推诿，地方政府相关部门政策执行积极性和相互协调意愿低。中央政府和地方政府在生态环境治理方面存在信息不对称问题，地方政府享有信息优势，加剧了机会主义倾向，政策目标追求生态优先的公共利益与部门所追求的部门利益存在冲突，导致地方政府政策工具选择矛盾，生态环境政策执行不理想④。

3. 基层自治组织

在乡村绿色治理方面，基层自治组织本应发挥重要作用，但村级自治组织面临老龄化、学习能力低、外部信任低、动员能力差等挑战，难以动

---

① 文宇、竺乾威：《农村生态环境共生治理：价值、演进及挑战》，载《广西大学学报（哲学社会科学版）》2021 年第 9 期。

② 曾祥明、蒋若凡、胡元：《论习近平生态文明思想引领乡村振兴的价值及其实现路径》，载《南方论刊》2022 年第 1 期。

③ 何瓦特、唐家斌：《农村环境政策"空转"及其矫正——基于模糊—冲突的分析框架》，载《云南大学学报（社会科学版）》2021 年第 1 期。

④ 何瓦特、唐家斌：《农村环境政策"空转"及其矫正——基于模糊—冲突的分析框架》，载《云南大学学报（社会科学版）》2021 年第 1 期。

态跟踪环保知识，掌握专业环保技术，动员和协调环保行为①。另一方面，随着城乡二元结构的冲击和城乡一体化工业化进程的加快，农村青壮年劳动力外出打工，工作、生活逐渐远离乡村，对村庄事务变得漠然，导致村民对基层自治组织向心力减弱，同时基层自治组织还缺乏用于生态环境治理的资金、技术、信息、人才②。基层自治组织弱治理，加剧了乡村生态环境政策落实的不确定性和复杂性③。

4．乡镇企业

企业片面追求利润的结果是工厂废弃物随意排放、环境破坏、能源过度消耗和生态失衡④。乡镇环保企业数量少，治理技术单一，环保资金、技术知识、人才、配套设施匮乏，源头污染治理专业技术不足，可持续的生态治理和资源利用意识薄弱，企业出于自身利益，往往选择成本低的方式随意处置农药、地膜、"三废"等污染，导致利润角逐、资源浪费、治理低效、二次污染等问题⑤。

（二）以合作社组织形式有效导入绿色产业发展模式是实现乡村绿色治理的根本途径

十九大以来，习近平总书记多次明确提出"绿水青山就是金山银山"的生态文明建设思想，自 2013 年以来我国每年中央一号文件均明确提出乡村发展要保护生态环境⑥。我国生态环境治理已上升为国家战略，需进行自下而上的地方生态环境治理创新，推进乡村绿色治理，而化学化的生产方式严重阻碍了我国农业生产方式的现代化转型。良好的生态环境蕴含

① 何瓦特、唐家斌：《农村环境政策"空转"及其矫正——基于模糊—冲突的分析框架》，载《云南大学学报（社会科学版）》2021 年第 1 期。

② 李建坤：《加强农村生态环境综合性高效治理的路径研究》，载《山西农经》2021 年第 24 期。

③ 何瓦特、唐家斌：《农村环境政策"空转"及其矫正——基于模糊—冲突的分析框架》，载《云南大学学报（社会科学版）》2021 年第 1 期。

④ 李娜：《我国农村生态危机：问题现状、原因分析与对策建议》，载《农业经济》2021 年第 11 期。

⑤ 文宇、竺乾威：《农村生态环境共生治理：价值、演进及挑战》，载《广西大学学报（哲学社会科学版）》2021 年第 9 期。

⑥ 何瓦特、唐家斌：《农村环境政策"空转"及其矫正——基于模糊—冲突的分析框架》，载《云南大学学报（社会科学版）》2021 年第 1 期。

着丰富的生态效益和社会经济效益，这就要求有效降低外部农业资料输入，减少对化肥、农药、塑料地膜的使用和产业的对外排放，最终形成乡村地区内部物质有效循环，实现绿色生态、低碳、高效、高附加值的循环经济产业模式，从源头上控制农业污染。引导工商资本与人才资源进入农业领域，通过合作社组织形式实现农产品的规模化与品质化生产，同时将农产品的生产服务与产区特有的自然风貌和人文历史巧妙结合起来，打造具有地域特色、民族风味的区域品牌①。

以优化生态环境为前提，大力发展现代、绿色生态农业，提高田间环境质量，可为农业经济质量高质量发展提供动力，杜绝农产品农药、化学物质以及重金属残留，保证产品绿色无污染，既契合当代公众绿色消费理念，提升农产品附加值和经济效益，又能强化广大消费者对我国农产品的认同感，从而实现乡村产业升级和可持续发展，并保护人类赖以生存的土地、淡水、大气、生物多样性等自然资源与环境②。单个农户难以组织绿色农产品认证、统一质量标准、有效地推动市场营销与推广工作，根置于乡村地区的合作社是乡村生态循环产业经济的有效组织形式，并有助于提升村民有效保护、改善生态环境的意愿，这是立足于追求短期利益的工商企业难以全面、系统地做到的。

三、以合作社实现乡村绿色治理的机制——以泰国东北部有机茉莉香米合作社为例

（一）适度经济思想及其对有机农业发展的积极影响

泰国前国王普密蓬·阿杜德早在 1974 年就提出了适度经济思想，经过数十年的大力倡导和宣传，在该国已深入民心。普密蓬国王勉励泰国民众将稳定的生活建立在自立、自有、知足、理性、拥有良好社会免疫力的基础之上，坚持谨慎、科学地思考，保持良好的道德风尚。经过深入接

---

① 曾祥明、蒋若凡、胡元：《论习近平生态文明思想引领乡村振兴的价值及其实现路径》，载《南方论刊》2022 年第 1 期。

② 曾宪玲：《试析优化生态环境对促进农村农业经济发展的影响》，载《山西农经》2022 年第 2 期。

触、参与和理解国家发展事务，国王提出，基于民众根本利益一定要将经济发展与生物多样性、生态环境保护以及文化和良好风尚传承结合起来。提倡民众广泛参与公共决策，周全地行事、谨慎地思考，循序渐进，先试点后推广，以实现以自立、自强为目的的发展。

农业是泰国最重要的经济产业之一，适度经济思想对农民、农户、社区和国家层面都产生了深远影响，将适度经济思想具体应用于农业领域而形成的新概念农业，可以给农民带来粮食稳定与食品安全，还能降低成本费用，解决社区和农户的贫困问题让农民过上自立自强的小康生活。多地农民将适度经济思想付诸实践，成功地摆脱了化学农业所导致的家庭债务问题，顺利发展了生态环境友好型混合农业和有机循环农业。实践新概念农业的农户显著地减少甚至摆脱了对化肥、农药的使用，成功缩减了成本开支，科学合理的生产方式给农民带来了稳定的收入，农民储蓄增加，规避了债务问题，还有能力为社区治理提供帮助与支持[1]。

（二）泰国农民参与有机茉莉香米合作社的决策意愿影响因素分析[2]

1. 农民对有机种植模式的看法影响决策意愿的程度

此项的主要影响因素有：①有机茉莉香米产品品质优于传统化学种植茉莉香米；②有机种植对农民及其家庭成员的身体健康有益；③有机茉莉香米产品有益于消费者身体健康；④有机茉莉香米种植对生态环境友好；⑤有机茉莉香米的种植可增进家庭幸福。

此项对从事有机茉莉香米种植的农民继续有机种植的决策意愿影响值（$\beta = 0.263$）明显高于对从事传统化学种植的农民向有机种植转型的决策意愿影响值（$\beta = 0.101$）。

2. 农民对合作社集体成员资格的评价影响决策意愿的程度

此项的主要影响因素有：①有机茉莉香米合作社成员资格是对农户有利的；②有机合作社成员资格在茉莉香米种植有机认证中发挥着积极的作用；③合作社成员资格有助于增进有机茉莉香米出口市场的可信度；④合

① 泰国总理府国家经济与社会发展委员会：《第 11 期国家经济与社会发展规划（2012—2017）》，2011 年。

② Phaibun Yanakittkul, Chuenjit Aungvaravong. "A model of farmers intentions towards organic farming: A case study on rice farming in Thailand," in *Heliyon*, 2020 (6): 1–9.

作社成员资格有助于增进有机茉莉香米种植和市场营销信息在内部的沟通与交流；⑤合作社成员资格有助于强化内部的合作关系；⑥合作社成员资格有助于增进成员农户的集体意识。

此项对从事有机茉莉香米种植的农民继续有机种植的决策意愿影响值（$\beta = 0.254$）高于从事传统化学种植的农民向有机种植转型的决策意愿影响值（$\beta = 0.049$）。原因是前者能意识到合作社集体的优势，比如说通过集体的力量和努力可让他们获得更高的产品销售价格等；而后者对合作社成员资格的认识也是正面的，但还不足以对他们转型从事有机茉莉香米种植的决策意愿产生重大影响。

3．农民对有机种植可靠性的感知影响决策意愿的程度

此项的主要影响因素有：①能够把握有机茉莉香米的预期产量；②能够根据有机标准进行生产；③无农残有机茉莉香米种植的方法和技术是可习得的；④对已掌握的有机茉莉香米种植知识充满信心；⑤可确信自己按有机标准种植的茉莉香米能够获得有机认定。

此项对从事有机茉莉香米种植的农民继续有机种植的决策意愿影响值（$\beta = 0.178$）显著低于从事传统化学种植的农民向有机种植转型的决策意愿影响值（$\beta = 0.433$）。这是因为后者对有机茉莉香米种植的方法、技术、知识敏感度相当高，如果他们对此项的私人评价很积极，就会乐意转型从事有机茉莉香米种植；对于前者而言，他们已经有从事有机种植的可靠经验，继续从事有机种植的决策意愿则更关注其他影响事项。

4．农民对有机种植相对效用的认识影响决策意愿的程度

此项的主要影响因素有：①相对于传统化学种植方式，有机茉莉香米种植对生态系统和土壤肥力更有利；②从事有机茉莉香米种植的农民比从事传统化学种植的农民更加勤奋；③与传统化学种植方式生产的茉莉香米相比，有机茉莉香米可获得足够高的价格；④因为不施用化肥和农药，有机种植比传统化学种植方式具有显著的成本优势；⑤有机种植使用的机器设备跟传统化学种植方式相同。

此项对从事有机茉莉香米种植的农民继续有机种植的决策意愿影响值（$\beta = 0.332$）和对从事传统化学种植的农民向有机种植转型的决策意愿影响值（$\beta = 0.389$）均呈现较高的水平。

5．农民对传统化学种植模式危害的认知影响决策意愿的程度

此项的主要影响因素有：①传统的化学种植会增加农药和化肥的成本

开支；②农民会受到化肥、农药的危害；③家庭成员也会因施用化肥和农药受到危害；④长期施用化肥和农药导致施用量每年递增；⑤传统化学方式种植的大米有供过于求的趋势；⑥传统化学方式种植的大米有市场价格下降的趋势，进而导致收入减少。

此项对从事有机茉莉香米种植的农民继续有机种植的决策意愿影响值（$\beta = 0.258$）远高于对从事传统化学种植的农民向有机种植转型的决策意愿影响值（$\beta = 0.016$）。原因是前者通常具有两种种植方式的经验，能体验到农用化学品的危害并愿意从事有机种植；后者虽然知晓农用化学品的危害，可是没有有机种植的经历，因此不足以对他们转型从事有机种植的决策产生重大影响。

6. 农民对政府有机种植促进政策的认识影响决策意愿的程度

此项的主要影响因素有：①政府为改善有机茉莉香米稻田灌溉条件所做的努力（如挖掘池塘、水井和修建抽水泵站等）；②为有机茉莉香米价格提供可信性保证；③在有机茉莉香米出口方面所做的努力；④帮助解决生产所需的物资和设备（如种子、有机肥、有机大米碾米设备等）；⑤为从事有机茉莉香米种植的农民提供低息贷款；⑥协助农民进行有机茉莉香米标准认证；⑦提供促进有机茉莉香米生产效率的种植知识和技术。

此项对从事有机茉莉香米种植的农民继续有机种植的决策意愿影响值（$\beta = 0.135$）相对较小，对从事传统化学种植的农民向有机种植转型的决策意愿影响值（$\beta = 0.306$）则呈现相当高的水平。原因是后者缺乏有机茉莉香米种植所需的知识、技术、设备和资金，希望政府能够帮助解决。

（三）泰国政府倡导化学农业向有机循环农业转型并提供大力支持

1. 推动化学农业向有机农业转型

有机农产品品质好、价格高，有机循环农业具有生态环境友好的属性，泰国政府将其确立为农业转型的发展方向和基本国策。为切实推动有机农作物种植，政府采取包括财政金融、生产促进、提高有机农产品价格水平使之区别于化学农业产品、促进市场宣传推广以及碳信用等措施，增强有机农业的转型吸引力。构建消费群体的认知和理解，开发、推广认证标准体系，开展有机农产品的质量检测和确证，促进参与式的检测认证程序，推动有机农产品生产的区域化发展，并导入有机农业模式旅游项目，以期扩大收入来源。

泰国政府为推动农业可持续发展，鼓励将单一作物的传统化学种植方式转变为天然农业、混合农业、有机循环农业等新概念农业，促进有机肥料技术研发、有机物质利用，发展生态环境友好型示范种植，通过金融和市场机制的推动，提高生态环境友好型农业的吸引力，发展农产品安全标准以及生态环境友好型有机农产品的质量检测和标准认证体系，建立消费者信心。加强产品研发，发展全产业链农业，提高产品附加值以增加农民收入，发展生态环境可持续的农业体系，为农民创造本地就业机会①。

2．通过合作社组织形式推动农业集体化和规模化

泰国政府大力推动从单个农户加入合作社的方式促进农业集体化发展，并提高农民集体化程度和集体协作的能力，以便实现规模经济，降低成本，增加收入。又使用适当合理的生产技术，减少低层次劳动，整合营销和组织管理，有效使用市场机制规避风险，形成以合作社思想理念和组织形式为基础的可持续农业产业价值链组织管理机制。泰国政府通过示范种植，推动增加有机农业种植面积，将也梭吞府（省）整体作为有机农业示范基地，强化原有的有机农业合作社，促进成功合作社、农户知识在区域内外的扩散与分享。从国家和地方层面大力推动合作社发展战略，增强生产体系、市场营销和金融体系联网能力，提高合作社的商业竞争力②。

3．促进新型农业人力资源开发

以适度经济的思想指导农业发展，促进农民以农业产业发展主人的身份参与农业产业政策的酝酿、制定和执行，泰国政府在基本要素方面提供支持，并在各地区建立农业知识培训中心。泰国政府集中建设了包括 Khao Hinsorn 皇家发展研究中心在内的 6 个综合技术示范基地，其中设有有机农业示范区，为农民学习有机农业知识、接受技术培训创造了条件③。

泰国政府推动农业人力资源和新型农民的培养，推行高校毕业生返乡

---

① 泰国总理府国家经济与社会发展委员会：《第 12 期国家经济与社会发展规划（2017—2021）》，2016 年。

② 泰国总理府国家经济与社会发展委员会：《第 12 期国家经济与社会发展规划（2017—2021）》，2016 年。

③ 徐洋、辛景树、卢静等：《泰国循环农业与有机肥资源利用的发展与启示》，载《中国农技推广》2019 年第 1 期。

计划，鼓励公立高等院校构建培养新型农民的专业体系，使他们具备生产、加工、营销和组织管理等方面的知识和能力，擅于建立和组织管理合作社等农民集体，组织农业从源头初级产品到加工、再到市场营销的商业运作，并且能够及时调整、适应世界市场变化。促进农民子女以从事农业产业作为职业首选的理念，树立良好的农民价值观。建立稳定、安全的社会保障，提高社会福利水平和非农劳务收入。提供知识、信息技术系统，加强技术知识的推广。

4．种子研究与保障

泰国政府在水稻技术推广上坚持抓好种子研究与生产。泰国农业与合作社部建立了20多个水稻种子研究与生产中心，按照技术要求提纯复壮，严格做好除杂去劣的种子繁育工作，以保证品种优良性状，坚持每2～3年更新一次①。

5．组织有机肥制作方法研究

泰国政府通过农业与合作社部每年投入大量资金用于有机肥的科学研究、生产和推广，依托土壤生物技术实验室开发微生物品种，从供应作物养分、改良土壤环境、调节土壤微生物等多个途径促进农作物生长。农业与合作社部下设的科研机构持续研究有效的堆肥技术，利用微生物菌剂与农作物秸秆、畜禽粪便、餐厨垃圾以及水果、蔬菜、肉类等废弃物制作有机肥，通过盆栽和田间种植试验效果，然后大范围推广，将微生物菌剂通过府、县级农业技术推广机构免费向农民发放，并且通过多种方式开展培训和示范。目前，利用有机废弃物堆沤发酵肥料在泰国农业生产中应用得十分普遍，农民将政府发放的免费菌种与有机废弃物混合发酵，制作堆肥或有机液体肥料还田，有效解决了乡村环境污染和生态破坏的问题，同时减少了化肥用量，促进了有机农业的发展②。

6．向世界大力推广泰国农产品

泰国政府支持基于生物资源的农业科学知识创造、科技研发和创新，实施农产品供应链检测和认证体系，推动农产品和食品安全标准认证，以

---

① 徐洋、辛景树、卢静、刘雁南、李燕婷：《泰国循环农业与有机肥资源利用的发展与启示》，载《中国农技推广》2019年第1期。

② 徐洋、辛景树、卢静、刘雁南、李燕婷：《泰国循环农业与有机肥资源利用的发展与启示》，载《中国农技推广》2019年第1期。

满足市场对健康食品的需求。通过驻外使馆、领馆进行公关宣传，并组织相关业者参加国际展会、交易会，推动泰国农产品和食品在世界市场上展现其标准品质和安全优势，增加农产品附加值和农民从农业领域获得的现金收入。

（四）泰国东北部有机茉莉香米合作社的成功运作及其对乡村绿色治理的贡献

笔者实地调查发现，有机农业是单个农户无法实现的，泰国东北部有机茉莉香米产业基本上采用合作社的组织形式。合作社统一组织土壤检测、有机茉莉香米种植认证，统一采购种子和机械服务，制作有机肥，大大降低了合作社成员农户的投入成本。并对成员们的种植、收割、干燥和储存过程给予有效的技术指导和监督，对稻谷进行统一加工，保证了有机茉莉香米的品质。还通过进一步精深加工，增加茉莉香米的产品品类（如胚芽米、米糊、米粉、谷壳油，甚至化妆品等）及其附加值。同时合作社还提高了产品推广、营销和销售的效率。合作社通常建有用于制备有机肥的设施，为成员农户提供便利。设施可将稻草、谷壳、禽畜粪便、生活垃圾等制成有机肥料，还到稻田里，避免了在种植过程使用化肥和农药，有利于生态环境的保护和乡村的绿色治理。

合作社在监管能力范围内专业经营有机茉莉香米，农户必须严格遵循有机种植规程的要求，严禁使用化肥和农药，违规者会被退出合作社。有机茉莉香米植株根系发达，稻秆壮实、耐病虫害、抗倒伏，米粒更是晶莹剔透、密度高、不易折断。同等体积条件下，有机米会比非有机米重约10%，价格高出30%。第三方认证机构每年都会抽取有机茉莉香米种植土壤进行检测，并对种植规程进行严格检查认证。转换成有机种植方式的头两年，茉莉香米的产量会比传统化学种植方式略有下降，第三年即可持平，之后则会超过化学种植方式。由于种植成本降低、收购价高，农民可实现显著增收。泰国东北部有机茉莉香米合作社通常采用德国公平贸易标签组织（FLO，Fair-trade Labelling Organization）的公平贸易（fair-trade）方式进行销售，客户可在公平贸易清单和第三方有机认证机构信息系统中进行搜索，商务部也会组织合作社参加国外商展。当地合作社普遍认为，有机茉莉香米的种植方式属于对人类和生态环境友好的生产方式，FLO作为保护农户的市场体系，通过保证价格实现农户收入稳定。有机茉莉香米合作社通过低碳经营、购买碳信用，参与社会企业责任（CSR，Corporate Social Responsibility）体系认证，亦可树立社会、生态环境友好形象。

合作社有效避免了社区内部冲突、矛盾和法律纠纷，同时积极参加社区治理和各项文化活动，增进了成员农户对社区的认同感和凝聚力。本地雇工解决了社区部分就业问题，男女同工同酬，没有性别歧视，妇女能够全面充分地参与有机茉莉香米种植过程的决策。工人可以跟合作社就劳动及报酬事项进行自由的沟通与商谈。所有的投入均来源于本地，有效避免了化肥、农药施用对土壤、水体和空气的污染，对生物多样性的破坏和对农民的危害，排除了粮食、食品农残对农民和消费者身体健康的威胁。成员农民对有机茉莉香米种植的满意度超过了80%①。受有机茉莉香米合作社的理念影响，成员农户更加注重自己在社区事务和生态环境治理方面的权利与责任，在政策决策、执行的过程中积极主动参与本地绿色治理事务。

四、我国以合作社组织形式有效推动乡村绿色治理的途径建议

保护我国乡村地区生态环境势在必行，通过大力培育、扶持合作社广泛发展生态环境友好型农业产业以实现传统化学农业转型，是实现乡村地区绿色治理的一条可借鉴的道路。由于生态环境友好型农业具有显著的正外部性特征，产业主体不能直接获得其为公共利益创造的生态环境价值；同时，健康、安全、生态、高品质的农产品容易遭受市场失灵现象的负面冲击。因此，需要政府在通过合作社组织形式，广泛发展生态环境友好型农业方面，加强公共投入并建立有效的支撑体系，以使相关产业主体认识到其所创造的生态环境优化的外部价值可获得直接或间接的补偿，产品市场失灵现象可获得有效的纠正，而获得强大的正激励力量，从而增强社会公众尤其是农民参与传统化学农业转型、组建合作社从事生态环境友好型农业产业的决策意愿。笔者认为，相关支撑体系应包括：①制定完善的乡村地区生态环境保护基本法和生态环境友好型农业产业发展促进政策；

---

① Phaibun Yanakittkul, Chuenjit Aungvaravong. "A model of farmers intentions towards organic farming: A case study on rice farming in Thailand," in *Heliyon*, 2020 (6): 1 - 9.

②政府财政投入、组织生态环境友好型农业通用技术的开发与集成，并向乡村地区免费提供；③加强生态环境友好型农业产业人力资源的开发与培养；④大力培育、扶持生态环境友好型农业产业合作社；⑤广泛建立生态环境友好型农业产业试点、示范基地。

数字治理篇

双向激活：基层治理中的数字赋能

——"越秀越有数"数字政府建设的经验启示[*]

陈天祥　徐雅倩　宋锴业　蓝　云[**]

摘要：本文聚焦数据如何赋能基层治理。根据数字政府实践，可以将数字赋能基层治理的核心机制界定为"双向激活"：一方面，通过基层治理前后端的需求牵引，数字技术将公务人员、企业和公众的多元需求成功灌注到全链条的基层治理过程中，将基层治理全过程组织起来，由此激活了政府对基层治理的精准和高效。另一方面，通过组织内外部资源重组，数字技术将党建、群团、行政和市场等分散的社会力量和闲置社会资源再组织化，激活社会自身活力。双向激活本质上是利用数字技术对发现社会问题和解决社会问题两个中心环节分别赋能，从而推进基层治理。

关键词：数字赋能；基层治理；双向激活

一、问题提出：基层治理的数字赋能挑战

基层治理与民众的美好生活息息相关。新时期民众的公共服务多样化需求使基层治理面临着诸多挑战，使基层成为愈加复杂的治理场域。如何有效提升基层治理效能成为亟待解决的重大现实问题。面对这些问题，一

---

* 原载于《华南师范大学学报（社会科学版）》2021 年第 4 期，收入有修改。
** 陈天祥，广州南方学院公共管理学院、中山大学政治与公共事务管理学院教授、博士生导师，管理学博士；
　徐雅倩，中山大学政治与公共事务管理学院博士研究生；
　宋锴业，中山大学政治与公共事务管理学院博士研究生；
　蓝云，广州南方学院公共管理学院特聘教授。

段时期以来，不少地方政府采取的应对策略是，以数字赋能①推动基层治理，数字赋能成为新的基层治理范式和创新源动力②。近年来，各地政府都成立了"数据局"这类数据管理部门，统筹推动治理创新，基本的做法有：以各类数字技术为基础，建设区域性的数据中心、开发"城市大脑"等新一代基础设施以及应用场景，使基层的医疗、交通、市场监管、公共安全、公用事业等服务更加智能和高效③。可以做出这样一个判断：概念化的数字技术布局时代基本过去，面向未来的数字赋能时代已来临。人们不禁要问：为什么基层治理过程中越来越多的政府部门走上了数字赋能的道路？政府如何利用数字技术来赋能基层治理？对以上问题的回答，有利于理解数字赋能的本质。

与上述两个问题相关的研究文献主要包括以下两个方面：

一是通过规范性研究肯定数字技术对基层的赋能作用④，并分析数字赋能卓有成效的原因，包括数字技术简化了基层的复杂性，推动基层的清晰治理⑤；数字赋能突破固有的条块边界，改进了协调方式，激发向下包容的政策感知⑥；促进基层治理的协同强化⑦；实现对基层的数字整合⑧；

---

① 从基层治理的角度来说，本文所讨论的"数字赋能"意指通过数字技术的应用，对现有政府的模式战略、运作方式、组织文化等方面进行创新和重塑，以更好地实现治理效能优化的目标，其本质是一种基于技术的赋能。这与"数据赋能"的概念有区别。"数据赋能"是通过对数据的充分收集、利用和协调，在促进数据价值实现的同时实现治理效能的优化。后者本质是一种要素赋能。

② 陈国青、张瑾、王聪、卫强、郭迅华：《"大数据—小数据"问题：以小见大的洞察》，载《管理世界》2021年第2期。

③ 丰俊功、张茜：《大数据时代"横纵联动"基层政府治理体制创新——以深圳市宝安区改革为例》，载《天津行政学院学报》2019年第4期。

④ 陈朋：《大数据赋能的政治生态监测预警——邳州市实践探索的经验启示》，载《探索》2019年第2期。

⑤ 陈晓运：《从模糊走向清晰：城市基层治理的全景敞视主义——以乐街"智慧平台"建设为例》，载《中国行政管理》2020年第7期。

⑥ 秦燕、李卓：《突发公共卫生事件中的基层数字治理及其关系优化——基于治理关系中的基层避责与信息茧房视角》，载《理论探讨》2020年第6期。

⑦ 陈成：《互联网＋大数据：基层协同治理的数字转型——基于中韩两国"科技战疫"的案例分析》，载《湖北行政学院学报》，2020年第6期。

⑧ 郭明：《互联网下乡：国家政权对乡土社会的"数字整合"》，载《电子政务》2020年第12期。

改变了组织文化和服务提供的方式①，让公众和其他合作伙伴参与公共服务的共同设计和共同交付过程②；等等。数字技术使政府变得更加灵活、简化和自动化，对公民更为敏感，更能解决社会问题③。从基层治理的角度来看，政府部门通过数字赋能可以将基层治理的制度优势转化为整合资源、社会协同开展精细化治理的能力，其实践逻辑是以"治理平台＋制度规范"的形式呈现，底层逻辑则是"技术＋制度"的框架建构过程④。这些观察颇有洞见，但数字赋能公共治理的相关研究刚刚起步，相关文献大多围绕数字技术的应用现象及其成效进行枚举，缺乏更为深入的学理提炼和逻辑概括，并不能揭示数字赋能的本质。

二是着重讨论数字赋能基层治理面临的问题和困境。有研究指出，数字技术赋能虽然具有让"数据跑路"替代"群众跑腿"，"部门协同办"取代"群众来回跑"的治理效能⑤，但当数据赋能与全链条治理不同步、不匹配时，数据赋能异化也会导致"指尖上的形式主义"⑥。在数据赋能过程中，沿袭部门设计的思路，各部门基于自身效用最大化，会在纵向职能范围内设置平台、使用和维护规则，表现为各自为政，导致数据资源分割，制约了效率的提高⑦。同时，在基层治理过程中，数字技术的应用面临着政策、组织、制度和人员等方面的伦理困境⑧。所以，数字技术的应

---

① Ines Mergel, Noella Edelmann, Nathalie Haug. "Defining digital transformation: Results from expert interviews," in *Government Information Quarterly*, 2019, 36 (4): 101385.

② Uthayasankar Sivarajah, Zahir Irani, Vishanth Weerakkody. "Evaluating the use and impact of Web 2.0 technologies in local government," in *Government Information Quarterly*, 2015, 32 (4): 473 –487.

③ Rana Tassabehji, Ray Hackney, Aleš Popovič. "Emergent digital era governance: Enacting the role of the 'institutional entrepreneur' in transformational change," in *Government Information Quarterly*, 2016, 33 (2): 223 –236.

④ 沈费伟、叶温馨：《基层政府数字治理的运作逻辑、现实困境与优化策略——基于"农事通""社区通""龙游通"数字治理平台的考察》，载《管理学刊》2020 年第 6 期。

⑤ 陈彩娟：《数据赋能全链条治理：市域社会治理现代化的路径选择》，载《中共杭州市委党校学报》2020 年第 5 期。

⑥ 赵玉林、任莹、周悦：《指尖上的形式主义：压力型体制下的基层数字治理——基于 30 个案例的经验分析》，载《电子政务》2020 年第 3 期。

⑦ 张鸣春：《从技术理性转向价值理性：大数据赋能城市治理现代化的挑战与应对》，载《城市发展研究》2020 年第 2 期。

⑧ 黄建伟、陈玲玲：《中国基层政府数字治理的伦理困境与优化路径》，载《哈尔滨工业大学学报（社会科学版）》2019 年第 2 期。

用也给政府部门带来新挑战和新威胁，并有可能损害公共目标的实现①。遗憾的是，这类文献多未深入个案之中，缺乏经验支持而解释乏力，也无法挖掘数字赋能的关键变量及其相互关系，进而无法深入刻画数字赋能的作用机制。

因此，本文着眼于从基层治理的角度讨论数字赋能的内在机制，并突出数字赋能、基层治理与治理效能提升之间的实然逻辑。具体而言，我们将结合广州市越秀区"越秀越有数"数字政府创新模式探讨数字赋能的内在机制。近年来，越秀区把数字赋能作为主攻方向，聚焦数据共享、流程再造、系统融合、综合集成，全面推进资源整合、数据运用和工作联动，治理效能明显提升，为回答本文的问题提供了一个典型样本。本文拟从两个方面寻求突破。一是从理论上阐述数字技术如何解决传统科层治理无法解决的基层治理难题。本文拟建立一个统摄性的理论模型来呈现数字赋能的两种策略：一种是激活政府，实现对基层治理的精准和高效，它以数字技术牵引需求贯穿于基层治理的全链条过程；另一种是激活社会，即激活社会闲置和未充分利用的资源，它以数字技术将组织内外部的资源重新组织起来。二是从理论上呼应"如何激活社会活力"的理论想象，分析基层治理如何平衡秩序与活力之间的关系。民众日益增长的美好生活需要激发基层要素的活力与动力。已有文献大多侧重于从某一要素的激活来展开分析，譬如，激活基层党建活力②或是激活社会组织等③。相比之下，我们发现，数字技术之所以赋能，在于激活基层治理全要素资源。

本文余下部分将从三个层次开展论述：首先，从基层治理改革背景中，分析数字赋能基层治理的缘起，以双向激活的新视角审视数字技术赋能基层治理的深层原理及动力机制。其次，运用这一新的理论视角深入分析广州市越秀区推进"越秀越有数"数字政府创新模式的经验，探析数字赋能基层治理的逻辑和效应。最后，对本文的理论视角及启示进行阐发。

---

① Bram Klievink, Bart-Jan Romijn, Scott Cunningham, et al. "Big data in the public sector: Uncertainties and readiness," in *Information Systems Frontiers*, 2017, 19 (2): 267-283.

② 颜德如、张树吉：《党的十九大以来我国基层治理的动力及其转向》，载《学习与探索》2020年第12期；张晨、刘育宛：《"红色管家"何以管用？——基层治理创新"内卷化"的破解之道》，载《公共行政评论》2021年第1期。

③ 孙荣：《社会组织如何融入基层治理创新》，载《人民论坛·学术前沿》2015年第2期。

二、双向激活何以产生：一个新的理论视角

数字赋能基层治理的产生，存在重要的背景因素和动力机制。长期以来，基层治理任务繁重，"上面千根线，下面一根针"的问题还未解决，又面临"上面千把锤，下面一根钉"的压力①。为解决这些问题，基层治理一直是党和政府的重点工作，从各方面运用多手段探寻有效的基层治理模式②。例如，通过技术治理、项目制等方式将急、难、细问题化解在基层③，或是调动社区居民参与基层治理④，这些探索都取得一定成效。但近年来，经济社会的发展和转型巨变使政府不仅要回应民众对社会需求日益多元化和复杂化的具体问题⑤，更面临着资源配置不平衡、服务管理不精细等新挑战，使得传统治理模式陷入困境。可以说，数字赋能的动力源于新时期中国基层治理中的两个系统性难题。

一是，基层治理面临巨大的社会需求回应压力，对政府内部提出极高的协同要求。经济社会的快速发展使民众的需求急剧增长且日趋多元⑥，国家权力的部分退出和公民意识的提升，使得公众对公共事务有更高的期

---

① 吴晓林、谢伊云：《国家主导下的社会创制：城市基层治理转型的"凭借机制"——以成都市武侯区社区治理改革为例》，载《中国行政管理》2020 年第 5 期。

② 马超、金炜玲、孟天广：《基于政务热线的基层治理新模式——以北京市"接诉即办"改革为例》，载《北京行政学院学报》2020 年第 5 期。

③ 李友梅：《当代中国社会治理转型的经验逻辑》，载《中国社会科学》2018 年第 11 期。

④ 罗婧：《他山之石，却难攻玉？——再探"第三方"改造困境的源头》，载《社会学研究》2019 年第 5 期。

⑤ 有研究者阐释了当前复杂社会需求所具有的几个新特征：一是在内容、结构和层次上与传统的社会需求有所不同，公众不只关注经济诉求，而是愈来愈关注政府在提供和改善公共服务、回应社会诉求等方面的治理绩效。二是这些新增的社会需求通常会借助互联网、信息通信技术（ICT）和其他新兴信息传媒来表达，没有显见的意见中心，也没有显性的组织载体。相关讨论参见李友梅、肖瑛、黄晓春《当代中国社会建设的公共性困境及其超越》，载《中国社会科学》2012 年第 4 期。

⑥ 宋锴业：《基层社会治理的"社会化困境"：一项治理张力分析》，载《公共管理与政策评论》2020 年第 6 期；鲁建坤、李永友：《超越财税问题：从国家治理的角度看中国财政体制垂直不平衡》，载《社会学研究》2018 年第 2 期。

望①，期望公共服务具有高可用性、高效性和灵活性②。需求离散化趋势突出，以标准化大批量需求为核心的传统治理模式和服务方式越来越难以应对这种变化。尤其是在信息技术和互联网技术的加持下，对多元化和差异化的社会需求的释放更为凸显，增加了基层政府提供精准化需求回应的难度③。基层社会的分解对于公共体制吸纳和安置现代社会的多元性和差异性构成巨大挑战，基层治理模式亟须创新④。

二是，基层治理可供利用的资源不足，难以对复杂问题和多元需求做出有效回应。尤其是当各种社会力量和社会资源以各自方式运行时，如何在秩序与活力之间寻求平衡，成为新时期基层治理必须面对的重大课题。当社会分化和需求扩张后，更多的不确定性和风险会伴随而来，使政府部门自身无论如何扩张也无法实现对社会的全面管控和服务。有研究指出，今天政府比以往任何时候都更有力量，却不能有效地调节其管辖范围之内的人力和物质资源配置，寻求体制内外的资源支持几乎成了基层政府面对治理危机的必然选择⑤。国家已经意识到社会力量在基层治理中的作用，并在治理实践中为他们发挥作用提供空间。党和政府也把激发社会活力作为加强和创新基层治理的重要方向⑥。

而数字技术为上述系统性难题的解决提供了重要手段。一方面，数字技术为更好洞察和回应社会需求提供了基础，能够提供高效的组织内和组织间协调⑦。数字技术能力包括人脸识别、人员监测、语言理解、情感分

---

① 陈天祥、王莹：《软嵌入：基层社会治理中政府行为与文化共同体的契合逻辑》，载《华南师范大学学报（社会科学版）》2020 年第 5 期。

② Ines Mergel, Yiwei Gong, John Bertot. "Agile government: Systematic literature review and future research," in *Government Information Quarterly*, 2018, 35（2）：291 –298.

③ 刘凤、傅利平、孙兆辉：《重心下移如何提升治理效能？——基于城市基层治理结构调适的多案例研究》，载《公共管理学报》2019 年第 4 期。

④ 周庆智：《道术之辨：大数据治理的原则和边界——以基层社会秩序变革为中心》，载《学海》2019 年第 5 期。

⑤ 刘凤、杜宁宁：《数字社会转型背景下城市基层治理逻辑变革研究》，载《湖北民族大学学报（哲学社会科学版）》2020 年第 4 期。

⑥ 侯麟科、刘明兴、陶郁：《双重约束视角下的基层治理结构与效能：经验与反思》，载《管理世界》2020 年第 5 期。

⑦ Mark de Reuver, Carsten Sørensen, Rahul C. Basole. "The digital platform: A research agenda," in *Journal of Information Technology*, 2017, 33（2）：124 –135.

析和强化学习等①，能够高效地处理信息和数据，尤其是公众的模糊化和非结构化的需求信息。公众的需求和行为特征可以被较为精准地刻画，政府部门可以有更大的可能性识别、回应和覆盖整体社会群体的需求特征。更重要的是，在对复杂社会需求进行识别和简化的基础上，数字技术还支撑更高效率和更大规模的组织内和组织间协调，极大降低协调成本。也即，数字技术可以从根本上改变组织的基础设施、产品服务、业务流程、模式战略②。

另一方面，数字技术使得政府/社会系统中离散的资源有了释放潜力的可能，使组织能够以新的方式协调和使用资源③。基层治理中存在大量闲置和未被充分使用的资源，数字技术能高效和低成本整合这些资源，让它们变得更有可见性和可用性。数字技术链接能力的持续提升可以把政府组织内部各类资源连成一个整体，消除数据和资源孤岛，形成即插即用的"资源云"。所有这些，为数字社会普遍存在的需求多样性所要求的灵活性与传统组织结构基于效率为中心的设计之间的抵牾提供了解决方法。同时，数字技术可以使政府充分利用来自于组织外部的离散资源，满足对多元化需求回应的灵活性要求。

可见，数字赋能基层治理的根本动力在于，它能够解决当前基层治理面临的两个系统难题：数字技术既能够实现对复杂社会需求的回应，又能将政府组织内外部的资源跨层级、跨部门地链接起来，这成为本文分析的一个理论框架（见图 7 - 1）。

---

① 周慎、朱旭峰、薛澜：《人工智能在突发公共卫生事件管理中的赋能效用研究——以全球新冠肺炎疫情防控为例》，载《中国行政管理》2020 年第 10 期。

② Yiwei Gong, Jun Yang, Xiaojie Shi. "Towards a comprehensive understanding of digital transformation in government: Analysis of flexibility and enterprise architecture," in *Government Information Quarterly*, 2020, 37（3）: 101487.

③ Jeffrey J. Pittaway, Ali Reza Montazemi. "Know-how to lead digital transformation: The case of local governments," in *Government Information Quarterly*, 2020, 37（4）: 101474.

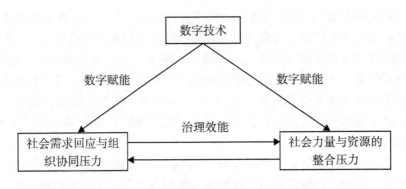

图 7-1　数字赋能基层治理的一个分析框架

三、数字赋能的经验样本："越秀越有数"数字政府创新模式

以下案例展现的是广州市越秀区利用数字赋能基层治理的全景式过程。"越秀越有数"（简称"越有数"）的数字政府创新模式旨在实现对社情民意的精准把握，更好地服务居民并实现公共资源与社会需求的准确对接。个案资料主要来自课题团队 2020 年 11 月—2021 年 2 月期间对越秀区政务服务数据管理局（简称"政数局"）的田野调查。调查方式包括以实习人员身份参与相关工作、现场观察数字政府的运作过程、对政数局相关负责人和基层工作人员进行深度访谈、收集相关政府文件和统计报表数据等。

越秀区是广州市的中心城区，总面积为 33.8 平方公里，下辖 18 条街道，户籍人口 117 万人，被誉为"广府文化源地、千年商都核心和公共服务中心"。2019 年成为广东省基层减负便民专项试点区，试点经验在全省、全市推广，并于当年 11 月获评全国电子政务综合试点典型案例。2020 年，依托省市数字政府建设成果，创新打造"越秀智库""越秀人家""越秀商家""越秀先锋"的"一中心三板块"数字政府体系。同年 9 月，广东省选定越秀区作为全省首个数字政府改革建设示范区。越秀区政数局根据党委领导、政府负责、民主协商、社会协同、公众参与、法治保障、科技支撑的要求，依托省市政务服务平台和电子证照、可信身份认证等数字政府建设成果，探索"党建入格、E网智理"的数字政府创新模式，打造令行禁止、有呼必应的综合指挥调度平台，融合"越秀人家""越秀商家""越秀先锋"掌上服务治理网，推动数字赋能，实现基层减负增效，简化营商环境，便捷居民办事，促进传统街居管理向共建共治共享治理转变，打通街道社区"智"治"最后一公里"，切实提升服务能效。

　　首先，建设"越秀人家"平台，实现"E网共治、有题联治"。依托"粤省事"和"穗好办"平台，从党员服务、政务服务到民生服务、志愿服务和社区治理等，面向居民提供更多元化的公共服务，探索基层治理新成效。目前，"越秀人家"已经覆盖全区18个街道222个社区，实现社区29项政务服务事项线上办理。完善党员报到、志愿服务活动功能，上线党支部报到功能。搭建各街道资源共享平台，实现"社区大小事、手机e点通"。其次，依托"粤商通"和"穗好办"平台，建设"越秀商家"平台，实现"E网通办、有事即办"。通过该平台，衔接线上线下办事，全方位助力企业发展。建设诉求响应模块，为企业提供诉求快速提交入口，专业部门点对点响应、高效处理，实现"接呼即应即转即办"。深入开展"互联网＋税务"行动，完善电子办税功能，实现网上办税。依托"粤税通"平台，为纳税人、缴费人提供税务专业大厅预约办税费服务，并精准推送政策，实现靶向供给。再次，打造"越秀先锋"平台，实现"E网合应、有呼必应"。依托"粤政易"平台和市网格化系统，创新基层治理特色，推动各渠道诉求和事件统一采集、处置和管理。"越秀先锋"平台联通越秀区46个职能部门、18条街道、222个社区，工作任务即达对口部门。通过构建党建引领智慧治理体系，建设"令行禁止、有呼必应"综合指挥调度中心，实现对全区事件的零延迟交互、扁平化处置和统管型指挥。依托AI网格秘书，建立呼叫、响应、调度、处置"四级联动"工作机制，工作人员只需一台手机即可实现即时呼应。1,893个网格与44个职能部门"有呼同应"，实现事件"指尖"扁平化处理。最后，依托省、市、区数据中心，以数据整合为基础、决策辅助应用为核心，研发"越秀智库"。对全区各部门提供的数据进行分类汇总与主题分析，对越秀概况、经济发展、城市治理、党的建设、民生保障和社会建设等多个方面精准研判发展状况，分析存在的问题，寻找解决之道。推进建立"越秀智库"数据更新核准机制，明确数据提供部门及数据更新标准、频率，做好数据采集、管理和维护（见图7-2）。

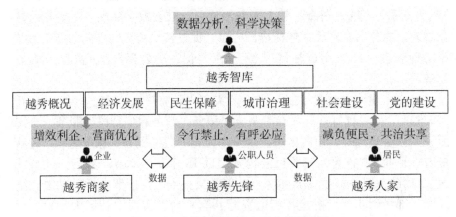

图7-2 "越有数"数字政府创新模式

经过一段时间的建设，"一中心三板块"的"越有数"数字政府创新模式取得了较好成效，得到省、市主要领导的肯定，甚至在全国范围内产生一定影响，品牌效应逐渐显现。

四、数字赋能基层治理的多重逻辑

越秀区通过数字技术实现了对政社两端的双向激活，形成数字赋能基层治理的独特优势，有利于破解新时期基层治理面临的系统性难题。激活政府指的是数字技术激活政府的精准和有效治理。数字技术将公务人员、企业和公众的多元需求灌注基层治理的全链条，通过治理全过程的需求牵引，激活政府基层治理的精准和效率。激活社会指的是数字技术激活社会活力，实现组织内外资源的全链接和整合重组，激活社会在基层治理中的活力和广泛参与。

（一）激活政府：数字技术将多元需求灌注基层治理的全链条

基层治理衍生出各种深层次的结构矛盾，如治理碎片化[①]、社会组织协商困难[②]等，如何精准回应需求和有效协同治理一度是基层政府面对的巨大考验。数字技术将多元需求纳入基层治理的全链条中，使治理产出与实际需求全过程匹配，最终激活政府精准履行职能和提供服务。这里的全链条是指从公众、企业和公务人员的问题和需求出发，运作过程中依据需求进行调整深化，对公共服务受众有所反馈。"越秀人家""越秀商家"和"越秀先锋"平台的开发都是以解决基层实际问题和满足需求为导向的，瞄准难点、堵点和受众需求。与传统以政府为开发主体，公众、企业作为被动的接受者和测试者的模式不同，在越秀区的数字政府创新中，数字技术让公众和企业可以更大范围和更深程度地参与创新与价值创造过程。这主要体现在两个环节。

1. 基层治理中的前置环节：企业和公众需求牵引下的数字平台开发与优化

一方面是公众需求引导下的"越秀人家"平台开发。针对在职党员社区感不强、社区治理参与度不高、民生服务利用率不足等社区居民自治难题，开发"越秀人家"平台。借助该平台，可以满足公众的三点需求：一是政务服务的线上办理，个人服务事项"指尖"办理，实现公众在政务服务上的"三少一快"（少填、少报、少跑、快办）；二是公益民生服务资源的整合和线上呈现，实现公益民生服务的精准便捷提供；三是党员和社区公众参与社区事务，为党建引领共建共治共享提供互通互联的平台。

另一方面是企业需求引导下的"越秀商家"平台开发。越秀区政数局通过前期的调研发现，企业办理政务服务事项现场跑动次数多、数据填报和材料提交多。在政务办理中普遍存在无法在同一地点完成需办理业务、重复填表、办事需要安装特定 App 等问题。此外，一些企业还在政

---

① 金祖睿、金太军：《基层政府治理的碎片化困境及其消解》，载《江汉论坛》2020 年第 1 期。

② 孔祥利：《城市基层治理转型背景下的社会组织协商：主体困境与完善路径——以北京市为例》，载《中国行政管理》2018 年第 3 期。

策资源展现、一体化预约服务办事、涉企高频服务事项网上办理和便捷的办事小程序服务等方面有迫切需求。为此，政数局开发了"越秀商家"平台，从政务服务场所无法形成闭环、涉企服务数据孤岛化等问题和需求着手，设置了"企业诉求""越秀好政策""预约办事""企业主题服务"四大板块，衔接线上线下办事，实现"接呼即应即转即办"。目前，"越秀商家"能够为企业精准提供预约办事、不动产登记、融资贷款等众多服务，实现靶向供给，获得企业用户的好评。

同时，在基层治理中强调对数字技术的实时调整，以实现动态需求与治理全链条的有效结合。随着"越秀人家"的推广运行，在政数局的主导下对平台用户所反馈的问题进行相应调整和优化。譬如，根据用户所反馈的党员服务记录流程繁琐、无法导出打印、相关统计功能不灵活等问题，及时对平台进行一系列调整，包括：简化党员参与服务流程，并能够自动生成党员个人服务记录表，可以导出打印；党员能够关联到所属党组织；党员服务按需增加主题分类功能；等等。再如，根据公众反馈的游客角色不能查看议事、投票链接等问题进行技术调整；满足公众线上预约需求，升级访客预约功能；等等。

这种数字赋能策略取得了显著成效。一方面，"越秀人家"上线以来，共吸引近 19 万名居民注册，有效解决了线下社区议事人不齐、情况不知、意见不集中等问题①。实现了社区所有 29 项政务服务事项上线办理，累计登录人数已达 760 多万，居民办证办事表格少填 67%，材料少交 63%，时间少跑 65%。3 万多名党员线上报到，并投入社区志愿服务5,000 多次。越秀区借助数字技术赋能，促进政府进行精准的公共服务供给。2020 年 7 月，已有 8,000 多人直接享受了各项便民服务，如加装电梯、长者饭堂、居家养老等②。另一方面，"越秀商家"可实现 743 项涉企服务事项全流程零跑动。公示部门权责清单、收费清单、通办清单、"网上办"、"就近办"、"一次办"、"移动办"等 19 个服务清单，覆盖全区所有政务服务事项③。

---

① 《人民城市为人民！越秀区创新打造"越秀人家"基层治理模式》，载《广州机关建设》2020 年 10 月 5 日。

② 越秀区政数局：《越秀区"数字政府"建设汇报解说》（内部资料），2020 年 7 月。

③ 越秀区政数局：《越秀区"数字政府"改革建设工作情况汇报》（内部资料），2020 年11 月。

2. 基层治理中的办理环节：公务人员需求牵引下的数字平台开发与优化

激活政府对基层精准和有效治理的另一个重要思路在于，数字技术对基层治理中的问题处理过程的赋能，即基于公职人员的需求，聚焦公共服务提供者及其生产过程，这是数字技术能够赋能基层治理的关键。

针对基层工作人员在基层治理中遇到的问题和困境，越秀区开发建设了"越秀先锋"平台。这一平台的开发源于基层工作人员普遍反馈的三点需求：一是线上与线下的接轨需求。以往线上的 PC 端系统侧重对事件处置进行全流程的监管，忽视了线下实际事件处理过程中的调度派遣，基层网格人员需要借助电话、微信等方式，联系事件相关环节的负责人员来推进问题的解决。而后续在线上 PC 端系统对相关信息的录入，增加了基层的工作负担。因此，线上监管和线下办理的接轨成为基层工作的首要需求。二是问题接收与后续处理的接轨需求。此前，问题采集和接收主要依靠基层网格人员的日常巡查，将事件上报至 PC 端网格化管理服务系统。而作为事件处理端的街道、区职能部门相关人员因为 PC 端的空间限制，时常需要进入现场了解情况，在问题信息的获取上存在一定时滞性，无法及时跟进处理相关问题。三是实际处理与综合管理的接轨需求。基层工作人员多采用进入现场、打电话等方式，或是借助部门微信群，进行事件的沟通、协调和处置，综合管理系统无法呈现上述事件处理的过程和行为。而且由于事件无法明确对应处理单位，涉及多部门时相互推诿的情况经常发生。所以，实际处理与综合管理的接轨也成为基层的一个重要需求。

在需求牵引下，"越秀先锋"平台创新地破解上述问题：第一，"越秀先锋"平台通过将工作群、业务系统、数据中心互通融合，实现问题的多元受理、部门的多元处置、数据的多元集中。第二，为应对问题接收与后续处理的脱节问题，将"越秀人家""越秀政务"等平台收集的诉求与"越秀先锋"平台无缝对接，实现问题收集端与政府部门内部的事件处理端实时互通，企业群众诉求、巡查发现问题和上级任务等均可通过"越秀先锋"一键转办、及时处理和实时调度，从而实现"接令即行、接呼即应、接诉即办"。第三，为应对综合管理的脱节问题，越秀区建设了集指挥调度、督促协调、评价考核、智能治理于一体的区综合指挥调度平台，将"越秀先锋"事件信息同步汇集到该平台，实现对街道社区事件的零延迟交互、扁平化处置和统管型指挥。

　　同时，政数局根据基层办事人员的实际工作需求、业务诉求持续对数字平台进行动态的调整和优化，以最大程度地发挥数字技术的赋能。例如，2020 年 10 月 "越秀先锋" 新增回复消息推送功能，并根据部门反馈的需求，与市住建局业主电子投票公众号对接。可以说，越秀区的数字政府创新注重将基层工作人员的需求纳入技术开发应用和基层治理的全链条，取得了显著的治理成效。借助 "越秀先锋" 平台，2020 年 4 月以来，越秀区 1,893 个网格与 44 个职能部门实现了事件的扁平化处理，已处理事件 7,853 件，当日上报当日办结事项占比 78.8%，事件自动转办率达 98%，事件流转环节压减 40%，事件处置时效相比过往提升了 6 倍。同时，基层工作减报表、减留痕和减流转，形成快响应的新局面①。

　　总之，越秀区利用数字技术赋能基层治理，有两个与众不同的创新策略（见图 7-3）：一是服务生产体制的 "倒转"。面对基层治理中不可回避的复杂问题，以及多元主体需求的增长，政府有针对性开发不同模块数字平台，建构了植根于需求牵引的数字化公共服务生产体制。与传统的技术开发在先、用户需求在后的模式相比，这一需求在先、开发在后的机制的 "倒转"，既有利于减少数字平台的浪费和利用率低的问题，也能够显著提高基层治理的成效。二是服务质量持续的 "反馈"。在缓解和解决旧有问题、回应既有需求的过程中，不可避免地会有新问题和新需求出现，如解决旧有问题不充分也会触发新一轮的数字化推进。因此，数字技术赋能基层治理需要在充分了解公众、企业和公职人员需求的基础上，运用数字技术对基层治理的全过程、全链条进行整合和组织，才能激活政府对基层治理的精准和高效。

---

　　① 《省数字政府改革建设示范区在越秀挂牌》，载《南方日报》2020 年 12 月 18 日。

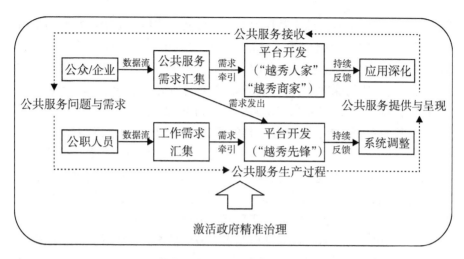

图 7-3　数字技术激活政府对基层的精准治理与需求回应

（二）激活社会：数字技术实现组织内外资源的全链接

数字赋能基层治理的第二重逻辑是激活社会。复杂问题的解决和多元需求的满足，需要多元主体参与，需要多种资源的有效利用和统筹科学配置，做到既各有分工又可以形成合力。然而，基层治理的众多利益相关者，如居委会、业委会、物业管理公司和社会组织等在基层治理场域形成了持久张力，彼此之间缺乏联动[1]、协作效率低[2]、内在活力得不到有效激活[3]。越秀区也同样面临上述困境。由于老旧小区的特点，居委会承担了大量本该是物业的事务，导致居委自身的角色模糊，许多治理资源没有发挥作用，成为闲置资源。因此，进行社会的再组织化成为走出基层治理困境的关键。而数字技术可以唤醒社会资源，激发社会活力，并实现有效统筹和科学配置。这里的激活社会主要有两重含义：一是数字技术对隐藏、闲置资源的激活，如基层党组织、群团、社会组织、市场组织等资

---

①　李友梅：《治理转型深层挑战与理论构建新方向》，载《社会科学》2020 年第 7 期。

②　徐选国、吴佳峻、杨威威：《有组织的合作行动何以可能？——上海梅村党建激活社区治理实践的案例研究》，载《公共行政评论》2021 年第 1 期。

③　陈燕、郭彩琴：《中国城市社区治理：困境、成因及对策》，载《苏州大学学报（哲学社会科学版）》2016 年第 6 期。

源；二是数字技术对已纳入基层治理的资源实现重组，如吸纳社会力量引发的行政资源的再组织化等。越秀区依托"一中心三板块"数字政府创新体系，实现了党建、群团、行政、市场、社会等多元资源的全链接，推动不同治理主体的深度融合，减少基层治理碎片化，扭转了基层治理单纯由行政力量挑大梁的局面①，助推基层治理能效的提升。

1. 治理资源扩容：数字技术将闲置和未利用的资源进行整合

数字技术既有利于发掘分散的、闲置的、未被利用的资源，又可以激发和整合这些以往被忽视的资源。可以说，对基层治理资源的"扩容"是数字技术赋能的重要路径。借助"一中心三板块"数字政府系统，越秀区从三个方面进行数字赋能，实现基层治理资源的扩容。

一是利用数字技术实现对基层党组织资源的充分吸纳和整合。越秀区在"越秀人家"平台上设立平台党支部，激活党建资源。一方面，在党建服务模块设置了"党员报道""党员交流""党组织报道""党组织需求清单"等模块栏目。"越秀人家"上线一年以来已超过 540 个党组织、3.6 万名在职党员通过该平台在线报到。另一方面，调动在职党员组成突击队或服务队，参与公共服务供给和社区治理，累计有 6.7 万人次党员参与疫情防控、文明出行、扶贫助困等社区服务项目。2020 年在职党员服务社区人次比 2019 年增长超 70%②。同时，搭建居民线上议事平台，由社区网格党支部负责收集居民意见，对议题进行审查把关，并组织居民协商。党员在社区居民自治事件中献言建策，充分发挥先锋带头作用，真正把党建引领工作做实做好，有效避免过去社区治理中存在的被某种非理性意见带偏、议而不决等情况的发生。

二是利用数字技术强化对志愿服务资源的整合。利用"越秀人家"平台，越秀区构建了多元主体参与的志愿联盟，建立志愿服务线上组织与线下实践相结合的志愿服务体制。一方面，面向居民、志愿者和党员等个体，多渠道呈现社区志愿服务相关信息，个人可通过平台申请参与"文明出行""守护平安""长者送餐"等多项志愿服务，实现志愿服务网上

---

① 杜伟泉：《基层社会治理数字化转型研究——基于我国东部 M 市实践经验的分析》，载《情报理论与实践》2021 年第 2 期。

② 越秀区政数局：《街道体制改革和服务管理创新经验现场专题交流会经验交流材料》（内部资料），2020 年 11 月。

运营的常态化。另一方面，面向辖区内的社区、街道、机团单位等，多方位引导机团单位进驻社区服务数字项目的同时，平台为基层工作人员提供技术支撑，通过志愿信息发布与志愿服务统筹的在线化、自动化，实现基层的减负增效。越秀区借助数字平台实现了基层志愿服务资源的整合，构建了相互衔接、项目齐全的数字社区服务体系，社区服务志愿共同体逐步成形。

三是基于数字技术实现对社会服务和社会组织资源的整合。利用"越秀人家"平台的支持，越秀区实现了对优质社会服务资源的整合。主要有两个抓手：一方面是侧重官方背景的服务资源。越秀区积极推动中国移动的老年人生活服务和中国工商银行的社区金融服务等项目进驻"越秀人家"。另一方面侧重民生服务的相关应用平台间互通互联，如将"越秀人家"衔接"越秀发布""区人口健康信息平台""越秀微法院""投资越秀""越秀区政民互动平台"等，实现对优质社会服务的整合和公共服务多元化供给。此外，为整合本区的社会组织力量，越秀区在梳理"两新"组织、民间组织清单的基础上，借助"越秀人家"实时发布场地租用、物资采购和专业培训等信息，以及对社会组织需求的快捷反应和供给有效对接，探索构建协同和调动社会专业力量解决民生问题的新模式。

2. 常用资源重组：数字技术对已纳入基层治理的资源进行重组

不同于对隐蔽和闲置资源的激活整合逻辑，重组是相对于已纳入基层治理的资源而言的，是对存量资源的激活。

一是数字技术赋能社区自治，激活社会的自我治理。针对居民因时间、空间限制无法及时参与社区议事，以及少数人代表多数人意愿等社区治理问题，越秀区通过"越秀人家"平台，让社区相关事项在手机移动端实时呈现，并开发了在线参与社区议事的功能。居民可以在线上针对公共物业区域的问题发起会话，由管理人员发起主题议事，并在全社区范围内开展投票决策，自治结果在公告栏进行公示。在这一过程中，问题是由居民发现的，居民全过程参与协商解决，结果也是公开的、居民知情的。为更好地发挥数字技术的赋能，越秀区还设立了"越秀人家"应用深化工作例会制度，在每周的例会中有社区代表参与问题反馈并献计献策。此外，适时扩增群聊功能，为居民议事提供常态化沟通平台，并积极完善居民自治的业务流程和机制，从而实现数字技术对社区自治的赋能，激活社会的自我治理，较好地克服了过去社区治理中参与人员太少、社区事项居民不知情、居民意见得不到有效反馈、存在治理盲区等弊端。一个典型例证是，自"越秀人家"上线一年以来，已有1.3万名业主主动参与社区议事和投票，累计开展社区议事事项966项，投票事项1,870项①。

二是数字技术能将社会资源纳入基层治理过程，从问题发现端到治理效果反馈端，实现对治理全过程监督。越秀区居民可以在微信小程序随时、随地、随手拍照上传公共区域发现的问题，也可通过"越秀人家对话室"进行问题反馈，平台会自动匹配对应的网格员进行沟通和确认，进而问题事件会在"越秀先锋"系统流转处置，并调度分配相关人员解决问题。通过激活社会公众参与发现问题，并与既有行政流程有效衔接，减轻基层治理中因问题的分散而导致的成本损耗压力，也避免了问题发现不及时等问题，助推精准治理。同时，事件处理进度和结果实时在"越秀人家"呈现，居民可对问题处理情况进行线上评价，将社会的反馈纳入治理过程。总的来说，数字技术激活社会力量并将其纳入基层治理的环节，实现了对行政资源和流程的重组，这一过程本身也会反过来强化对社会的激活。

综上，数字技术能够赋能基层治理，产生两点转变：一是从内部赋能转向多元赋能。单方面关注数字技术在政府的应用及其赋能是远远不够的，需要关注政府组织外部场域的数字技术应用及其可能的赋能。数字技术对治理对象及其他可利用的资源（党员、社会组织）存在激活效应。在多元赋能和激活下，数字技术可以实现对政府治理资源的扩容和重组，最终落脚于对基层治理的效能提升。二是从局部赋能转向全过程赋能。数字技术分别对政府组织、社会公众等的赋能是相对分散和独立的，这限制了数字技术的赋能成效。因而，在多元赋能的基础上，实现基层治理各环节、各主体间的衔接和融合（见图7-4），实现数字技术对治理全过程的赋能，是提升基层治理效能的重要路径。

---

① 越秀区政数局：《街道体制改革和服务管理创新经验现场专题交流会经验交流材料》（内部资料），2020年11月。

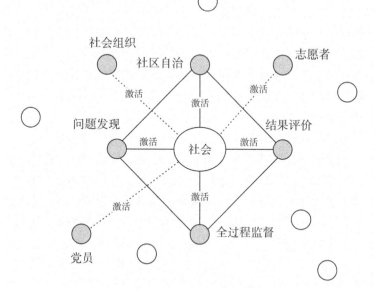

图 7 - 4　　数字技术链接并激活社会的资源与力量

五、讨论：数字赋能的本质及其对基层治理的重塑

借助双向激活这一新的理论视角，本文得以揭示基层治理中数字赋能的动力及其内在机制。研究发现，数字赋能基层治理很大程度上归因于两个动力：一是社会需求扩张所要求的超大范围内协同和精准回应；二是需求扩张迫切需要激活闲置资源。在这两个动力的作用下，基层治理走向了数字赋能的治理模式创新。在现实中，随着技术进步和组织变革的深化，数字技术在政府部门的应用越来越普遍，而数字技术的深度赋能与传统的信息技术应用①有重要区别。

首先，数字之所以可以赋能基层治理固然与数字技术本身的能力跃升有关，但根本上取决于数字赋能的策略发生了重要转变。以往政府部门试

①　谭海波、孟庆国、张楠：《信息技术应用中的政府运作机制研究——以 J 市政府网上行政服务系统建设为例》，载《社会学研究》2015 年第 6 期。

图通过信息技术和互联网等技术手段来调节政府与社会关系，实现对社会需求的回应。但在很长一段时间里，供给端并没有发生根本性改变，转变的是公众获取服务的方式和手段。传统信息技术和数字技术手段的使用虽然在一定程度上提升了政府部门的运行效率，但在社会需求多元化和差异化增长的大背景下，还是遭遇困境。而数字赋能带来的是全新的治理新模式。从需求端来看，社会增长的民主、法治、安全、公平和正义等美好生活需求可以通过各类数字技术手段提供给作为供应端的政府，供应端按照社会需求进行系统设计，减少盲目开发带来的资源浪费和推广成本。在这个过程中，复杂社会需求不仅得到回应，政府效率同样得到提升，治理效能得到大幅度强化。从越秀区的案例可以看到，数字技术的赋能表现为政府部门利用数字技术围绕社会需求端与供给端进行平衡，这一创新实践在理论上呼应了邓利维（Dunleavy）等学者指出的数字时代治理的重要特征，即基于需求的整体主义（needs-based holism）[1]。同时，也印证了索萨（Sousa）等人的研究发现，面向未来的大数据、人工智能等数字技术在公共部门的建设，应当从政府职能产生的需求开始，这里的需求既包括社会需求，也包括公共行政内部流程的需求[2]，这样才能取得成功。此外，双向激活与既有研究观察到的近年来基层治理以解决问题为导向的治理转型有相似之处[3]，但又有所不同，解决问题为导向更注重突出前端问题导向，而数字赋能更强调将社会需求贯穿基层治理的全链条，实现供给与需求的更好平衡。

其次，数字赋能是对组织内外、政社两端进行双向激活的过程。如何促进政府部门的数字化转型是一个世界性的问题。在信息技术和互联网时代，技术的应用几乎都是遵循着对组织内部、政府一端的赋能。正如科尔代拉（Cordella）指出的，人们通常通过研究不同的技术及其应用使政府

---

① Patrick Dunleavy, Helen Margetts, Simon Bastow, et al. *Digital Era Governance: IT Corporations, the State, and E-Government.* Oxford University Press, 2006.

② Weslei Gomes de Sousa, Elis Regina Pereira de Melo, Paulo Henrique De Souza Bermejo, et al. "How and where is artificial intelligence in the public sector going? A literature review and research agenda," in *Government Information Quarterly*, 2019, 36 (4): 101392.

③ 马卫红：《以政社同构弥合制度距离：基层治理吹哨改革的效能转化机制分析》，载《广西师范大学学报（哲学社会科学版）》2021年第1期。

能够做些什么，强调技术如何改变政府活动①。尽管这种方式给政府带来快速的效率提升，但并未真正改变政府在基层治理中面临的根本难题，尤其是无法适应复杂社会需求增长的现实。唯有激活多元资源，促进真正的多元参与，同时对它们进行更有效的配置与整合，才能应对复杂社会的复杂挑战，而数字赋能恰当其时。数字赋能形成了与以往互联网时代注重政府内部活动改善不同的逻辑，在激活政府的同时，也激活了社会。数字赋能于基层治理更像是数字技术构建起资源配置的"虚拟之手"，带来资源配置的高效率和社会需求的精准滴灌，它将驱动治理转型的能量分散到了不同的社会治理主体中，以达到创新基层治理模式和激活基层社会活力的目的。通过数字技术赋能可以为企业、社会组织等外部主体的运作提供支持，并建构起政府与它们之间的联系纽带。越秀区的经验证明，数字赋能所具有的双向激活功能，可以实现治理效能的倍增。

当然，关于数字赋能的深层机制，仍有许多值得进一步探索的问题。例如，不同政府部门采用的数字赋能机制和逻辑有何区别？在微观层次，影响数字赋能基层治理成效的要素有哪些？随着这些问题被揭示，研究者对数字赋能过程及其后果将形成更扎实的理论关怀，对此我们充满期待。

---

① Antonio Cordella, Carla M. Bonina. "Show more A public value perspective for ICT enabled public sector reforms: A theoretical reflection," in *Government Information Quarterly*, 2012, 29 (4): 512 – 520.

数字激励结构：数字要素变动中的政府转型逻辑[*]

陈天祥　徐雅倩[**]

摘要：基于数字要素属性的变化，文章聚焦中国政府数字化转型的逻辑。数字呈现出"作为工具"和"作为资源"两种属性。基于数字属性和国家的数字定位等刺激素，可以构建"数字激励结构"的解释框架。本文立足于 J 市历时 15 年的微观实践发现，在不同类型的数字激励结构下，地方政府有其对应的组织性和技术性调适行为。在工具型激励结构下，政府数字化逻辑可以归纳为工具性定位的顶层建构与层次扩散、从"不适应"到"适应"的关系磨合和从"无中生有"到"内外兼修"的应用增长。而资源型激励结构下的数字化逻辑则演变为组织为轴以衔接数据与要素、节点对冲下的数据共享和基于技术平台的去分散化。数字政府建设的核心在于属性匹配，未来应以数字的资源属性为中心形成与之匹配的数字体系和制度设计。

关键词：数字属性；数字激励结构；数字政府；工具逻辑；资源逻辑

一、研究缘起：数字要素变动何以成为研究问题？

国家治理结构的现代化和政府运作的数字化，是中国 20 世纪 90 年代以来政府改革的基本内涵，近年来更是上升为国家的重要政治议程，产生

---

　　[*] 原载于《江苏行政学院学报》2022 年第 2 期，收入有修改。

　　[**] 陈天祥，广州南方学院公共管理学院、中山大学政治与公共事务管理学院教授，博士生导师，管理学博士；

　　徐雅倩，中山大学政治与公共事务管理学院博士研究生。

了大量的研究成果①。已有文献蕴含着对国家与政府部门走向数字化的一个基本假设，即数字技术的使用将会使政府运行和治理更加有效和成功。然而，数字政府建设植根的这一基本假设正在发生重要的转变。2020 年 4 月，中共中央、国务院颁布的《关于构建更加完善的要素市场化配置体制机制的意见》（中发〔2020〕9 号）指出，"加快培育数据要素市场，推进政府数据开放共享、提升社会数据资源价值、加强数据资源整合和安全保护"，数据正式成为与土地、劳动力、资本、技术并列的第五大生产要素并被写进国家重要文件。所谓资源（resource）和资产（assets）可以被宽泛地定义为"具有相当价值的东西"②。数据成为一种资源和资产，意味着能够基于数据、信息实现政府对经济和社会"服务潜力"的增值和赋能，或者能够为政府提供某种形式的公共收益③。政务数字资源（digital assets）或数据资产（data assets）可以认为是归政府所拥有和控制的，任何可计量、可读取、有价值的，以物理或电子为介质的数据及程序实体的集合体④。而数字属性的变化显著改变了中国政府运转的制度和决策环境。那么，在数字资源属性极大增长的情况下，如何在"以往政府围绕着数字工具属性进行改革"与"当前迫切要求围绕数字的资源属性进行变革"之间实现平衡，成为紧迫的现实需要。

　　当数据具有资源和资产属性后，数据要素转变过程中（即从"工具"到"资源"）可能蕴含的复杂性可以从两个层面来加以理解。

　　一是，数字属性的转变与国家对数字的认知和定位的转变紧密相关，而这促进了政府数字化转型逻辑的极大转变。2016 年，中华人民共和国国民经济和社会发展第十三个五年规划纲要就提出把大数据作为基础性战略资源。2017 年，中共中央政治局就实施国家大数据战略进行第二次集体学习时指出，数据是新的生产要素，是基础性资源和战略性资源，也是重要生产力。此后，国家对政府数字化的方向做出了新的调整：一是从

---

① 鲍静、范梓腾、贾开：《数字政府治理形态研究：概念辨析与层次框架》，载《电子政务》2020 年第 11 期。

② 张鹏、蒋余浩：《政务数据资产化管理的基础理论研究：资产属性、数据权属及定价方法》，载《电子政务》2020 年第 9 期。

③ 任泳然：《数字经济驱动下政务数据资产化与创新策略研究》（博士学位论文），江西财经大学 2020 年。

④ 朱扬勇、叶雅珍：《从数据的属性看数据资产》，载《大数据》2018 年第 6 期。

省、市到地方成立了专门的数字资源管理部门；二是成立了全国一体化的政务服务平台。显然，数字化转型需要匹配资源属性下的数字要求。

二是，数字属性的转变引发了实践中政府的"非灵活治理"，这与政府数字化改革所面临的困境相关。政策制定者和研究者多将"数字化"视为政府运作的技术化、工具化的过程，将其视为公共服务供给的一种新的媒介和载体。但这种政策预期和理论假设，在面对民众日益增长的复杂需求时遭遇了困难。政府部门的数据共享难或系统重复建设等问题，往往是数字逐渐"资源化"和"资产化"的结果，这超出了已有研究的解释。本文认为，走向以数字的资源属性为核心的数字政府建设，将对政府的数字化转型提出更艰巨的挑战。

正是在这一意义上，实践层面的复杂性引出了本文的基本问题：随着数字属性由工具要素转向资源要素，中国政府的数字化转型的逻辑将发生怎样的转变？未来的数字化转型方向是什么？在研究层面，数字的资源和资产属性在既有政府治理领域文献中并未得到系统的关注和讨论。学界主流的关于数字政府的研究大多共享着同一理论假设，即数据作为一种技术要素，并形成了两种主要研究路径，即技术路径和组织路径。

一方面，技术路径强调通过数字技术的广泛应用，实现面向内部的组织变革[1]和面向外部的治理改善[2]。研究者们认为，数字技术可以极大改变政府组织的工作方式、内部流程和工作惯例，政府组织的变革将涉及伙伴关系[3]、领导能力、管理复杂性[4]、技能需求、沟通协调等诸方面[5]。基于现代数字技术的政府转型意味着治理结构和管理方式的重塑[6]。数字技

---

[1] 徐雅倩、王刚：《数据治理研究：进程与争鸣》，载《电子政务》2018 年第 8 期。

[2] 刘银喜、赵淼、赵子昕：《政府数据治理能力影响因素分析》，载《电子政务》2019 年第 10 期。

[3] Sharon S. Dawes, Theresa A. Pardo. "Building collaborative digital government systems," in McIver, W. J., Elmagarmid, A. K. (eds) Advances in Digital Government: Technology, Human Factors, and Policy. Boston MA: Springer, 2002, pp. 259–273.

[4] 阎波、吴建南：《电子政务何以改进政府问责——ZZIC 创新实践的案例研究》，载《公共管理学报》2015 年第 2 期。

[5] Janice K. Mendenhall. "Musings of a Bureaucrat," in The Public Manager, 2000, (29) 1.

[6] 刘淑春：《数字政府战略意蕴、技术构架与路径设计——基于浙江改革的实践与探索》，载《中国行政管理》2018 年第 9 期。

术为完善公共服务供给提供了可能，推动了政府治理的精准化、科学化[①]。基于数字技术的政府转型意味着公共服务的供给得以改善，政社互动关系趋于融洽，从而实现构建更有效率的政府[②]。另一方面，组织路径强调数字技术的应用受制于政府组织及其人员[③]，组织的能力、资源及其行动的集合均会影响数字技术的选择、设计和实现[④]。任何一项数字技术在政府组织中的渗透，都受到政府人员的挑战，受制于组织中复杂交错的政治、利益关系[⑤]。个人、组织、专业和机构层面上对数字技术的态度、认识、关注程度、接纳能力等均存在显著差异[⑥]，同时，这一差异又显著影响政府组织中数字技术的实施进度[⑦]。这也解释了为何现代数字技术对改善公共服务供给有极大助益，而数字政府转型却是缓慢的[⑧]。传统的官僚组织与现代的数字技术相遇时，难免会产生"方枘圆凿的不适感"[⑨]。

数字政府研究文献延续了电子政务的研究思路和话语体系，呈现数字技术在政府转型中的运作成果及其效用是它们的核心旨趣，本质上是基于"数字作为工具"这一前提预设下的讨论。相关经验和实证研究仍然停留在数字的单一工具属性层面，而没有意识到数字技术本身的发展及其属性

---

① 黄璜：《美国联邦政府数据治理：政策与结构》，载《中国行政管理》2017 年第 8 期。

② Joon Hyoung Lim, Shui-Yan Tang. "Urban e-government initiatives and environmental decision performance in Korea," in *Journal of Public Administration Research and Theory*, 2007, 18 (1).

③ J. Ramon Gil-Garcia, Miguel Á. Flores-Zúñiga. "Towards a comprehensive understanding of digital government success: Integrating implementation and adoption factors," in *Government Information Quarterly*, 2020, 37 (4).

④ Yiwei Gong, Jun Yang, Xiaojie Shi. "Towards a comprehensive understanding of digital transformation in government: Analysis of flexibility and enterprise architecture," in *Government Information Quarterly*, 2020, 37 (3).

⑤ Kevin C. Desouza, Akshay Bhagwatwar. "Leveraging technologies in public agencies: The case of the US Census Bureau and the 2010 Census," in *Public Administration Review*, 2012, 72 (4).

⑥ Aurélien Buffat. "Street-level bureaucracy and e-government," in *Public Management Review*, 2015, 17 (1).

⑦ M. Jae Moon, Eric W. Welch. "Same bed, different dreams? A comparative analysis of citizen and bureaucrat perspectives on e-government," in *Review of Public Personnel Administration*, 2005, 25 (3).

⑧ Tian Tang, Alfred Tat-Kei Ho. "A path-dependence perspective on the adoption of Internet of Things: Evidence from early adopters of smart and connected sensors in the United States," in *Government Information Quarterly*, 2019, 36 (2).

⑨ 马亮：《大数据治理：地方政府准备好了吗？》，载《电子政务》2017 年第 1 期。

演变。这些研究虽然积累了丰富的经验素材，但理论仍很贫乏，难以回答当前数字政府转型发生了何种变化，也不能很好地解释数字政府转型的核心困境。尽管有一部分学者已经注意到政府数据资源化、资产化过程所面临的重要问题，但其关注点通常放在数据本身。例如，陆莉以"数据资产框架"为切入点描述政府开放公共安全数据的现状和问题[①]。张鹏、蒋余浩对政务数据的资产属性、权属原则和定价方法等基础理论进行研究，提出创造"数据资源资产"的概念、共有产权的数据权属原则和综合性数据定价的方法[②]。他们的研究意识到了数字属性发生了重要转变，但数字属性变化对政府运行的深度影响还没有得到足够的关注。

本文将在批判地汲取相关研究成果的基础上回答以下问题：数字要素和属性变化如何影响中国数字政府转型的逻辑？我们将建立一个整合的分析框架，着重分析由数字属性和国家的数字定位形成的数字激励结构对数字化变革的影响，进而揭示当前制约数字政府实践困境的深层背景，以期将学界对数字政府困境的发生机制的研究推进一步。本文提出"数字激励结构"的概念，强调"数字具有资源和资产的要素属性"这一中心命题。在中观层次剖析了数字所具有的资源与工具两种重要属性，并进一步集中展现数字从工具属性到资源属性转变过程中，政府数字化转型的复杂机制及由此可能产生的后果。与聚焦于技术视角的发问略有不同，本文探讨的是数据作为一种资源时政府数字化的逻辑及其策略。

二、数字激励结构：一种新的理论框架

经济学家伊斯特里（Easterly）曾强调"把激励搞对"[③]，这一道理同样适用于政治学视野下对政府组织的考察。纵观中国政府 40 多年的数字化转型历程，实际上与组织激励这一课题是密不可分的。由此，我们提出了一种新的理论框架"数字激励结构"，以建构起理解数字政府转型的新

① 陆莉：《"数据资产框架"视角下我国政府公共安全数据开放现状、问题与对策》，载《情报杂志》2020 年第 11 期。

② 张鹏、蒋余浩：《政务数据资产化管理的基础理论研究：资产属性、数据权属及定价方法》，载《电子政务》，2020 年第 9 期。

③ William Easterly. *The Elusive Quest for Growth：Economists' Adventures and Misadventures in the Tropics*. Massachusetts：The MIT Press，2005.

视角。"数字激励结构"（digital motivation structure）是指在政府体制内，运用多种数字激励手段并逐步规范化和相对固定化，激励政府组织做出特定行为或决定的承诺、奖励或惩罚，是一整套相互制约的结构、方式、关系的集合。这里的"数字激励"强调的是利用物质的或精神上的报酬和奖励，来促使基层政府组织采取与数字化目标一致的行为，这也契合拉齐尔（Lazear）对激励的界定①。在数字激励结构中，数字技术的属性特征是目标预期设定的依据和条件，而后依此激励政府组织做出特定的数字化行为或决定。

（一）数字的双重属性

事实上，数字政府领域的研究者们并没有将数字技术自身的属性及其演变纳入分析的核心维度。可能的原因有两点：一是长期以来国家对数字的认知停留在工具层面；二是数字政府领域的研究惯于延续电子政务的研究范式，即将数字视为纯粹的技术工具。然而，调研中可以发现，数字在中国数字政府转型过程中呈现出"作为工具"的数字与"作为资源"的数字的双重属性。在下文中，我们将分别阐述数字②的这一双重属性。

1. 作为工具的数字

"作为工具"的数字属性是数字技术的初始特征，是政府为实现有效治理目标、改善公共服务供给的一种工具，体现为数字技术思路、技术方法、技术手段等。数字"作为工具"有两种层面的体现：一是政府在国家治理过程中所使用的机器意义上的数字技术。政府网站成为改善政社关系的重要平台，各类政务系统软件也成为公共服务需求和回应的移动中介。数字技术在国家治理中的应用提高了治理体系的兼容性和适应性，强

---

① Edward Lazear. *Personnel Economic for Managers*. New York：Wiley，1998.

② 本文所讨论的"数字"是相对宽泛的概念，指的是一种全新的信息存在方式以及衍生出的现实应用。（参见 Antonio Cordella. "E-Government：towards the e-bureaucratic form?，" in *Journal of Information Technology*，2007，22（3）其中，衍生出的现实应用指的是如互联网、计算机、物联网、云计算、Web3.0 技术、人机交换技术、人工智能技术等"技术"；全新的信息存在方式指的是基于智能机器呈现的一种数字逻辑，即将语音、文字、图像等信息转变为数字编码的二进制逻辑（参见孟天广、张小劲《大数据驱动与政府治理能力提升——理论框架与模式创新》，载《北京航空航天大学学报（社会科学版）》2018 年第 1 期）。近年来，在大数据的背景下广泛讨论的"数据"，事实上就是全新信息存在方式的一种。

化了政府应对复杂社会问题的能力①。二是政府在组织运作和管理过程中所依托的数字技术工具。自 20 世纪 80 年代以来，办公自动化软件等数字技术的应用，使数字技术服务于多层次的组织控制和官僚程序的标准化②。可以说，数字的工具属性自诞生之初，依托的是较为初级的信息技术、Web 工具等中介载体，且技术水平、数据体量较为有限，因而，这一阶段尚不存在数字的赋能以及自身的价值建构，"作为工具"的数字也是数字政府建设初期及其后相当长的一段时期内的主导属性。

2. 作为资源的数字

"作为资源"的数字属性是数字技术的新特征。随着数字政府建设的不断深入和数字技术在政府部门的广泛应用，数字技术本身也从初级的技术形态发展为大数据③、人工智能、5G 等。数字属性也随之发生了重大的变化，呈现出作为资源的一面。我们可以从两个方面来理解：一是数字能够为政府赋能。数字技术设施即便本身不产生价值，但通过将数据作用于现有的规则和程序，可以使其在价值创造、成本降低上有更好的表现。政府借助数字技术对运行中产生的大体量数据进行收集、整理、分析④，进而服务于自身决策和业务流程，以此提高政府的整体效率和回应性。例如，基于客户终端信息、实时位置、手机上网、行为轨迹等丰富的公众数据，政府可以实现对公众需求的精准聚焦，实现对公众一定的标签化定义。二是数字、数据本身产生价值。数字政府所拥有的来自公众的数据集存在直接变现的价值，如标签、样本和训练集等的直接输出可以按照数据量进行价值评估。同时，数字技术通过应用算法、代码等对自身数据的处理和优化，实现了数据的再生产，进一步强化了数据作为资源的价值性。在这种情况下，数字要么本身不产生价值但能够赋能，要么本身产生价值并给予拥有数据的部门话语权。

---

① Hyun Jeong Kim, Gary Pan, Shan Ling Pan. "Managing IT-enabled transformation in the public sector: A case study on e-government in south Korea," in *Government Information Quarterly*, 2007, 24 (2).

② Antonio Cordella. "E-Government: towards the e-bureaucratic form?," in *Journal of Information Technology*, 2007, 22 (3).

③ 孟天广、张小劲：《大数据驱动与政府治理能力提升——理论框架与模式创新》，载《北京航空航天大学学报（社会科学版）》2018 年第 1 期。

④ 张康之：《数据治理：认识与建构的向度》，载《电子政务》2018 年第 1 期。

（二）分析框架："数字激励结构"——调适性的变革

1．何谓"数字激励结构"?

数字激励结构可以激发、引导、保持和归化政府组织执行数字化的行动方案。参考波特和劳勒的激励模型①，可以将数字激励结构的刺激素概括为两个层次：一是内在层次的数字属性，呈现为工具属性和资源属性两种类型。亦即在内在激励产生作用的前提下，数字的属性及其内在功能与数字化转型目标之间的关系。二是外在层次的国家的数字定位，呈现为偏应用导向的工具性定位和偏战略导向的资源性定位两种。国家的数字定位是国家基于"理性人"思维，在与技术长时间接触的过程中，逐渐建构的对数字技术用途、方法、特性等内容的一种较为稳定的认识和把握。数字属性和国家的数字定位两大要素共同建构了数字激励结构，而两类刺激素的不同组合也进一步形塑了数字激励结构的两种状态（见图 8－1）。

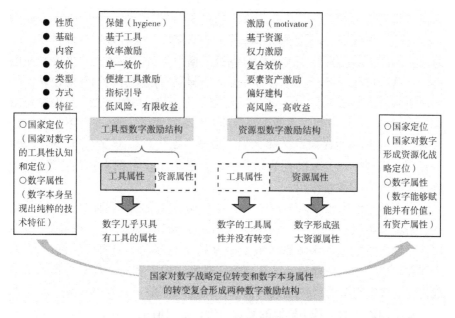

图 8－1　两种数字激励结构的构成

① Edward E. Lawler Ⅲ, Lyman W. Porter. "Antecedent attitudes of effective managerial performance," in *Organizational Behavior and Human Performance*, 1967 (2).

第一种状态是工具型数字激励结构，对应数字的工具属性和国家对它的工具性定位，激励着政府部门围绕工具型目标开展一系列的改革。工具型数字激励结构的形塑可以从两方面来理解：一方面，数字自身的属性尚停留在工具层面，数字技术形态是较为初级的，如互联网、Web 网站等，呈现的是一种工具属性，尚不具备或具备很低程度上的资源属性。另一方面，国家的数字定位也停留在工具性层面。如 2002 年《国家信息化领导小组关于我国电子政务建设指导意见》（中办发〔2002〕17 号）、2006 年《国家信息化领导小组关于推进电子政务网络建设的意见》（中办发〔2006〕18 号）等，均强调电子政务建设的目标在于满足各级政务部门内部办公、管理、协调、监督和决策的需要，以及满足社会管理、公共服务等面向社会服务的需要，并将推进业务应用系统建设作为重要工作部署。

第二种状态是资源型数字激励结构，对应数字的资源属性和国家对它的资源性定位，激励着政府部门围绕资源型数字激励结构进行数字化转型。资源型数字激励结构的形塑也可以从两方面来理解：一方面，数字技术在工具属性之外，已经具备了强大的资源和资产属性。数字技术发展为人工智能、大数据、区块链和遥感传感等高速度、大容量的创新技术，在时间、空间上的衔接性和跨越性得以极大增强。数字技术的价值性和赋能性也在这一过程中逐渐凸显。另一方面，国家对数字的认知和定位转向了生产要素和战略资源。2016 年国民经济和社会发展第十三个五年规划纲要，2017 年 12 月中共中央政治局就实施国家大数据战略进行第二次集体学习，2019 年推进国家治理体系和治理能力现代化若干重大问题的决定，均强调把大数据作为基础性战略资源，将数据、技术视为新的生产要素，发挥数据资源的战略作用。

根据赫兹伯格的双因素理论，工具型数字激励结构更倾向于一种保健（hygiene）性质的激励，而资源型数字激励结构则更倾向于一种激励（motivator）性质的激励。这可以从数字激励结构的基础、内容、效价、类型、方式和特征等方面来理解。工具型数字激励结构依靠的是基于工具的单一效价，是政府组织对便捷工具的需求，激励内容是一种效率激励。而资源型激励结构依靠的是基于资源的复合效价，是政府组织对要素资产的预期，激励内容是一种权力激励。在工具型数字激励结构下，激励的方式主要是指标式的引导，往往是低风险和有限收益。而在资源型数字激励结构下，激励的方式主要是偏好式的主动促进，往往也意味着高风险和高收益。

2."数字激励结构"中的政府调适性变革

在不同的数字激励结构下，各级政府构建"调适中的变革"（见图8-2）。调适性变革可概括为"组织性调适"和"技术性调适"两种调适机制。组织性调适指的是，为了适应日益数字化、信息化的外部环境变化，政府出于管理需要对组织内部的上下级关系、组织资源、战略控制等方面进行的适应性调整和变革。技术性调适指的是，在数字化转型中，政府为适应环境变化在流程再造、技术能力、学习与创新等方面进行的策略性回应和调适。结合中国数字政府建设的历程，技术性调适行为可概括为基础性的技术应用设施的全面铺开建设和部门垂直系统建设，以及升级性的政务服务一体化系统的整合与构建。同时，随着数字化转型的持续推进，以及政府对数字技术认知和定位的演变，组织和技术调适均呈现动态的变化。

本文案例材料主要来自 2019 年 3 月以来，笔者在 J 市电子政务办、信息室、政务服务中心和数据资源管理局、公安局等部门所做的田野调查，但不限于此。在实地调研中，笔者系统收集了 J 市 2005 年以来数字政府建设的档案资料，并对 52 位政府部门负责人、中间层和基层工作人员开展了深度访谈。J 市的数字政府建设历程是中国数字化转型的缩影，虽取得了显著的效果，但也面临诸多困境，为我们观察数字政府转型的深层次逻辑和过程提供了长时段的复杂而典型的案例。

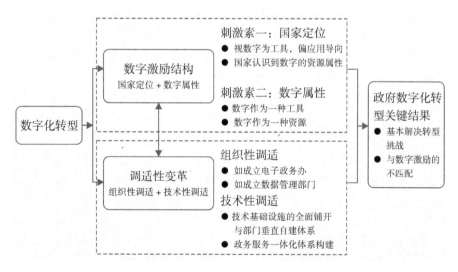

图8-2 数字激励结构中的政府调适性变革

三、当 "政治" 遇上 "技术"：数字化工具逻辑的捕捉

信息技术在社会的广泛传播极大地改变了治理的外部环境，公众的多元需求和复杂问题也迫切需要政府推进数字化的转型。从 20 世纪 80 年代计算机、传真、打印、复印等的办公自动化，到 1993 年基于计算机联网、应用工程的 "三金工程"①，再到 1999 年政府网站建设的政府上网工程，这一阶段中国数字化建设所依托的数字技术尚是初级层面的，数字技术呈现的是 "作为工具" 的属性状态。在这一过程中，工具型数字激励结构得以建构，数字技术开始面向政府组织提供基于工具效价的效率激励，吸引和推动政府走向数字化转型。那么，我们可以捕捉到哪些数字化工具逻辑呢？

（一）工具性定位的顶层建构与层次扩散

随着新公共管理运动的涌起和信息技术的发展，国家对数字的定位和建构也渐次展开。2002 年《关于我国电子政务建设指导意见》（中办发〔2002〕17 号）（以下简称《指导意见》）指出，"中国电子政务建设虽起步于 20 世纪 90 年代，但总体上电子政务建设仍处于初级阶段"。在信息化建设趋势下，国家开始强调要 "把电子政务建设作为今后一个时期我国信息化工作的重点"，以促进数字技术与政府关系的发展。这一时期，国家对数字的定位主要基于信息技术的工具属性，信息技术被视为政府职能履行的一种新型、高效的媒介和工具。在国家相关政策中多见 "通过信息技术" 或 "发挥信息技术的作用" 等表述。《指导意见》中也有类似的表述，如 "以需求为导向，通过积极推广和应用信息技术，增强政府工作的科学性、协调性和民主性"。2006 年《国家电子政务总体框架》（国信〔2006〕2 号）则提出 "面向城乡公众生活、学习、工作的多样化需求，进一步发挥电子政务对加强经济调节、市场监管的作用，更注重对改善社会管理、公共服务的作用"。可以说，这一时期国家既支持政府与信息技术的融合，同时又将信息技术的地位限定在工具层面。亚里士多德

---

① "三金工程" 指的是建构国家共用经济信息网的 "金桥工程"、建构无纸贸易的外贸信息管理的 "金卡工程" 和旨在实现信息卡、现金卡的货币电子化的 "金关工程"。

在《工具论》中曾说"工具是达成目的的手段"①。对数字技术的工具性定位的理解，即将技术视为实现治理目标的工具或手段，服务于政府公共管理的目的；同时，关注技术给政府组织带来的好处，有一定的行动预期。

国家的这一数字定位在政府内得以自上而下的贯彻，并扩散为各层级政府的数字定位。2003 年，J 市所在 A 省出台的《数字建设五年规划纲要》（皖政〔2003〕89 号）也有对信息技术工具性的若干表述，如"加快电子政务建设，促进行政管理创新，提高工作效率和决策科学性，使省市各级政务部门的决策能力、管理能力、应急处理能力和公共服务能力得到较大提升"。2006 年 A 省"十一五"电子政务建设发展规划强调"电子政务建设与政府行政职能紧密相连的依存关系"，也从侧面对数字与政府的关系进行了描述。由此，J 市得以进一步承接国家的数字定位认知，并通过持续的培训、宣讲等，使其成为组织共识。J 市电子政务办主任在访谈中曾提到，"这是时代发展的要求，要求政府对虚拟社会进行管理，所以我们进行数字化变革就是为了使用信息技术这把刀，这个工具"（访谈记录编号：030501）。

（二）从"不适应"到"适应"的关系磨合

政府在数字化开始后相当长的时间里呈现一种"不适应"（unprepared）的状态。一方面，J 市政府虽然于 2005 年成立了电子政务办公室，专责政务信息的整合和公开。但是，早期电子政务办在组织人事、资源及相应的权限并不充分，相关事务的处理和资源支持往往需要依托 J 市政府办公室开展。这导致 J 市电子政务办所主导的政务信息公开一度陷入信息不全面、信息更新滞后的恶性循环。另一方面，2005 年 J 市电子政务办开发建设了人民政府网站，这是对信息技术工具性运用的关键事件，初步搭建了政府与公众间信息交换的桥梁。但囿于技术知识限制和资源匮乏，J 市政府网站的功能和安全性等存在诸多弊病。负责该网站建设的主任表示，"一开始就是我自己做这个政府网站，网站设计之类的都是我一个人……网站肯定是比较低水平的，省里市里没有关于网站的统一要求"（访谈记录编号：030501）。同时，J 市政府尝试将信息技术嵌入科层组织

---

① 叶秀山：《亚里士多德的工具论》，载《社会科学战线》1998 年第 3 期。

的内部互动过程，推行办公自动化来替代以往的纸质媒介，以实现基于数字技术载体的组织间信息流动新方式。但实际效果并不乐观，部分政府工作人员对新事物的抵触心理和新技能的学习障碍，也同样呈现"不适应"。可见，各级政府对数字技术作为信息公开工具虽已达成共识，但关于这一工具的使用方法、使用规范仍处于探索阶段。

在工具型数字激励推动下，随着时间的推移，基层政府逐渐由"不适应"向"适应"转变。一方面，为应对组织资源不足的问题，J市在政府办公室行了"全员办信息"制度，将政务信息任务量化并分解到秘书室、市长热线、法制办等科室。另一方面，为缓解政府的技术困境，2006年，A省政府开始从政府网站内容安排、结构布局、信息发布形式、后台维护等各方面予以规范，并积极引进技术专业人才对基层政府进行技术指导和培训。此外，上级领导的重视和推动在克服办公自动化推广的难题上发挥了重要作用。J市政府办公室主任在访谈中曾表示，"市长很支持OA，要求发布会议通知只用OA，不再用打电话的方式。不来开会就要被点名批评，这样大家就急了，就都慢慢开始用了"（访谈记录编号：032203）。事实上，J市政府由"不适应"向"适应"的这一转变，是与"信息技术可以作为工具"到"信息技术如何作为工具"的认知转变相一致的。

（三）从"无中生有"到"内外兼修"的应用增长

强化信息技术在公共服务中的应用是这一时期政府数字化建设的核心目标。《"十二五"国家政务信息化工程建设规划》（国函〔2012〕36号）强调要"满足政务应用需求，支撑面向国计民生的决策管理和公共服务"。政府各部门基于业务需求争相开发技术平台和算法支持，这些自有自建的服务操作系统的广泛开发和应用推动了政府数字化建设向"无中生有"转变。在经历了办公自动化和"三金工程"等技术的运用带来的工作效率提升后，J市对数字技术工具属性的认识基本成型，各部门都有较强的激励开展数字化建设，热衷于开发面向公众服务的应用程序和系统。以J市公安部门为例，建有服务器46台，业务系统96套，其中仅治安大队就有29套，刑侦大队有22套。这一应用增长主要得益于两点：一是前期的信息化建设所积累的经验和正向反馈。2009年的数据显示，J市网上受理案件185个，信息公开信息量达6,500余条，电子政务建设取得了实质性进展，强化了基层政府的工具型数字激励。二是公众日益多元化的服务需求的倒逼。公众不再满足于政务公开仅作为信息接收方的模式，寻求基于网络的公共服务双向互动渠道的呼声日益高涨，成为数字与政府关系转变的外部推力。

在工具型的激励结构下，J市政府从平台使用端的官僚个体和平台开发端的技术支持着手，"内外兼修"释放数字技术的工具价值。一方面，开展相关技术技能培训，促进内部工作方式的更新。人社局的一位主任表示，"我们那时候哪里会这些，电脑也才偶尔按两下键盘，拼个字都只会一个手指"（访谈记录编号：032002）。为此，2010年J市在全市开展了"信息攻坚年"的专项学习活动，对政府部门相关工作人员进行长时间的信息技术技能培训，并大力宣传数字技术的工具效用。还将技术技能定期考核结果与绩效奖金挂钩，强化工具型数字技术激励，促进组织学习的效果。以J市公安局为例，2010年共举办了八期信息化应用等级考试培训，先后投资200余万元配置信息化设备，组织民警参加国家计算机一级、二级、三级等级考试，通过率达到92％。另一方面，借助外部专业化力量弥补政府自身专业知识的不足。例如，J市政务中心以"管运分离"的合作模式，在充分发挥企业技术优势的同时，保证对信息技术及其相关资源的话语权。J市公安局则建立了常态化的政企协作会商机制，每周定期与合作企业就开发需求、研发进展、问题整改等洽谈协商，通过建立信息闭环实现对系统研发的全过程监管和反馈。

但与此同时，部门系统间存在较多的功能重叠，平台与平台之间相对封闭，信息交换和共享困难较大。对此，公安局情报大队负责人表示，"出于部门利益，大家各自为政，都不舍得共享自己的东西"（访谈记录编号：032501）。不难发现，数字的资源属性已经开始萌芽，数字逐渐衍生为一种资源、一种新的部门话语权的重要来源，由此导致了部门间技术壁垒、数据孤岛等一系列问题，预示着政府转型逻辑的未来变革方向。

四、蜕变的故事：由"工具"到"资源"的逻辑转向

随着数字化建设的逐步深入，数字技术的属性实现了从"工具"到"资源"的蜕变与重生。这一阶段，作为工具意义上的数字技术仍然存在，同时，作为资源层面上的数字技术得以凸显，并逐渐在政府组织中存

在和流动。同时，国家对数字的战略定位也相应发生了资源化的转向。在这一过程中，资源型数字激励结构得以建构，数字技术开始面向政府组织提供基于要素资产的权力激励，并基于工具和资源的复合效价来激发政府的数字化转型偏好。那么，政府的数字化逻辑又发生了怎样的转向呢？

（一）在破碎之处"出场"的资源属性

一系列数字化转型举措取得了良好成效，但同时也出现了一些问题。一方面，技术与流程"脱嵌"。政府在工具型的数字激励下侧重建设技术基础设施，而忽视了技术平台功能与实际业务需求之间的匹配，相当数量的系统平台"建而不用"，流于形式。这既造成了资源的浪费，平台内容的重复操作也加重了政府的工作任务和压力。另一方面，缺乏数据共享意愿。政府部门普遍将自己的系统平台及其相关数据"视若珍宝"，而不愿轻易"拱手让人"。之所以产生这两个问题，是因为数字技术已不仅仅是一种工具，它已经产生了新的属性。在 J 市政府的调研中，一位政府工作人员说："我们进区进户负责收集的数据录到系统后，基层部门却没有使用权限。"（访谈记录编号：032101）上级政府部门对数据资源的集中和收拢一定程度上与政府对数据逐渐资源化和资产化的认知转变有关。

在此情景下，数字技术的资源属性开始被发现和认识。2015 年国务院颁布的《促进大数据发展行动纲要》（国发〔2015〕50 号）就提到"发掘和释放数据资源的潜在价值，更好发挥数据资源的战略作用"，这是国家高层次规范性文件第一次将"数据"和"资源"放在一起，数字技术所衍生出的资源属性开始进入国家视野。此后，国家对这一新的属性的认识逐渐明晰，2016 年 3 月国民经济和社会发展第十三个五年规划纲要和 2017 年 12 月中共中央政治局就实施国家大数据战略进行第二次集体学习都有类似"数据""资源"的相关表述。2020 年 4 月，中共中央、国务院关于构建更加完善的要素市场化配置体制机制的意见中更是直截了当地将数据作为与土地、劳动力、资本、技术并列的第五大生产要素，强调"推进政府数据开放共享，提升社会数据资源价值"。这意味着国家的数字定位实现了从"作为工具"转向"作为资源"的认识更新。与此相伴随的是，资源型的数字激励结构成为新时期政府数字化调适的新内核，政府的数字化建设思路也发生了转向。

（二）组织为轴：衔接数据与要素的数据资源管理局

为实现对数据要素的统筹和监管，数据资源管理局应运而生。2019年，J市正式组建数据资源管理局（简称"数管局"），整合了电子政务办、经济和信息化委员会、政务服务中心等部门中与信息技术、数据资源相关的职责。数管局的成立意味着政府与数字关系的进一步深入，数字要素的管理在政府部门中实现了专门化，并通过不同方式加以实现。第一，通过创办数字创新大赛发掘人工智能与政务大数据融合的创新应用；第二，组建"数据大脑"，遵照"成熟一家，迁移一家"的原则开展对市直部门数据库的统筹；第三，设立由企业技术人员组成的驻场团队，针对需求进行实时响应。可以说，从电子政务办到数管局这一组织性调适的变化，与数字技术从"作为工具"到"作为资源"的属性演变及其激励结构变化相一致，也意味着政府的数字化进入一个新阶段。当然，这一组织调适仍然有待完善：一是人员编制保障不足。"我们班子人手不够。数据资源管理局的成立确实是把电子政务办、信息办的活全部拿过来了，可是他们人没过来，就把业务交过来了。"（访谈记录编号：031502）二是尴尬的部门地位。一般认为，中国政府部门的重要性往往从部门排序中可见一斑，排位越靠前的部门地位越高。"数管局在政府系列里几乎排在最后。"（访谈记录编号：030701）

（三）节点对冲：互动博弈下的数据资源共享

针对数据壁垒、数据孤岛等老大难问题，国家基于资源性定位制定了数据整合与共享的新战略。中共中央、国务院关于构建更加完善的要素市场化配置体制机制的意见中"推进政府数据开放共享""加强数据资源整合"的相关论述占数据要素总内容的2/3左右。而数管局自然成了数据资源和共享的"节点"所在。面对各部门将数据视为资源而不愿共享的情况，突破的关键在于与部门间的互动与博弈。为此，J市数管局采取了一系列的对冲策略：一是基于组织权限的硬性要求，运用部门所拥有的信息化项目立项审批权限，将数据可共享作为审批通过的前提条件。二是基于部门需求开展数据交换。当其他部门因数据需求而向数管局提出协助请求时，数管局便会借助这一契机，要求该部门提供它所掌握的数据资源。当然，这种资源交换策略有一定的局限性，对那些掌握丰富的数据资源而没有交换需求的部门难以奏效。"最难的就是公安局，他们有特别多的数据，但是他们跟我们没有交换的需求，所以没办法。"（访谈记录编号：122102）三是善用组织权威，包括争取上级领导的支持和部门领导的亲力亲为，辅之以人际沟通技巧和资源交换等非正式方法。J 市数管局的努力取得了一定成效，截至 2020 年年底，J 市政府信息共享目录已包含来自 28 个政府部门的 380 个信息资源，其中 18 个本级政府部门提供了 295 个主题信息目录。

（四）去分散化：基于一体化平台的技术服务融合

一体化平台旨在通过技术与服务的全方位融合，为公众和企业提供便捷高效的服务的同时，实现对过程数据和结果数据资源的"去分散化"。2018 年，国务院颁布《关于印发进一步深化"互联网＋政务服务"推进政务服务"一网、一门、一次"改革实施方案的通知》（国办发〔2018〕45 号），据此，A 省选择 X 公司开发适用于全省范围的"A 事通"一体化服务平台，以实现对全省公共服务平台的集合和对政务过程数据资源的把控，这为 J 市的服务一体化提供了契机。最终，J 市数管局选择依托"A 事通"平台推进一体化服务的扩散。为此，一方面，J 市推动后台端的"A 事通"平台在部门间扩散，先后组织各部门开展了 4 期网上政务服务事项的梳理和编制；另一方面，J 市数管局充分利用国务院大督查、新冠疫情防疫抗疫等事件作为切口，推动部门业务系统统一接入一体化服务平台，并积极为系统间的联通和迁移提供技术支持。2019 年的数据显示，J 市已实现 20 个服务系统与"A 事通"平台的互通，公众网上事项办理率达 90%，涵盖 298 余项便民服务，"A 事通"累计登录人数达 760 多万。尽管当前去分散化的转型面临众多难题，但各部门都想办法给予克服。J 市文化广播电视新闻出版局的一位工作人员表示："因为我们有自己的系统，而'A 事通'平台没法办理证件，也没法审批。我就只能等事项在我们自己的系统中从受理到审批都走完了，我再在这个平台上录一遍。"（访谈记录编号：032003）数管局的工作人员也表示，"我们跟好多企业也沟通过，不同公司开发的系统间框架协议彼此很难融合打通"（访谈记录编号：031501）。但毋庸置疑的是，去分散化的数字化逻辑仍应坚持执行下去。

五、讨论：数字要素变动中的理论探索与实践想象

本文尝试阐明"作为资源的数字"在中国数字化进程中的重要意义。面对中国数字化建设过程中出现的诸多困境，数字资源属性的确认某种意义上是数字政府建设再推进的顶层设计。"作为工具的数字"和"作为资源的数字"呈现了政府转型过程中的数字要素变动，并为我们探讨数字政府建设提供了新的研究思路。首先，数字展现出技术工具之外的资源和资产特征，两个维度相伴共存，不能片面认定数字只是提升政府效率的一种工具，对政府数字化转型的探讨应从工具型单一功能转变为工具型资源型双重功能。其次，数字要素的变动凸显制度设计与数字属性间的巨大张力。随着技术的迭代发展与国家对数字技术战略认知和定位的转变，国家对数字技术的制度设计与技术本身发展之间形成了张力①，这种张力推动政府进行新的数字化实践，使得数字政府建设不断向纵深发展，为学术研究提供了肥沃的土壤和鲜活的经验素材，同时也激励学人要有更多的理论关怀。

数字政府建设的核心在于属性的适配，即数字化转型要与数字的资源属性相匹配，因此，未来的数字政府建设应以数字的资源属性及其激励结构为中心进行设计（见图 8 − 3）。那么，接下来需要思考的另一个问题是：如何发挥数据的基础资源作用和创新引擎作用？当前对数据这一新型生产要素的认识正处于探索期，关于数据产权的界定与划分、资源配置、数据安全等内容仍未形成共识，基于数据这一基础性战略资源的规则和边界体系也尚未建构，诸如政府该如何向企业、社会平台获取数据，不同层级政府拥有什么数据权限，数据跨部门、跨层级流动的规则等亟须予以规范。但可以明确的是，充分释放数据的要素价值是数字政府转型的关键，为此需要处理好三点诉求和关系：一是数据的采集权和所有权之间的关系②；二是数据的所有权和使用权之间的关系；三是数据的采集权和使用

---

① Stuart Bretschneider. "Information technology, e-government, and institutional change," in *Public Administration Review*, 2003 63 (6).

② 张翔：《"复式转型"：地方政府大数据治理改革的逻辑分析》，载《中国行政管理》2018 年第 12 期。

权之间的关系。实际上，数据资源属性的增长所伴生的数据权属问题，一直是实现数据共享的最大阻碍。而这本质上源于数据的特殊性，即数据不仅是生产要素，也是社会关系和话语权力的映射。因此，如何围绕数字的资源属性进行一整套的体系和制度设计，是未来数字化转型的重中之重。

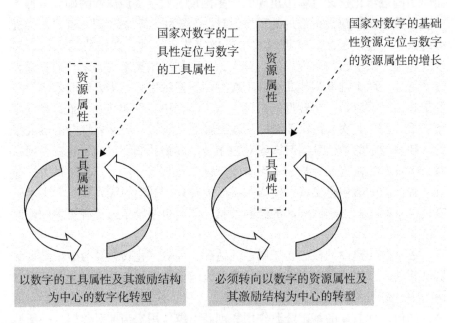

图 8－3　数字化转型的未来方向示意图

乡村振兴战略背景下数字乡村治理的困境与路径优化

陈　芬*

摘要：数字技术赋能乡村治理，是实施乡村振兴的重要内容，也是推进国家治理体系和治理能力现代化的战略方向。数字化技术赋能乡村治理有助于改变信息传播结构，提升乡村治理水平，推动公共服务高效化。在治理过程中，基层政府、村干部、村民等各主体存在着不同的行为动机，在治理过程中容易产生不同的行为倾向和矛盾，同时，传统权威策略性使用、数据价值转化效果的有限性、有待提高的村民信息化水平、农村数字化治理专业人才的匮乏等使得乡村数字治理面临诸多现实困境。由此，数字乡村治理亟待从理念改变、技术融合、技术赋能等方面进行优化，提升乡村治理能力。

关键词：乡村振兴；数字乡村治理；行为动机；困境；路径优化

一、问题的提出

2018 年，中央一号文件《中共中央　国务院关于实施乡村振兴战略的意见》提出"数字乡村"概念，并明确指出："要实施数字乡村建设发展工程。"随着大数据时代的来临，数字化、物联网、互联网技术等成为实现乡村基层治理能力现代化的重要前提和保障。目前，我国学者从不同角度对数字乡村治理展开了研究，包括数字乡村治理的时代背景和特征、治理的模式、治理中的问题与困境，以及路径优化等方面。

一是在治理的时代背景和特征方面，数字乡村治理作为全面实施和发

＊　陈芬，广州南方学院公共管理学院讲师。

展乡村振兴的战略方向①。宋君基于地方政府实践案例探讨数字治理的时代性特征，提出数字政务向全域智治迈进，体现民众在治理中的主体地位，强调政府、企业和社会的共治共享，数字化治理在一定程序上弥合了城乡数字鸿沟②。二是数字化治理改变了乡村治理的内容和形式，尤其体现在村民协商自治，实现治理权力多元化，构建治理的共同体③。三是在借助数字化技术进行治理的过程中也面临诸多问题与困境。赵敬丹指出治理中存在集权化、行政化、村民参与不充分、决策科学性有待提升等挑战④。四是治理路径优化方面，李全利认为打造乡村数字治理接点平台要结合国家顶层设计及乡村场域形态，从理念、资源、组织、制度四维度搭建其联动策略体系，实现连接平台的联动和功能优化⑤。王海稳提出从平台建设、组织合作、意识革新和技术赋权等方面进行路径优化并实现乡村公共治理体系变革⑥。

从前期相关学者的研究成果和社会发展趋势来看，数字乡村治理是时代发展的必然趋势，但农村治理的网络化、信息化起步较晚，数字乡村治理的研究还处于不断摸索和探究阶段，基于此，本文以乡村振兴为视角，分析数字技术助力乡村振兴与发展的价值和意义，探究在现实发展中存在的困境，并在此基础上进一步探索乡村治理数字化的优化路径。

---

① 刘少杰、林傲耸：《中国乡村建设行动的路径演化与经验总结》，载《社会发展研究》2021 年第 2 期，第 13 – 22 页。

② 宋君、林志明：《政府数字治理的时代特征与发展趋势》，载《中国建设信息化》2022 年第 7 期，第 68 – 69 页。

③ 丁波：《数字治理：数字乡村下村庄治理新模式》，载《西北农林科技大学学报（社会科学版）》2022 年第 2 期，第 9 – 15 页。

④ 赵敬丹、李志明：《从基于经验到基于数据——大数据时代乡村治理的现代化转型》，载《中共中央党校（国家行政学院）学报》2020 年第 1 期，第 130 – 135 页。

⑤ 李全利、朱仁森：《打造乡村数字治理接点平台：逻辑框架、案例审视与联动策略》，载《学习与实践》2022 年第 3 期，第 82 – 92 页。

⑥ 王海稳、吴波：《乡村数字治理的现实困境与路径优化研究》，载《杭州电子科技大学学报（社会科学版）》2021 年第 6 期，第 47 – 52 页。

二、数字化技术助力乡村治理的现实价值和意义

（一）改变信息传播结构，实现治理主体多元化

以往的乡村治理中，存在着正式权威和非正式权威的治理。村干部代表着正式权威治理的主体，一些传统家族或者宗族文化中比较有代表性的长者乡贤，他们较为熟悉当地情况，成为地方非正式权威中的代表。随着乡村振兴工作的全面开展和推进，《中共中央　国务院关于实施乡村振兴战略的意见》明确指出，要"积极发挥新乡贤作用"，一些公职人员、当地致富能手、退休回乡人员、企业家代表等新乡贤，作为乡村治理中新型精英代表，发挥着道德示范引领作用和乡村振兴作用，在乡村治理中有着一定的权威性和影响力。

传统治理形态中，以这些权威性主体为主带动乡村议事和治理，具有典型的集中性特点。数字化技术或平台的运用，使得治理更加分散化、网络化。比如在通过微信群进行村务管理过程中，各个主体的个体性和自由度更高，数字技术克服了空间性和时间性的障碍，使得村民可以选择更自由的方式进行议事和发言，每个网络主体都可以有发言和议事的自由。网络空间中交流和互动方式不同于现实空间的交流，个体有更多的思考和讨论时间。同时，受知识结构、网络技术等影响，在此过程中，会产生新的网络空间意见领袖。以往在现实中少参与的民众可能在网络空间中积极参与；一些在外务工的村民，也可以通过网络技术在网络空间中参与村务治理，从而促进多元主体参与乡村治理。

（二）提升乡村治理水平，实现精准治理

乡村治理中面临着大量既琐碎又复杂的公共事务，数字技术的引入可以有效地挖掘、整理和分析信息，整合信息资源，打破传统基层治理中的信息孤立和割据现象，实现信息的可识别化、清晰化和精准化，有针对性地了解村民的真实性需求，从而推动精准治理。从自下而上的自治层面来看，村民可以通过便捷的数字化信息平台更加快速地获得信息资源，帮助自身做出有效判断。另外，数字技术空间克服了现实空间的障碍，使得村民可以更加有意愿表达自身的诉求，参与重大村务的讨论和决策，发挥民

主监督作用。

（三）推动公共服务高效化，实现个性化服务

乡村振兴战略实施以来，许多事关民生的公共服务延伸到村一级组织，乡村治理中出现了许多新的事务，诸多关于乡村建设和发展的项目引入乡村，使得乡村治理工作量大大增加。数字化技术和平台的运用，可以更加快速便捷地对数据信息进行有序收集、整理和归纳，整合相关数据资源信息；可以快速了解和反馈村民的需求，减轻基层治理工作者的负担。在村务治理和基层公共服务中，村干部们可以有更多时间和精力致力于公共服务内容，优化村级政务流程，比如减少一些不必要的环节、转变职能、优化服务。北京市大兴区红门镇政务服务中心将加快推进全镇村级政务服务标准化建设和"网上办"平台的使用，利用微信公众号、横幅、宣传册等途径，推广相关应用软件，提高群众对"网上办"事项的知晓率，向"群众少跑腿"，甚至"一次都不用跑"的模式转变。

三、数字乡村治理中各主体的行为动机

（一）基层政府政绩导向的行为动机

乡镇基层政府作为行政体制和政策执行的神经末梢，是乡村振兴战略中数字乡村政策实现和落实的主体。从行政命令和事务层面来说，其行为在很大程度上依附于上级政府组织，行政执行中以国家政策和战略为导向和目标，体现自上而下的行政层级治理特征。同时，乡镇基层政府承担着大量的社会公共事务，提供各项公共服务的支持和帮助，需进一步强化其服务型、保障型、引导型职能。借助数字技术，可以加强基层政府与乡村之间的沟通，更直观更深入地了解村民的实际需求。

从个体主义角度来看，公共选择理论学派的代表人物布坎南认为，政府官员也是理性的经济人，会考量在官场中的个人自身利益，且精于利益计算。从官员自身的政绩角度考虑，在基层政府的考核中，发展地方经济成为基层官员的一项重要职责，并且实际上也是官员政绩考核中的重要标准，这也为乡镇政府官员的行为导向提供了极大的外部诱因。数字治理和数字经济的快速发展使得一些基层政府看到了较高的政绩收益，因此成为

基层政府发展数字乡村治理的行为动机。

（二）村干部情感和利益双重导向的行为动机

基层社会管理系统中，乡镇干部、村干部、村民构成了系统中的三个环节，三者之间产生了密切联系，村干部是这个系统的中间环节，处于中心位置。尤其是基层治理需求之下，村干部专职化、行政化已成基层现实，大量行政事务涌入村级组织，村干部专职化、全职化，其收入也主要来自财政拨款。村务分工越来越专业化，一些乡镇每年会用多项指标考核村委会，村级组织的运转已经与乡镇政府的多项工作任务要求衔接和匹配，虽然没有编制，但村干部在某种意义上已成为"公家干部"。从该层面意义上来说，村干部是乡镇干部的助手，甚至是代理人，乡镇干部希望村干部能够有效地配合完成乡镇政府的各种工作和任务。部分乡镇单位通过考核机制、排名机制等方式，将行政任务转至村一级，在自上而下的压力型体制下，有的村干部会依附上级组织而实现其个人利益。

同时，乡村社会具有典型的熟人社会特征，村干部可以用两种行为实现自己的利益需求，一是靠他的农民身份，二是靠其干部职务[1]。村干部长期生活在本村，有条件利用熟人社会的本土资源来维持乡村社会的秩序治理，甚至可以主动通过情感拉拢、利益拉拢等方式获取更多村民的支持，由此获得通过自己人治理的能力。所以村干部也不得不考虑当地村民的情感和需求。数字乡村治理过程中，当乡镇政府与村民的利益产生矛盾时，村干部可能会基于自身利益最大化来做出判断和选择，可能导致简单刻板地执行乡镇政府的任务安排，造成数字治理的形式主义。

（三）村民自利化行为动机

数字乡村治理的目标在于通过网络化、数字化、技术化的手段推动乡村产业升级、提升乡村基本公共服务水平，以及实现乡村治理现代化的目标[2]。随着农民的理性觉醒和参与意识的增强，追求个人利益最大化成为

---

① 王思斌：《村干部的边际地位与行为分析》，载《社会学研究》1991年第4期，第46－51页。

② 饶静：《数字乡村建设对构建新发展格局具有重要意义》，载《国家治理》2021年第20期，第12－15页。

他们最大的目标①。传统治理形态下，由于信息不对称，村民往往处于被动地位，村民的诸多判断并非基于充分的信息判断和信息计算，而是依赖个人经验与习惯，无形中也增加了博弈和治理的成本。

借助数字技术和数字平台，村务财务很多内容都直接上传到信息平台，村务信息公开更加及时和透明，村民使用手机可以随时查看村务，突破了时间和空间障碍，村民也可以及时了解与自身利益相关的政策和事项，实现有效的双向传输互动，办事效率大大提高。例如日照市已有 74 个村庄搭建起各具特色的数字乡村。车家村的"数字车家村"平台以钉钉 App 为入口，社区便民、党建、公益、电商服务等数据汇集其中。视频电话通知立即发到被访村民手机上；订外卖、打车、旅游、寄快递，村民都可以在手机上完成。从村民的经济利益来看，近年来一些地方数字乡村治理发展迅速，给当地带来了巨大的经济和社会效益提升，"线上展销""云旅游""网络直播带货"等数字化场景为村民带来了巨大收益，也带动了当地农业经济的发展。村民存在基本自利化动机，在参与各种治理活动时会权衡对自身的利弊。但个体理性并不一定带来整体理性，个体农民的自利动机可能帮助其自身实现利益的最大化，但并不一定带来集体利益的最大化。

四、乡村数字治理的现实困境

（一）传统权威策略性使用数字技术固化自身利益

一方面，传统权威的存在，使得一些固有的官僚群体会通过各种方式固化自身的利益，乡村社会治理结构在一些实际运行中呈现出双重治理逻辑——以自治权力为核心的内生性治理逻辑和由国家行政权力塑造的外生性治理逻辑②。外生性的官僚治理逻辑在乡村治理中起着重要作用，一些地方政府职能部门经常以属地管理为由，向下安排任务，将相关工作任务

---

① 陈潭、刘建义：《集体行动、利益博弈与村庄公共物品供给——岳村公共物品供给困境及其实践逻辑，载《公共管理学报》2010 年第 3 期，第 1 - 9、122 页。
② 王海稳、吴波：《乡村数字治理的现实困境与路径优化研究》，载《杭州电子科技大学学报（社会科学版）》2021 年第 6 期，第 47 - 52 页。

直接交由村委会办理；而村委会大多依赖行政资源展开工作，通过行政命令安排工作，这种行政性下沉会逐渐压缩乡村的自治空间，这种行政力量会弱化数字技术带来的作用。

另一方面，部分乡村自治组织也存在官僚主义现象，一些利益团体为了固化自身的利益，会通过一定的方式和手段限制资源的配置方向，使其朝着有利于利益团体的方向发展。乡村治理中往往充斥着大量琐碎具体的事务，数字技术作为一种权力的载体和介质，更多地从理性角度，将大量的公共事务拆解和整合，通过数据化、流程化的方式呈现和表达出来。但乡村社会关系的复杂性和社会事务的具体性使得数字技术很难完整转化和表达乡村社会的现实情况，在这一转化机制中，传统权威仍然保留了大量的自由裁量权，村干部对于上报哪些内容，筛选哪些具体的数据进行上报，会形成利益机制判断，如筛掉对自己不利的信息。

（二）数据价值转化效果有限

村级事务治理中，诸如 QQ 群、微信群等即时通讯软件是基于数据技术构建的信息平台，已成为村民日常生活的一部分，为村民提供交流和沟通的空间，但由于乡村治理中，一些地方信息技术发展有限，使用数字空间的能力有限，从而使得通过这些平台搜集到的相关数据信息也是有限的。所以在数据收集阶段，可能缺乏统一的采集标准和指标，这就导致在采集数据时一些乡镇政府和村庄可能根据自身的工作内容来自行设计采集标准。在采集方式上主要靠村干部挨家挨户亲自上门询问、实地考察等来获取具体的数据信息，信息数量大且冗杂，收集的方式落后，持续而频繁的数据收集占用了村干部大量的时间和精力。而后期的数据处理阶段，一些地方由于缺乏专业的数据分析人才，消耗大量时间收集的数据只是简单地被处理和加工，数据技术流于形式化和表面化，未能真正地形成专业的数据分析结果，更罔论挖掘数据背后的深层次价值，数据的使用价值也极其有限。同时，在常规的数据管理中，数据需要定期维护和更新，而这是一项持续性的工作，需要在数据内容和人员管理上都有一定的保障，这些都对数字乡村治理提出了挑战，数据没有及时地更新和流动，无法有效反映乡村治理的动态，数据也就失去了其本身的价值意义。

（三）村民的信息化水平有待提高

中国互联网络信息中心（CNNIC）发布的第 47 次《中国互联网络发展状况统计报告》显示，从地区来看，我国的非网民仍以农村地区为主，农村地区非网民占比为 62.7%，高于全国农村人口比例 23.3 个百分点。说明农村地区的数字网络化水平有待提升，随着城市化进程的加快，大量的青年群体流入城市务工，农村地区大多以留守老人和儿童为主，而一些老人使用网络信息技术的能力非常有限，学习能力和适应能力相对较弱，甚至还有一些老人不会上网、不会使用智能手机，日常的出行、就医等在数字场景和应用中受限，也影响了乡村治理的进程。另外，虽然数字技术一定程序上克服了参与的空间性障碍问题，但一些参与事项仍然涉及具体的实地考察，需要实地上传一些具体的资料，而老人们由于缺乏互联网知识，很难参与其中完成事项。

（四）农村数字化治理专业人才匮乏

乡村振兴发展过程中，人才是数字赋能的核心要素，是第一生产力。但乡村治理中，村干部和相关数据人才在数字赋能的过程中发挥着重要作用，基层治理事务繁杂，数量大、类型繁多，处理起来难度也较大，这就对专业人才提出了挑战，不仅要具备数据治理的意识，还要有数据收集、处理和分析的能力。在数字治理的实践过程中，村干部承担了大量的数字治理工作，但一些基层干部的数据意识薄弱，并未意识到大数据技术对乡村治理的重要性，很难转变观念，仍然习惯沿用传统的经验治理方法，甚至觉得大数据技术耗费了他们大量的时间和精力，在一定程度上阻碍了他们工作的开展。另一方面，在复杂的数据面前，一些村干部由于缺乏专业的数据分析能力而陷入困境。即使有一些地方提供相关技术培训，一些村干部由于受年龄、知识水平等的影响，学习水平和能力有限，很难学会并掌握，这些人员一定程度上成为推广乡村数字治理的障碍性因素。随着数字乡村治理进程的加快，未来需要更加专业的大数据人才队伍，但目前大多数优秀的大数据人才多集中于城市，如何将些人才引流到基层，实现技术和人才的下沉，也是数字乡村治理中面临的一大难题。

五、数字技术助力乡村治理的路径优化

（一）理念改变：树立数字乡村治理意识

提升村级事务决策水平，提高办事效率，需要对村民的相关信息进行收集和整合。在传统的决策过程中，村干部大多运用人工经验式方式开展工作，由于标准和内容的不统一，导致信息统计失真或者一些重要信息被遗漏，决策效率低下；基层治理中出现的以政绩为导向的压力型体制使得某些基层官员、村干部在决策中往往考虑的是行政化利益，乡镇政府和村干部要逐步转变固有观念和意识，以数字服务的理念和数字绩效的理念为指导，树立数据治理意识，用数据说话和办事。

在信息开放共享的基础上，村民也应逐步了解数字技术对于其本身的作用和意义，明确数字乡村治理对于其个人和家庭起到的作用，改变以往的依赖习惯，主动参与村级事务的治理工作。但这一点仅仅依靠村民自我觉悟和自我改变很难实现，数字乡村治理是一项长期系统工程，也需要政府宣传和引导，不断地实践和摸索，以及熟人社会的相互影响等来推动实现。

（二）技术融合：创新乡村治理模式

首先，数字乡村治理需要硬件和软件支撑才能有效运作。从技术层面看，当前数字基础设施主要涉及 5G、数据中心、云计算、人工智能、物联网、区块链等新一代信息通信技术[1]。数字技术和平台的推广过程，应根据基层自治的实际情况，建立与乡村人口、知识结构和素养相匹配的数字技术和平台，在统一规划的前提下，因地制宜地考虑村民的实际水平和实际需求。例如江门市"粤智助"政府服务自助机已实现行政村的全覆盖，设备界面简洁、操作简单、容易上手，该设备还专门设有大字号、大图标、高对比度的"老人模式"，方便老年人和特殊群体操作。其次，在一些村庄大量青年群体外出务工，剩下留守老人，拉近数字技术和使用者之间的距离是一个更长期的挑战。在发展数字乡村的同时，基层政府要切

---

① 刘松：《数字基础设施：数字化生产生活新图景》，载《人民日报》2020 年 4 月 28 日。

实提升农民的数字处理素质和数字技能，为发展农村数字经济所需要的基础设施做好市场监督和利益协调工作①。同时，挖掘和培训本土数字人才，提升治理的专业度，才能实现数字乡村治理的长效发展。

数字技术的融合和赋能是一个渐进式的过程，不能一刀切，一些地方可考虑线上和线下相结合的方式逐步推进。一些复杂事项和内容在初期运用数字平台推动时可适度保留原来线下操作的部分流程，一些基础性、简单的内容可尝试改为线上操作。在推进乡村数字治理过程中，要以人的需求和价值导向为基础，技术最终要服务于人。

（三）技术赋能：助力乡村产业发展

数字乡村治理中，通过数字技术赋能产业发展，带动农民致富，对实现农民的经济利益，缩减城乡差距、区域差距，实现乡村振兴具有重要的战略意义。

一是吸引优质市场资源，通过数字技术提供智能化、便捷化的服务模式，吸引龙头企业入驻乡村，快速有效回应企业关切，满足企业发展需求，营造良好的营商环境，带动乡村产业发展；二是增强乡村文化建设，多角度、多层面发掘乡村文化资源和文化价值，为乡村振兴提供新增长点。例如南充市南部县八尔湖镇建立了包括数字体验区、乡村振兴学院、数字文娱体等功能区的数字乡村馆，也是数字文化激活乡村风物的典型。该数字乡村馆通过"文化＋"和"数字＋"加快产业结构和消费结构的转型升级，打造数字 IP 形象，培育农产品品牌，打造农业农村品牌形象。通过数字技术将传统的各种生产要素进行重新配置，催生了优化资源配置的创新模式，推动乡村产业发展。

六、结语

数字技术是乡村治理的方式和手段之一，将数字技术下沉农村，对于提升乡村治理水平、改善农民的生活水平和质量、缩小城乡差距有着重要意义。但各治理主体有着各自的行为动机和逻辑，数字技术推动乡村治理

---

① 刘美平、孙玉瑶：《深入推进我国农村数字经济发展的新路径》，载《生产力研究》2020 年第 1 期，第 44 – 49 页。

的过程也是各方利益主体不断博弈的过程，数字乡村治理也面临着各种挑战。乡村振兴主要在于推动农村的内涵式发展，如何把握数字技术为乡村治理带来的机遇、克服各种问题和挑战，使数字技术更好地为人民服务，还需要不断地深化探索。

大湾区政策篇

完善青年人才吸引力机制的对策研究

——基于佛山市的调查

杜俊荣　关晓岚*

摘要：佛山市要稳步实现产业经济发展、技术产品发展以及整体可持续发展的战略规划，离不开高端创新人才的智力支持。随着改革开放程度向纵深推进，佛山政府在吸引人才方面的政策和体制优势逐渐减弱，人才高地建设的进程有所阻滞。为此，围绕《广东中长期青年发展规划（2018—2025年）》，本研究采取定量研究方法，聚焦佛山市青年在佛安居、就业、生活等问题，结合佛山市青年的政策评价、购房意愿和迁移意愿开展问卷调查。调查发现，佛山市的人才吸引机制存在以下问题：人才结构"偏科"严重，对高层次人才吸引力不足；人才激励短期化，配套政策缺乏可持续性；人才安居政策缺乏普惠性，政策缺乏清晰度。为此，本研究提出如下优化青年人才吸引力机制的建议：加强现有政策的普惠性，继续优化人才结构；转变政策重点，加大发展性政策创新力度；完善人才信息平台建设，构建需求回应型的政府引才工作机制。

一、概况

"十四五"时期，佛山市要加快建设高质量制造业为主体的实体经济，建设具有全球影响力的先进制造业技术创新中心，就必须实现各种高质量创新要素加速聚集融合。人才资源是第一资源，是最活跃的要素，是国家兴衰的最根本要素。人才强国战略亦是实现国家强盛的第一战略。佛山市要稳步实现产业经济发展、技术产品发展以及整体可持续发展的战略

---

　*　杜俊荣，广州南方学院公共管理学院副教授，法学博士；
关晓岚，广东地方治理研究中心研究助理。

规划，离不开高端创新人才的智力支持。佛山市的经济发展位于全国前列，但产业转型升级的要求与全市人才资源供给可持续性之间的矛盾日益显现，"产业留人、城市不留人"的现象日趋严重。随着改革开放程度向纵深推进，佛山政府在吸引人才方面的政策和体制优势逐渐减弱，人才高地建设的进程有所阻滞。在实际创新活动中，应用技术创新型人才匮乏，极大影响了企业的自主创新活动，越来越多的企业在自主创新的过程中面临人才资源压力。

为此，本研究围绕《广东中长期青年发展规划（2018—2025 年)》，聚焦佛山市青年在佛安居、就业、生活等问题，结合佛山市青年的政策评价、购房意愿和迁移意愿开展相关调查研究，为探索佛山市招才引智之路提供决策参考，以供相关职能部门制定对应政策。

二、调查方法

本研究采取定量研究方法，对研究对象进行问卷调查。问卷采取线上与线下相结合、问卷自填的方式同步进行。线上问卷以问卷星为平台，受访者均为在佛山生活或工作 6 个月或以上、18 ~ 45 岁之间的佛山青年个体。问卷收集期限从 2021 年 10 月到 11 月上旬，共回收有效问卷 947 份。

三、调查分析

本次调查一共收集了有效问卷 947 份。其中，男性受访者 475 份，占 50.2%，女性受访者 472 份，占 49.8%。受访者的平均年龄为 26.32 岁，整体年龄结构比较年轻。受访对象中，91.2% 的人户籍所在地为广东省内，其余为国内其他地区，其中佛山市本地户口占总体的 49.4%，非佛山本地户口占 50.6%。在受教育程度方面，约六成（60.1%）受访者的学历为大专及以下水平，约三成（31.6%）具有本科学历，其中研究生学历的受访者不足一成（7.4%）。（见表 10 – 1）

表 10 - 1　受访者人口社会分布特征

		频数（份）	百分比（%）
性别 （N = 947）	男	475	50.2
	女	472	49.8
户籍 （N = 947）	非本地户口	479	50.6
	本地户口	468	49.4
受教育程度 （N = 947）	大专或以下	578	61.0
	本科或以上	369	39.0
年龄 （N = 944）	22 岁或以下	369	39.1
	23 ～ 29 岁	286	30.3
	30 ～ 37 岁	191	20.2
	38 岁或以上	98	10.4
学科分类 （N = 947）	理工类	359	37.9
	经管类	337	35.6
	人文社科类	108	11.4
	其他	143	15.1

　　具有理工类（37.9%）或经管类（35.6%）学科背景的受访者比例超过七成，表明人才的学科背景比例分布与佛山市以制造业为主要产业发展类型的经济发展模式相对应。同时，人文社科类学科背景的人才比例仅一成（11.4%），农科、艺术、医科等其他专业的比例也偏低，表明佛山市当前的人才类型有"偏科"的迹象。虽然就短期而言，现有的人才类型有利于当地经济的快速增长，但从长远的角度来看，对区域协调发展存在隐忧。

（一）日常生活状况

　　超过半数的受访者把"城市生活环境好"（53.2%）和"家庭朋友的原因"（51.3%）作为选择在佛山工作和生活的主要原因。非本地户口受访者选择在佛山工作和生活主要看重当地的"城市生活环境好"

（53.9%）和"发展前景好"（44.7%）。这表明，佛山市不断提高的城市化水平与充满活力的发展前景对青年人才的吸引力是相当大的。（见图10-1）

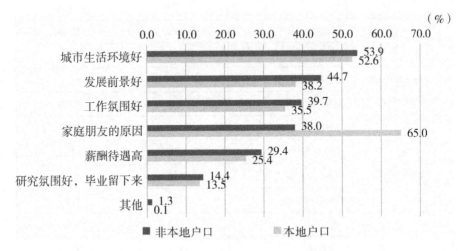

图10-1 选择到佛山工作生活的原因

而且，非本地受访者在选择工作地区时，考虑"薪酬待遇高"的比例不足三成（29.4%），表明外来人才在考虑就业地区时，经济因素并不是主要决定条件，他们更看重的是生活因素和发展机遇。这表明，对于外来人才必须要有精准配套的社会支持政策，摆脱单纯的经济激励原则，才能让外来人才在佛山不单"落地"，而且"生根"。

超过七成（75.4%）的受访者是通过"公开招聘"途径找到工作。其次是通过"亲友介绍"（48.8%），有将近半数受访者通过这一途径成功求职。以"组织选配"（27.6%）和"猎头公司、网站"（21.8%）作为求职渠道的比例则偏低。（见图10-2）这表明，市场渠道和社会网络仍是佛山人才在劳动力市场求职的主要渠道，而制度化、组织化的求职渠道在佛山市劳动力市场的作用和地位仍有待提高。

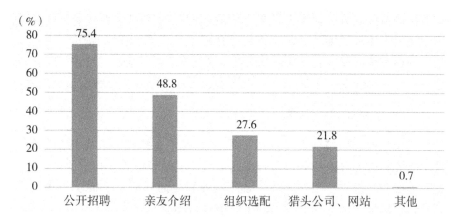

图 10 - 2　找工作的主要途径

在问及当前在佛山的工作生活中急需解决的问题时，超过六成（62.3%）受访者选择"工资待遇偏低"，其次集中在个人发展因素方面，如"晋升困难"（38.6%）和"继续深造机会少"（32.8%）。选择家庭和生活困难的比例则相对较低。（见图 10 - 3）调查还发现，非本地户籍的受访者（30.7%）对住房条件方面的不满比本地户籍受访者（18.6%）高出 12.1%。同时，随着年龄的增长，受访者在家庭和生活方面遇到困

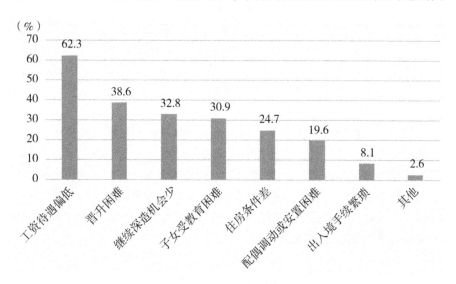

图 10 - 3　在工作生活中急需解决的问题

难的比例持续上升，而个人发展方面遇到困难的比例有所下降。这表明，佛山市的人才政策要对不同类型人才的社会人口特征做到精准"识别"，制定的相关政策要符合不同层次和类型人才的真实需求，尤其需要注重人才政策与社会公共政策的结合，这样才能真正吸引人才在佛山长期发展。

（二）工作条件与环境

工作条件与环境的好坏反映了当地的人才支持环境。良好的工作条件、高效高质的政府服务以及舒适的生活环境是吸引人才扎根的重要推动力。本次调查设立了工作环境、政府服务和生活环境三个板块，共 25 个指标，以测量青年人才对佛山的工作条件与环境的评价。

调查发现，受访者对个人发展的总体满意程度处于中等偏上水平（5.64 分），表明受访者个体对在佛山的个人发展状况比较满意。数据显示，具有本地户口的受访者对其个人发展的满意程度略高于非本地的受访者，两者差距（0.26 分）较为显著。同时，大专或以下教育程度的受访者（5.63 分）与本科或以上的受访者（5.66 分）对个人发展的满意程度非常接近，两者没有显示出显著差异。（见表 10 -2）

表 10 -2 户籍、教育程度与个人发展满意程度

单位：分

	总体	非本地户口	本地户口	大专或以下	本科或以上
均值	5.64	5.51	5.77	5.63	5.66
显著性		显著		不显著	

男性受访者对个人发展的总体满意度（5.89 分）要明显高于女性受访者（5.39 分）。同时，数据显示，随着年龄增长，受访者对个人发展的总体满意程度呈下降趋势，22 岁或以下受访者比30 ～37 岁受访者的总体满意度高 0.65 分，但这一满意度在 38 岁以上年龄组回升。（见表 10 -3）这表明，大龄受访者因为其工作经历和生活经验不断积累，对在佛山的个人发展总体满意度也有所回升。

表 10 −3　性别、年龄与个人发展满意程度

单位：分

	男	女	22 岁或以下	23 ～ 29 岁	30 ～ 37 岁	38 岁或以上
均值	5.89	5.39	5.90	5.51	5.25	5.80
显著性	显著		显著			

　　受访者对工作环境的满意度评价处于中等偏上水平。其中，受访者对"工作环境和条件"（5.64 分）、"工作单位和岗位的选择性"（5.6 分）、"工作稳定性"（5.6 分）和"劳动社会保障制度"（5.58 分）等方面的评价相对较高，但在"工作晋升空间"（5.3 分）和"企业、单位的薪酬与福利"（5.33 分）两方面则相对较低。（见图 10 −4）这表明，佛山能够为青年人才提供较为优厚的选择条件和保障条件，但在人才资源可持续发展的空间建设上缺乏长远打算。

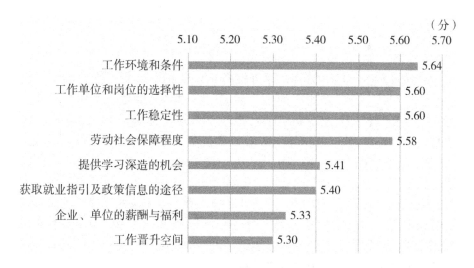

图 10 −4　工作环境的满意度评价

　　受访者对政府服务的评价显示，他们对"政府部门办事效率"（5.51 分）、"人才公共服务平台的完善程度"（5.51 分）和"政府部门工作协调性"（5.5 分）的评价相对较高。相对而言，在与国外（5.38 分）、本

市（5.42 分）和国内其他区域（5.43 分）的相关人才在技术和工作方面的交流机会比较欠缺。（见图 10-5）这表明，佛山市政府部门对本市人才的服务效率和服务质量都受到较高的认可，但为人才提供服务的开放性还有待提高。

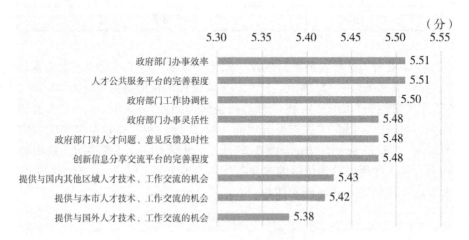

图 10-5 政府服务的满意度评价

受访者对生活环境的总体评价较高（5.5 分）。其中，佛山市的"社会治安"（5.77 分）在所有的生活环境项目中得分最高，而当地的"生活物价水平"（5.27 分）和"子女受教育条件"（5.44 分）的得分相对略低。生活环境评价中涉及公共服务和公共设施的评价得分大致接近。（见图 10-6）这表明，佛山市为人才所提供的公共服务以及公共设施建设都得到了当地人才的普遍认可。但需要注意的是，人才战略必须是一个可持续战略，人才的流动与扎根往往伴随以家庭为单位的迁移。从调查结果可以看出，佛山目前的教育资源质量还有待提高，区域分布不平衡的问题仍需进一步解决。不断提高当地的学校教育资源，改善子女受教育条件是人才家庭长期扎根佛山的重要保障。

由表 10-4 可知，受访者对工作环境的评价中，户籍差异对"工作环境"的满意度没有显示出明显差异。这表明，户籍在薪酬待遇、工作发展机会等工作环境中没有造成显著的差异，其根本原因在于佛山市需要大量的外来人口提供专业技术知识，推动地方经济发展。但不能忽视的是，在社会保障和生活环境等方面，本地户口与非本地户口的受访者的差

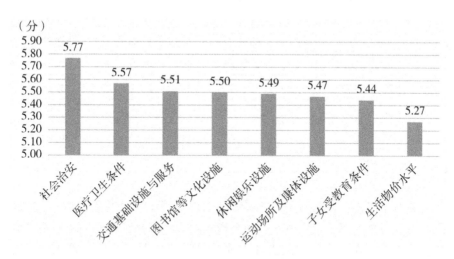

图 10 - 6　生活环境的满意度评价

异还是相当明显。本地户口的受访者在"政府服务"（5.56 分）和"生活环境"（5.64 分）方面的评价要高于非本地户口的受访者（同为 5.37 分）。公共服务均等化是今后佛山市进一步完善人才机制，吸引和留住人才的关键。

表 10 - 4　工作环境、政府服务与生活环境评价交互分类

单位：分

		工作环境	政府服务	生活环境
户籍	本地户口	5.40	5.56	5.64
	非本地户口	5.56	5.37	5.37
	显著性	不显著	显著	显著
性别	男	5.76	5.74	5.76
	女	5.20	5.19	5.24
	显著性	显著	显著	显著

续上表

		工作环境	政府服务	生活环境
年龄	22 岁或以下	5.73	5.78	5.78
	23～29 岁	5.39	5.41	5.48
	30～37 岁	5.09	4.96	5.02
	38 岁或以上	5.52	5.43	5.45
	显著性	显著	显著	显著

调查也发现，男性在"工作环境"（5.76 分）、"政府服务"（5.74分）和"生活环境"（5.76 分）3 个指标的评价都高于女性，两者差异明显。这表明，在佛山工作的男性人才的满足感要明显高于女性人才。同时，不同年龄组的受访者对其工作条件与环境的评价也有显著差异，各项指标的评价都随着年龄的增长而逐步下降，但在最高的年龄组段（38 岁或以上）又有所回升。

（三）人才政策评价

人才政策包括人才培养、引进、创业扶持和管理等方面的政策。人才政策的设计和实施是当前人才战略的重要抓手，更是地区高质量经济发展的重要保证。

超过六成（62.9%）受访者通过"微博、公众号等互联网平台"获取人才培养、引进、创业扶持、管理等相关政策，而利用"电视、报纸、电台等传统媒介"获取信息的比例则不足三成（29.6%）。同时，超过半数（55.3%）受访者会通过政府网站获取相关信息。通过亲友为主的社会网络了解政策的则不足四成（35.7%）。此外，通过"猎头公司"（12.4%）和"组织宣传"（22.5%）了解人才政策的比例相对较低。（见图 10-7）这说明，信息化和智能化的资讯推送大大加快了信息传播的范围与效率，但有组织的人才政策传播途径还没有成为佛山市人才政策传播的主流渠道。

表 10-5 数据显示，本地受访者对本市人才政策的公平性评价（5.33分）要显著低于非本地受访者（5.51 分）。户籍差异在对人才政策了解程度和满意程度评价方面则没有明显的差异。此外，男性受访者对人才政策

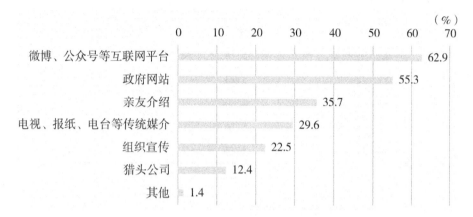

图 10 - 7　了解佛山市人才政策的渠道

的各项评价都明显高于女性受访者。值得注意的是，30～37岁年龄组的受访者对人才政策的了解程度、满意程度以及公平性评价的得分都仅处于中等偏下水平，是所有年龄组中得分最低的。这一年龄组的受访者往往具有一定工作经验和社会阅历，是佛山市创业创新的主力军。他们对各类经济社会政策的关注度和需求度都相对较高。从调查结果来看，他们对佛山市人才政策的评价相对较低，反映了当前人才政策的设计和执行需要更多了解这一年龄层次人才的具体需求，才能制定出更能满足佛山市人才需求的相应政策。

表 10 - 5　对佛山人才培养、引进、创业扶持、管理的政策评价

单位：分

		了解程度	满意程度	公平性
户籍	本地户口	5.42	5.47	5.33
	非本地户口	5.28	5.32	5.51
	显著性	不显著	不显著	显著
性别	男	5.64	5.66	5.68
	女	5.06	5.13	5.16
	显著性	显著	显著	显著

续上表

		了解程度	满意程度	公平性
年龄	22 岁或以下	5.78	5.71	5.72
	23 ～ 29 岁	5.23	5.38	5.38
	30 ～ 37 岁	4.79	4.84	4.91
	38 岁或以上	5.16	5.31	5.39
	显著性	显著	显著	显著

（四）人才政策的 SWOT 分析

SWOT 分析法又称"态势分析法"，是一种对组织内外部条件各方面内容进行综合和概括，进而分析组织的优劣势、面临的机会和威胁的方法。根据这个分析法，可以将政策按轻重缓急分类，明确哪些政策是目前急需完善的，哪些是可以稍微延后解决的；然后将这些政策列举出来，依照矩阵形式排列；最后用系统分析的思想，把各种政策相互匹配起来加以分析，从中得出一系列相应的结论。此类结论通常带有一定的决策性，有利于领导者和管理者做出较正确的决策和规划。

表 10 - 6 及图 10 - 8 为对目前佛山市各类人才政策评价的 SWOT 分析。

表 10 - 6　佛山市各类人才政策评价的 SWOT 分析

	了解程度（分）	满意程度（分）	重点优势	保持优势	急需改善	有待改善
人才财政补助政策	5.19	5.29	★			
人才税收优惠政策	5.10	5.28		★		
人才培育提升政策	5.16	5.27	★			
人才技能认证与评定政策	5.19	5.30	★			
人才职称评定政策	5.20	5.30	★			
人才科研管理与奖励政策	5.15	5.28	★			

续上表

	了解程度（分）	满意程度（分）	重点优势	保持优势	急需改善	有待改善
人才创业扶持政策	5.16	5.26	★			
人才入户优惠政策	5.20	5.26	★			
人才住房优惠政策	5.16	5.20			★	
人才子女入学优惠政策	5.10	5.18				★
人才家属就业优惠政策	5.06	5.19				★
人才社会保障优惠政策	5.1	5.23				★

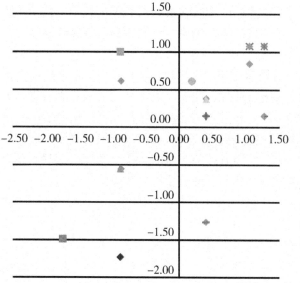

图 10-8　佛山市各类人才政策评价的 SWOT 分析

1. 重点优势

调查发现，具有"重点优势"的政策有人才财政补助政策、人才培育提升政策、人才技能认证与评定政策、人才职称评定政策、人才科研管理与奖励政策、人才创业扶持政策、人才入户优惠政策。这些政策在所有评估的人才政策中属于佛山市的人才政策优势。

2．保持优势

人才税收优惠政策获得了受访者"保持优势"的评价，相关政府部门应该在这个政策措施中维持当前的工作力度，保持相应的政策优势。

3．急需改善

在 12 项政策评价中，人才住房优惠政策获得了受访企业"急需改善"的评价。人才要在佛山落地，安居置业是人才长期定居佛山的重要举措。从结果来看，无论是近年来实施的人才房政策，还是针对人才专门实施的住房优惠政策，都没有能够较好地满足人才的住房需求，而且佛山市各区的人才房政策也各有差异。在今后的决策过程中，相关政府部门应根据具体人才的社会特征与实际需求，在政策允许的情况下努力加大人才住房优惠的力度，拓宽优惠的范围，着力解决最急需改善的政策。地方政府如若能独辟蹊径，找到这些问题的有效解决办法，不仅有利于佛山市人才的安居与乐业，更能为其他地区提供解决这些问题的可借鉴经验。

4．有待改善

共有 3 项政策获得了受访者"有待改善"的评价，具体包括：人才子女入学优惠政策、人才家属就业优惠政策、人才社会保障优惠政策。人才的流动与人才的家庭安排和人才的再生产活动密切相关。结果显示，佛山市当前的政策集中在为人才提供更高的个人收益，如经济奖励、职称评定等方面，却忽略了人才流动伴随着社会关系的空间流动。人才政策不单要考虑人才本人，更需要兼顾人才落户的社会性配套政策。

（五）购房意愿

人才购房意愿的强弱一定程度上反映了当地人才的定居意愿。良好的居住环境是吸引人才扎根的重要推动力。本次调查设立了住房现况、购房意愿及意愿面积、人才房购买意愿及政策了解程度等指标，以测量青年人才在佛山的住房状况与购房意愿。

调查显示，目前居住在自有房产（40.0%）的受访者在所有的居住类型中占比最高，而居住在家人或亲友家（6.5%）的受访者占比相对较低；居住在公司（单位）宿舍（27.5%）和租房（25.8%）的占比较为接近。（见图 10 - 9）这表明，佛山市能够给人才提供一定的住房保障，但当前提供的住房条件缺乏稳定性的支持。

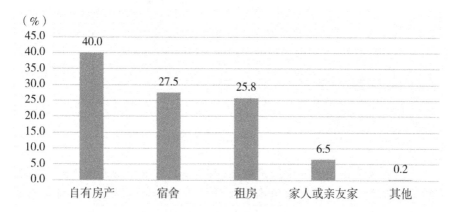

图 10 - 9　受访者的住房安排

调查发现，受访者在佛山的购房意愿处于较高水平，表明受访者个体对在佛山购房的意愿较强烈。数据显示，具有本地户口的受访者在佛山购房的意愿明显高于非本地的受访者，两者差距（9.3%）显著。同时，本科或以上教育程度的受访者与大专或以下的受访者，两者差距（6.5%）显著。（见表 10 - 7）

表 10 - 7　户籍、教育程度与购房意愿

	非本地户口（%）	本地户口（%）	大专或以下（%）	本科或以上（%）
没打算	38.4	29.1	36.3	29.8
打算	61.6	70.9	63.7	70.2
显著性	显著		显著	

男性受访者（67.4%）与女性受访者（65%）在佛山购买房子的意愿非常接近，两者没有显示出显著差异。同时，数据显示，随着年龄增长，受访者在佛山购买房子的意愿呈现出逐步上升的趋势，38 岁或以上受访者比 22 岁或以下受访者的在佛购房意愿高 19.6%。（见表 10 - 8）

表10－8　性别、年龄与购房意愿

	男（%）	女（%）	22 岁或以下（%）	23～29 岁（%）	30～37 岁（%）	38 岁或以上（%）
没打算	32.6	35.0	43.1	28.7	28.3	23.5
打算	67.4	65.0	56.9	71.3	71.7	76.5
显著性	不显著		显著			

　　受访者认为佛山的"房屋价格"（78.9%）在所有的购房优先考虑条件中占比最大，而"小区邻里构成"（4%）的重要程度在考虑因素中相对靠后，"交通配套设施"（55.3%）和"工作通勤便利程度"（46.6%）的优先考虑度比较接近，"生活配套设施"（38.6%）和"学校、医院配套设施"（38.1%）的优先考虑度大致接近。（见图10－10）这表明，人才考虑在佛山购房时，较重视房屋价格、交通配套设施以及工作通勤便利度。从调查数据可以看出，合理调控佛山市房价，不断完善佛山市交通体系建设，对人才安居佛山有重要意义。

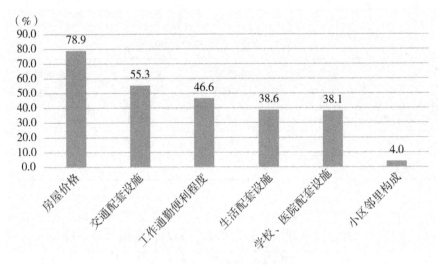

图 10－10　购房时考虑的因素

　　调查发现，受访者认为"91～120 平方米"是较理想的购房面积

（49.1%），在所有的预购房意愿面积中占比最大。而预计购买"不超过60平方米"房子（4.3%）和"150平方米以上"房子（10.8%）的人数占比相对较低，预计购买"61～90平方米"房子（19.0%）和"121～150平方米"房子（16.7%）的人数占比大致接近。（见图10－11）

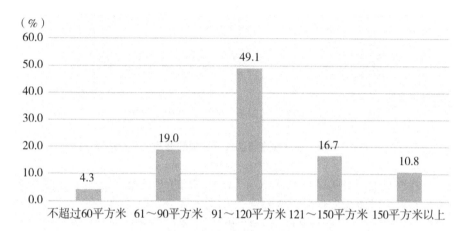

图 10－11　购房的意愿面积（N＝627）

数据显示，受访者购买佛山人才房的意愿处于中等偏上水平。其中，大学本科或以上教育程度的受访者（59.5%）购买佛山人才房的意愿明显高于大专或以下的受访者（42.4%），而大专或以下教育程度的受访者（32.1%）对于是否购买佛山人才房持不确定态度的人数高于大学本科或以上的受访者（24.7%）。（见图10－12）这表明，高学历人才对于购买佛山人才房的意愿更为强烈。

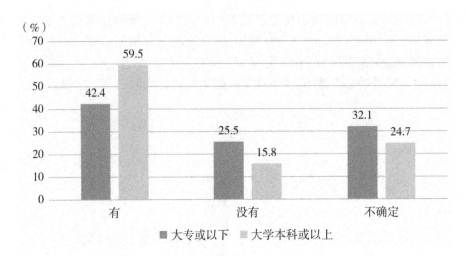

图 10 −12 教育程度与购买人才房的意愿 （N =627）

调查发现，受访者对佛山人才购房政策的了解程度处于中等偏下水平。而且，随着年龄增长，受访者对佛山人才购房政策的了解程度呈下降趋势，22 岁或以下受访者比30 ～37 岁受访者的总体了解程度高 0.42 分，但这一了解程度在 38 岁或以上年龄组回升。（见图 10 − 13）这一结果显示，佛山市的人才房政策在宣传和落实方面仍有待加强。30 岁以上的年龄群体相对于更年轻的年龄群体来说，具备丰富的职场经验，在工作中也拥有相对较高的职位和较好的经济基础，从他们的评定条件和购买能力来看，对佛山人才房有着很强的购买力。然而，这一群体对人才房政策的了解程度不高，这表明，佛山市人才房政策乃至全市的安居政策在精准定位方面还有待提高。

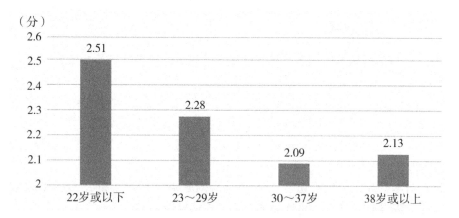

图 10 - 13　年龄与购买人才房政策的了解程度（N = 627）

数据显示，三水区的受访者（2.5 分）对佛山人才购房政策的了解度最高，高明区（2.32 分）、顺德区（2.31 分）和禅城区（2.3 分）的受访者对佛山人才购房政策了解程度大致接近，而南海区的受访者（2.12 分）对相关政策的了解程度相对较低。（见图 10 - 14）这表明，佛山人才购房政策在宣传推广方面的地域差别严重。

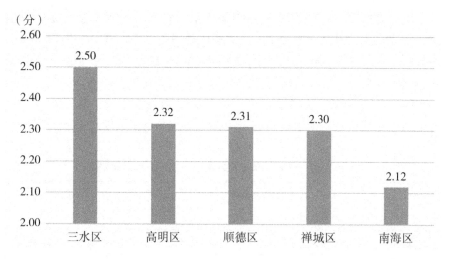

图 10 - 14　人才房了解程度与区域分布（N = 627）

（六）迁移意愿

人才的迁移意愿反映了当地对人才的吸引力。本次调查设立了定居意愿和理想迁移地 2 个指标，以测量青年人才未来长期定居佛山的意愿。

调查发现，受访者对在佛山长期定居的意愿强度处于中等偏上水平（5.64 分），表明受访者个体对长期定居佛山的意愿较强烈。数据显示，具有本地户口的受访者对长期定居佛山的意愿明显高于非本地的受访者，两者差距（0.65 分）显著。同时，大专或以下教育程度的受访者（5.62分）与本科或以上的受访者（5.67 分）对长期定居佛山的意愿强度非常接近，两者没有显示出显著差异。（见表 10 - 9）

表 10 - 9　户籍、受教育程度与在佛山长期定居的意愿强度

单位：分

	总体	非本地户口	本地户口	大专或以下	本科或以上
均值	5.64	5.32	5.97	5.62	5.67
显著性		显著		不显著	

男性受访者（5.82 分）长期定居佛山的意愿强度明显高于女性受访者（5.45 分）。同时，数据显示，随着年龄增长，受访者对长期定居佛山的意愿强度呈上升趋势，38 岁或以上受访者比 22 岁或以下受访者的总体意愿强度高 0.41 分，但这一意愿强度在30～37 岁年龄组有所下降。（见表 10 - 10）这表明，大龄受访者因为以家庭为单位定居，其子女也基本上在佛山接受教育，所以对长期定居佛山的总体意愿强度也有所提高。

表 10 - 10　性别、年龄与在佛山长期定居的意愿强度

	男（%）	女（%）	22 岁或以下（%）	23～29 岁（%）	30～37 岁（%）	38 岁或以上（%）
均值	5.82	5.45	5.58	5.62	5.60	5.99
显著性	显著		不显著			

　　除佛山外，受访者更倾向在珠三角其他城市工作。其中，受访者迁往"珠三角其他城市"工作（65.7%）在所有的地区选择类别中占比最高，其次为迁移至"广东省粤东西北地区"工作（18.6%），而迁往"其他地区"（2.5%）、"中西部地区"（5.9%）以及"长三角地区"（7.3%）的占比相对较低。（见图10-15）这表明珠三角城市对青年人才有较强的吸引力，佛山的人才外流方向也基本指向珠三角范围内。所以，当前佛山对人才吸引机制的主要竞争对手是珠三角其他城市。如何提升佛山市的人才吸引力，进一步优化佛山市人才竞争的比较优势，是推动佛山市高质量经济区域发展的重要举措。

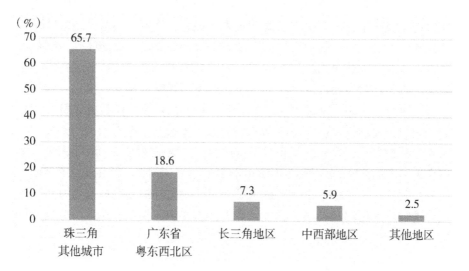

图 10-15　倾向迁移的地区

四、问题分析

　　当前，佛山市主要是从资金激励、生活福利两方面来构建吸引高层次人才的政策激励体系，其特点在于在高额奖励以及身份认定的基础上衍生出生活福利待遇。但随着粤港澳大湾区内各市的人才引进机制不断推进，这种激励模式日渐受到现实的制约，政策的边际效用递减趋势日趋严重，政策的延展性、内生性和成长性不足①，必然导致佛山在大湾区内部的人才竞争中逐渐处于下风。本次调查发现，佛山的人才吸引机制存在以下问题。

（一）人才结构"偏科"严重，对高层次人才吸引力不足

本次调查发现，佛山市人才支持政策覆盖人群较少、精准度较低。佛山市的人才结构主要受产业结构的影响，人才的专业与地区主导产业类型紧密相关，理工类和经管类人才是当前佛山市劳动力市场的主力军。在问卷调查中，受访者的专业以理工类和经管类为主，人文社科、农林、医学类等专业人才较少，拥有专业证书的受访者只有 23.0%。高学历层次人才所占比重较小，总体呈现出高层次人才吸引力不足、专业人才"偏科"严重的问题。此外，佛山市的人才引进政策手段单一，政策缺乏延展性。当前的人才吸引政策重心放在小部分顶端人才上，人才队伍的金字塔结构根基不牢，这对后备人才的培养也将产生不利影响。例如，佛山市仅针对本科、研究生学历人才的租房补贴政策，难以满足更广泛目标人群在工作和生活等方面的需求。针对不同领域的人才政策，重点挖掘顶尖人才，中级人才断层严重。而在珠三角其他地区，为了吸引足够多的青年人才，政府会采取不同方式的政策对应不同需求的人才。例如，中山市为了鼓励本地高学历青年回乡创业工作，提出了青年奖励金补贴政策；东莞市对高级人才进行个人所得税补贴，实施允许人才以知识、技术、成果、专利、管理等要素作价入股等政策。

（二）人才激励短期化，配套政策缺乏可持续性

佛山市的人才吸引政策主要以短期的经济激励为手段，人才培养、引进、创业扶持政策都出现不同程度的"一锤子买卖"现象，对人才的后续管理和社会支持也出现缺位现象。调查发现，受访者认为佛山市的人才住房优惠政策亟须改善，子女入学、家属就业、社会保障优惠三项政策也有待进一步改善。从人才结构来看，中青年是人才流动的主力，而中青年人才的流动往往是"家庭式流动"而非"个体式流动"②。同时，就佛山

---

① 张洪温主编：《北京人才发展报告（2020）》，社会科学文献出版社 2020 年版。
② 赵光辉：《人才发展学》，知识产权出版社 2016 年版。

市人才结构而言，其中 70% 以上为企业急需的基础性人才，而佛山市现行的各项优惠政策更多地面向领军人才、博士及博士后等高层次人才，这部分人才的比例相对较小，并不能形成稳定的人才金字塔结构。这表明，佛山市的人才吸引政策的精准度还有待提高，应面向更广泛的人才群体制定更全面、更精准的政策支持。

（三）人才安居政策缺乏普惠性，政策缺乏清晰度

中国传统观念中，"安居"才能"乐业"，人才安居政策作为人才吸引机制的重要组成部分，是佛山吸引人才、留住人才的制度保障，发挥着基础性作用。但是，佛山市的人才安居政策却存在普惠性不足，政策实施缺乏清晰度的问题①。例如，人才房政策作为一种人才补助型政策，对于减少家庭购房支出、缓解家庭经济压力、提升生活质量有着重大作用。但调查发现，受访者对人才安居的相关政策了解程度较低，仅有不足一成（8.8%）的受访者表示了解该政策。同时，人才安居政策不仅涉及落户和购房，子女教育、社会保障等社会公共服务供给也是重中之重，但佛山市的人才安居机制政策的整合程度不高，存在各自为战的现象。

五、结论与建议

要打破当前引才体系的结构性困境，进一步吸引人才在佛山落户和"生根"，为佛山市深入融入粤港澳大湾区建设提供优质的人力资源、配置优质的创新要素，需要细化做好普惠性政策设计，着重向发展性政策方向转变，做好具体政策的整合与落实。

（一）加强现有政策的普惠性，继续优化人才结构

进行人才战略布局时，可将人才群体精细化，服务范围宽广化。加强现有政策的普惠性，就是要在政策对象上体现全面覆盖性，为人才的工作、创业和生活所涉及的基础性问题提供有效率的支持和保障。当前，人才结构失衡已成为佛山市招才引智战略的严重阻力，容易造成人才资源浪费和配置低效，影响人才积极性的发挥。同时，要改变以经济激励原则为

---

① 吴帅：《海外人才引进机制与政策研究》，中国社会科学出版社 2014 年版。

重心的人才吸引机制，建立为佛山经济和社会发展特色综合考虑的引才留才机制，整合现有政策，做到"聚才有道"①。家属安置、子女教育、医疗健康方面影响青年定居意愿，政府可采取应对措施做到"留才有方"，针对不同层次、不同类型的人才采取有针对性的人才配套机制，继续优化人才结构。针对不同领域的人才，拓宽人才的挖掘渠道，与高校深度合作，实施定向培养计划，让有意愿、符合条件的大学生到有需要的地区、单位、部门工作。完善人才培养和保障机制，结合专业特长制定培养计划，推动人才全面成长。

（二）转变政策重点，加大发展性政策创新力度

人才是国家改革发展进程中最活跃的推进因素，习近平总书记强调，要最大限度把广大人才的报国情怀、奋斗精神、创造活力激发出来。佛山市可针对各个层次的人才提供更具精准性的对接机制，整合现有的各个机制，形成合力，不断提高人才在佛山的可持续发展。佛山市应进一步落实和完善现有的支持政策，切实落实高层次人才的保障性政策，优先为其配偶、子女办理户籍和社会保险，解决子女入学等问题。同时，佛山市可适当放宽基础性人才的安居条件，对符合一定条件的全日制本科毕业生或技术型人才发放就业津贴或生活补助，让企业急需的基础性人才也能享受人才政策红利。最后，完善佛山的人才发展性政策，鼓励青年人才创新创业，建立本土青年人才库，以区一级为单位，鼓励科技人才的基础研究，不断完善人才的创新创业政策。

（三）完善人才信息平台建设，构建需求回应型的政府引才工作机制

要提升政府人才支持政策的宣传效果，首先从拓宽人才政策宣传渠道入手。可以充分利用报纸、广播、电视、互联网等大众媒体的传播优势，尤其是在互联网迅猛发展的背景下，政策宣传也应该紧跟时代，利用公众号、微博、短视频平台等新媒体渠道构建宣传高地。当然，仅仅拓宽政策的宣传渠道是远远不够的，要想充分发挥政策的效果，还应该利用网络平台畅通人才对政策的反馈渠道，深入了解各类人才的特点和情况以及他们对政策的评估回馈，与时俱进调整政策，针对不同的人群，有方向性地制

---

① 刘晓光：《农业劳动力转移与中国经济发展》，中国社会科学出版社 2017 年版。

定相适宜的政策，提高政策针对不同人才的精准度。其次，在政府的官方网站设置人才支持政策专栏，及时全面更新人才支持政策，让民众能更加便捷地获悉相关政策；同时，政府还可以建立人才支持政策专业咨询机制，开设人才支持政策的讲解课程，为有相关需求的人才答疑解惑①。最后，由于佛山各区自身具备的资源略有不同，各区之间还可以共享宣传资源，互帮互助。

---

① 中华人民共和国科技部：《中国科技人才发展报告（2020）》，科学技术文献出版社 2021 年版。

社会多语的形成：澳门语言生活的
变化及其影响因素分析

殷　俊*

摘要：作为一个语言多样性的社会，澳门的语言生活以"三文四语，多语生活"为特征。这一特点在 1999 年后得到延续，同时也出现若干变化：普通话和英语在政治和经济生活中的地位显著增加，社会双语和三语更加普遍。这是人口、政治历史、经济、社会心理等因素共同影响的结果，也显示澳门从"个人双语"向"社会双语"转变的语言策略取得一定成效。澳门的经验说明，语言规划和语言政策要从语言生活现实出发，并与经济发展规划相结合。

关键词：语言规划；语言政策；语言多样性；社会多语

一、引言

由于特殊的历史背景，澳门语言生活的一个最主要特点就是语言的多样性，因此澳门素有"语言拼盘""语言博物馆""语言花园"等称号①。汉语、葡萄牙语和英语是澳门三种最主要的语言，在汉语中，还有广州话（粤语）、福建话等方言之分，以及简体字和繁体字之区别。此外，有一定使用人口的语言还有菲律宾语等外国语言和其他一些汉语方言。这一特点可以归纳为"三文四语（中文、葡文、英文，普通话、粤语、葡语、英语）为主，多语言并存"②。

---

　*　殷俊，广州南方学院公共管理学院讲师，社会科学博士。

　①　程祥徽：《澳门社会的语言生活》，载《语文研究》2002 年第 1 期，第 22 – 26 页。

　②　这里的语言和方言以澳门政府统计公报的用法为准，不一定完全符合语言学界的定义。例如，港澳地区所说的"福建话"主要是指以厦门话为代表的闽方言。又如，澳门政府统计资料称粤语为"广州话"（而非一般所称的"广东话"），为尊重原材料故，本文在引用澳门政府统计资料时使用"广州话"，他处则依学界惯例使用"粤语"。

　　这种语言多样性并非澳门独有的现象。例如，与澳门毗邻的中国香港，同样有"两文三语"（中文、英文，普通话、粤语、英语）的环境①。而新加坡更有四种通用语言（"国语"马来语，以及英语、华语、泰米尔语）。但澳门的特殊之处在于，社会生活中绝大多数人使用粤语，而作为正式语文之一的葡萄牙语，实际使用人口却很少（不到1%），其地位很大程度上由政治因素所决定。与之形成对比的是，英语在澳门没有法定地位，却更为普及，实际上是经济生活中的通用语言之一。对这样一种"三文"问题，目前学术界的关注还不多②。

　　从经济学角度分析，语言的多样性会带来显著的经济成本，具体包括多语言给经济交流带来的交易成本，多语言带来的教育、行政成本，以及多语言对社会融合的影响等。Fishman-Pool 假说认为，语言同质性和经济发展水平有正向关系③④。但另一方面，语言多样性也可以成为一种重要的经济资源，包括语言产业带来的经济贡献⑤，多语使用者的人力资本⑥，由此带来的对外贸易优势，等等。对于澳门这样一个高度依赖第三产业（如旅游休闲、会展、博彩业等）的经济体而言，充分发挥语言的经济价值，构建有利于经济发展的社会语言结构，具有重要的意义。

　　粤港澳大湾区的建设更显出这一必要性。2019 年中共中央、国务院印发的《粤港澳大湾区发展规划纲要》给澳门提出的定位是：建设世界旅游休闲中心、中国与葡语国家商贸合作服务平台，促进经济适度多元发展，打造以中华文化为主流、多元文化共存的交流合作基地。这一定位充分考虑到澳门多元文化的现状，要求澳门利用并发展语言多元的优势，将

---

　　①　田小琳：《试论香港回归中国后的语文教育政策》，载《语言文字应用》2001 第 1 期，第 73 – 81 页。

　　②　屈哨兵：《粤港澳大湾区建设中的语言问题》，载《语言战略研究》2020 第 1 期，第 22 – 33 页。

　　③　Joshua A Fishman. "Some contrasts between linguistically homogeneous and linguistically heterogeneous polities," in *Sociological Inquiry*, 1966, 36 (2).

　　④　Jonathan Pool. "National development and language diversity," in Fishman, J. A. (ed) *Advances in The Sociology of Language*. Berlin, Boston：De Gruyter Mouton, 1972, pp. 213 – 230.

　　⑤　李宇明：《认识语言的经济学属性》，载《语言文字应用》2012 第 3 期，第 2 – 8 页。

　　⑥　王海兰：《语言人力资本推动经济增长的作用机制研究》，载《语言战略研究》2018 第 2 期，第 91 – 98 页。

语言资源转化为文化、经济资源①。作为一个语言多元地区，澳门的语言产业（翻译、培训、出版、会展、艺术等）也还有很大的发展空间②。

要充分发挥语言优势，政府的语言规划和语言政策非常重要。对于多语社会而言，要处理好语言多样性和经济发展之间的关系，特别是建立语言规划和经济规划之间的良性互动机制③。教育部推出的《粤港澳大湾区语言生活状况报告（2021）》指出，澳门回归以来，双官方语言架构的确立，特别是普通话的推广取得了瞩目成效，成为"一国两制"方针下语言规划的成功范例④。对于澳门的语言政策，大部分研究都认为不能采取单语政策，而应该实行某种双语政策，或是汉语、英语、葡语并重的广义"双语"⑤⑥。问题在于，应该实行怎样的双语政策，比如是"个人双语"还是"社会双语"⑦。回归以来澳门语言规划的成功，某种程度上就可以看作成功构建"社会双语"或者说"社会多语"。

澳门语言生活状况在回归以来发生了哪些变化？在这一过程中，不同的政治、经济、社会因素起到什么作用？政府的语言政策如何能取得预期效果？这正是本文所要研究的问题。下面将首先梳理澳门语言生活的基本特征，以及 1999 年以来发生的变化。在此基础上，将分析澳门的语言政策是否发挥预期的作用。最后将通过澳门这一案例，讨论一个语言多元社会实施怎样的语言规划和语言政策，方能在保持语言多样性的同时促进经济发展。

---

① 殷俊、徐艺芳：《粤港澳大湾区的语言多样性与语言战略问题》，载《云南师范大学学报（哲学社会科学版）》2019 第 6 期，第 37－45 页。

② 胡波、陈红：《澳门语言产业的现状及发展策略》，载《现代语言学》2020 第 5 期，第 8 页。

③ 王海兰：《语言多样性与经济发展的互动关系分析》，载《制度经济学研究》2017 第 4 期，第 174－187 页。

④ 屈哨兵：《粤港澳大湾区语言生活状况报告》，商务印书馆 2021 年版。

⑤ 盛炎：《澳门语言现状与语言规划》，载《方言》1999 第 4 期，第 298－306 页。

⑥ 胡性初：《也谈澳门语言的发展趋势及其语言规划》，载《广东教育学院学报》2002 第 1 期，第 71 页。

⑦ 程祥徽：《新世纪的澳门语言策略》，载《语言文字应用》2003 第 1 期，第 19－26 页。

二、澳门语言生活的基本特征及其变化

（一）"三文四语"、多语文化的基本特征

在很长一段时间内，葡萄牙语是澳门唯一的官方（法定）语言。1987 年，中葡政府签署《中葡联合声明》，确定将来澳门特别行政区政府机关、立法机关和法院"除使用中文外，还可以使用葡文"。1991 年，葡萄牙政府出台法令，规定中文在澳门具有与葡文相等之官方地位及法定效力。1993 年颁布的《中华人民共和国澳门特别行政区基本法》第九条规定："澳门特别行政区的行政机关、立法机关和司法机关，除使用中文外，还可使用葡文，葡文也是正式语文。"虽然以葡萄牙语为母语的人口从未超过澳门人口的 2%，但葡文一直是澳门的"正式语文"之一。

即使在中文还没有成为正式语文的时候，广州话（粤语）一直是澳门社会中使用的主要语言。1991 年澳门的人口普查第一次调查"日常用语言"，调查结果显示，澳门 3 岁以上常住人口中有 85.8% 以广州话为日常用语言，其次是"其他中国方言"（9.6%，其中很大一部分为福建话），而普通话（1.2%）、葡语（1.8%）和英语（0.5%）使用人口都不到 2%①。此外，英语母语人口虽然不多，但英语在社会上尤其是经济生活中占有重要地位。

因此，中文、葡文、英文是澳门的三大主要文字，普通话、粤语、葡语、英语是其四大主要口语形式，共同构成了"三文四语"的结构。就主要语言的相互地位而言，回归前政治地位从高至低为葡语、汉语、英语，社会影响力则是汉语、葡语、英语；回归后政治地位变为汉语、葡语、英语，社会影响力则变为汉语、英语、葡语②。

澳门语言生活的另一特点是有较多的双语或多语人口。根据 1996 年的中期人口统计，澳门有 108,882 人能使用 2 种语言，32,087 人能使用 3

---

① 根据澳门人口普查的说明，"日常用语言"是指"住户家庭中主要使用的语言"。所以并不一定等同于使用者的母语，相对而言有可能放大强势语言（方言）的使用比例。例如，一个广东移民和福建移民组成的家庭中，"日常用语言"更大可能为广东话。

② 程祥徽：《新世纪的澳门语言策略》，载《语言文字应用》2003 第 1 期，第 19 – 26 页。

种语言，4,903 人能使用 4 或 5 种语言，双语及多语人口占到总人口的
36.7%。作为第二语言较多的是普通话（37,134 人）、其他中国方言
（25,740 人）和英语（21,889 人），"普通话 + 英语"作为二语、三语的
组合也较多（6,254 人）。虽然与香港相比，澳门的双语人口比例并不
高——1996 年香港使用英语和普通话作为第二语言的人口分别有 34.9%
和 24.2%①，但是语言组合却更为多元。

以粤语为主要日常用语言、双语人口较多，澳门语言生活的这两个特
征在 20 多年来没有发生显著变化。根据最新一次（2016 年）中期人口统
计的数据，澳门常住人口中以广州话作为日常用语言的有 506,625 人，占
80.1%，其次为普通话（5.5%）、其他中国方言（5.3%）、菲律宾语
（3.0%）、英语（2.8%）和葡萄牙语（0.6%）。如果按"可使用语言"
统计，普通话（50.4%）、英语（27.5%）和葡萄牙语（2.3%）的人数
都有很大增加。因为人口统计不再统计"双语""多语"，只能根据普通
话、英语等作为可使用语言和日常用语言的人口之差来推测，最保守的估
计是双语或多语人口的比例在 45% 以上，实际应大于这个数字。

（二）澳门语言生活的变化

经过 20 多年的社会变迁，澳门的语言生活也有一定变化。为分析澳
门自 1999 年以来语言生活的变化，表 11 – 1、表 11 – 2 分别列出澳门历次
人口普查和中期统计中关于语言使用情况的统计数据②。由这两个表可以
看出 1999 年后澳门语言生活的几个主要特点。

---

① 香港特别行政区政府政府统计处：《一九九六年中期人口统计：主要报告》，见香港特别
行政区政府政府统计处文件资料（https://www. censtatd. gov. hk/en/data/stat _ report/product/
B1120083/att/B11200831996XXXXC0100. pdf）。

② 澳门特别行政区政府统计暨普查局：《人口普查》，见澳门特别行政区政府统计暨普查局
统计数据（https://www. dsec. gov. mo/zh – MO/Statistic?id = 103）；澳门特别行政区政府统计暨普
查局：《中期人口统计》，见澳门特别行政区政府统计暨普查局统计数据（https://www. dsec. gov.
mo/zh – MO/Statistic?id = 104）。

表 11-1　历次人口普查和中期统计中日常用语言统计数据

语言/方言	1991 年		1996 年		2001 年		2006 年		2011 年		2016 年	
	人口（人）	占比（%）	人口（人）	占比（%）	人口（人）	占比（%）	人口（人）	占比（%）	人口（人）	占比（%）	人口（人）	占比（%）
广州话	289,297	85.8%	346,082	87.1%	372,697	87.9%	421,699	85.7%	422,890	89.6%	506,625	80.1%
普通话	4,016	1.2%	4,955	1.2%	6,660	1.6%	15,937	3.2%	9,801	2.1%	34,606	5.5%
其他中国方言	32,217	9.6%	30,848	7.8%	32,125	8.3%	33,218	6.7%	27,414	0.6%	33,453	5.3%
葡萄牙语	6,132	1.8%	7,352	1.5%	2,813	0.7%	3,036	0.6%	3,608	0.8%	3,675	0.6%
英语	1,777	0.5%	3,189	0.8%	2,792	0.7%	7,290	1.5%	4,540	1.0%	17,639	2.8%
菲律宾语	N/A	N/A	N/A	N/A	3,450	0.8%	6,535	1.3%	1,966	0.4%	18,953	3.0%
其他语言	3,838	1.1%	5,062	1.3%	3,666	0.9%	4,576	0.9%	1,664	0.4%	17,906	2.8%
总计（人）	337,277		397,488		424,203		492,291		471,883		632,857	

表11-2 历次人口普查和中期统计中可使用语言统计

语言/方言	1996年		2001年(≥)		2006年		2011年		2016年	
	人口(人)	占比(≥)(%)	人口(人)	占比(%)	人口(人)	占比(%)	人口(人)	占比(%)	人口(人)	占比(%)
广州话	363,160	91.4%	395,888	93.3%	N/A	91.9%	451,102	95.6%	553,596	87.5%
普通话	49,827	12.5%	107,853	25.4%	N/A	38.5%	188,303	40.0%	318,978	50.4%
其他中国方言	56,668	14.2%	61,367	14.5%	≥82,689	≥16.8%	73,666	15.6%	115,188	18.2%
葡萄牙语	16,295	4.1%	11,144	2.6%	N/A	2.4%	12,377	2.6%	14,293	2.3%
英语	36,858	9.3%	51,121	12.1%	N/A	16.6%	86,782	18.4%	173,841	27.5%
菲律宾语	N/A	N/A	N/A	N/A	N/A	N/A	2,896	0.6%	25,722	4.1%
其他	N/A	N/A	N/A	N/A	N/A	N/A	11,953	2.5%	45,985	7.3%
总计（人）	397,488		424,203		492,291		471,883		632,857	

注：2006年之前的统计公报只报告不同双语/多语/多语的组合人数，故只能根据不同组合推算特定语言可使用者的最低人数，以"≥"表示。2006年公报中提及部分语言可使用人数比例，但未给出具体人数。

首先，语言状况在相对稳定的同时又更趋于多元化。一方面，广州话仍然是在社会生活中占主导地位的语言，以其为日常语言的人口超过80％，使用人口则近90％。另一方面，除葡萄牙语之外的其他主要语言，如普通话、英语、菲律宾语以及部分中国方言，使用人数都有较大增长[①]。

其次，使用普通话的人口大幅增加。以普通话作为日常语言的人数在20年内从不到5,000人增加到超过3万人，增加近6倍。而能使用普通话的人口则增加到30多万人，超过澳门人口的一半。相比之下，香港2016年能使用普通话的人口比例为48.6％，且从2011年起没有显著增加（2011年为47.8％）。

再次，英语的使用范围也大幅增加。1991年以英语为日常用语言的人口只有1,777人，但在2001年后开始增加，至2016年已增加约10倍，增长速度超过其他主要语言；而能使用英语的人口则增加到总人口的近1/3，仅次于广州话和普通话。

最后，葡萄牙语的地位相对稳定。以葡萄牙语作为日常用语言的人口在1999年后减少了近2/3，之后虽有小幅增加，但仍不到1996年的一半，这主要是因为澳门回归后大批葡萄牙裔人士离开澳门。但另一方面，能使用葡萄牙语的人口在1999年前后小幅下降后又有所回升，以葡萄牙语作为第二或第三语言的人口实际上还有显著增长。这说明，虽然回归后葡萄牙语的政治地位有所下降，在社会中的使用也在减少，但其社会地位仍受到一定保障。

（三）语言地位的一种衡量

一种语言使用人口的比例及其变化，自然能在一定程度上反映出该语言的社会地位。但在多语社会特别是双语、多语人口较多的社会中，还可以考虑一种语言被非母语人口掌握的程度，用以反映语言的"相对实力"。这里引入一个指标——附加价值（plus value，简称"P值"），其计算方法为，一个社会中能流利使用某一语言的人口与以其为母语（日常用语）的人口之比。

表11-3列出了澳门主要语言的P值。可以看出，除粤语外的主要语

---

① 唯一可能有所下降的是曾经占相当比例的福建话，但并没有这方面的精确统计。

言分为三个层次。其中，普通话和英语的 P 值都大于 9，主要体现这两种语言作为二语、三语的人口，反映出这两种语言在经济生活中的重要性。葡萄牙语和其他中国方言的 P 值都在 2 到 4 之间，反映出其有一定社会地位，但也可能有不同的原因：对其他中国方言而言，以其为第二语言的主要是出生于第二代移民家庭的人口。而对于葡萄牙语而言，虽然也存在这一情形（例以以粤语为第一语言的土生葡人或混血儿），但同时还存在主动学习葡萄牙语的可能。

表 11 - 3 　澳门不同语言的附加价值

	1996（≥）	2001 年（≥）	2006 年	2011 年	2016 年
普通话	10.1	16.2	12.0	19.2	9.2
其他中国方言	1.8	N/A	N/A	N/A	3.3
葡萄牙语	2.2	4.0	4.0	3.4	3.9
英语	11.6	18.3	11.1	19.1	9.9
菲律宾语	N/A	N/A	N/A	1.5	1.4

注："≥"的含义同表 11 - 2。

如果分析不同语言 P 值的纵向变化，还可以发现一个现象：1999 年至 2016 年期间，普通话和英语的 P 值表现出相同的变化趋势，升—降—升—降，最后回到与 1996 年相似的水平；而葡萄牙语的变化趋势却略有不同。与表 11 - 1 和表 11 - 2 的数据对比即可发现，这种变化其实主要来自母语人口的变动：当母语人口大幅增加时 P 值下降，而母语人口减少（流出）时 P 值上升，但可使用该语言的人口一直在增加，最后达至一种动态平衡。

三、影响语言生活的因素

从前面的分析可以看出，澳门在保留原有语言多样性的同时，发展出更多元、也更稳定的多语言结构，葡语的地位得到维护的同时，普通话和英文的相对地位有所上升。这些变化是如何产生的呢？一个地区尤其是语言多样性社会的语言生活状况，受到诸多因素——人口、政治历史、经

济、社会心理等的影响。下面就分别分析这些因素对澳门语言生活的
影响。

（一）人口因素

人口或社会结构往往是决定语言生活状况的最根本因素。根据 2016
年的中期人口统计，澳门总人口为 650,834 人，非本地出生人口占
59.3%，其中在中国内地出生的最多（284,072 人，43.6%）。其中，中
国籍人口占 88.4%，以族裔划分的华裔人口占 88.7%，葡萄牙籍和有葡
萄牙血统的人口分别占 1.4% 和 1.8%[①]。这都反映出华人在澳门人口中占
绝对多数，也因此确定了汉语（以粤语为代表）是澳门最主要的通用
语言。

回归以来，澳门人口一直有持续增长的趋势：自第一次人口普查以
来，从 1991 年的 337,277 人增加到 2021 年第二季的 685,200 人，增长了
一倍多，且除 2006—2008 年间有轻微下降外一直在增长。其中，新移民
以及非本地人口（包括外地雇员和外地学生）是增长的主要来源：2016
年相比 2011 年本地人口增加 97,881 人，而 2016 年中期统计中在澳门居
住不足五年的便有 128,278 人。在这些新移入人口中，56.7% 来自中国内
地，来自香港和台湾的分别有 7.2% 和 3.4%，国外来源地最大的则是菲
律宾（12.7%）。

这种人口变动趋势对于澳门语言状况的变化有显著影响。一方面，虽
然没有统计来自中国内地移民的具体来源地，但可以推断其中大部分来自
广东，绝大部分人会说普通话，再加上来自香港和台湾的移民，中文的通
用地位便得到进一步强化，因而普通话人口显著增加。另一方面，澳门经
济进入快速发展期后引入大批外地雇员，其中很多人都是以英语作为日常
用语或者工作用语，这在增加语言多样性的同时让英语在澳门的使用范围
也大大增加。

（二）政治历史因素

政治因素是决定一个地区通用语言的主要因素之一。一个国家或地区

---

① 澳门特别行政区政府统计暨普查局：《2016 中期人口统计详细结果》，见澳门特别行政
区政府统计暨普查局文件资料（https://www.dsec.gov.mo/getAttachment/bfa0112a – eaf3 – 49a9 –
9168 – b5add46e9d65/C_ ICEN_ PUB_ 2016_ Y.aspx）。

通用语言的确定，很大程度上便是一种政治选择。例如，新加坡以马来语为国语，而以英语为实际上的官方语言，同时承认华语、泰米尔语的官方地位，以在多元族群社会中建立国家认同和维护族群和谐。这种政治因素的影响往往受到历史的影响而有路径依赖的特点。

在很长一段时间内，澳门以葡萄牙语为母语的人口从未超过5%（人口统计中最高为1.8%），但葡萄牙语却是唯一的正式官方语言，这当然是由政治因素决定的。而中文在20世纪90年代成为正式语文之一，其前提是中葡联合声明确认中国将在1999年对澳门恢复行使主权，澳门进入回归期。但即使是在回归期，因为澳门行政、立法和司法体系仍由葡萄牙人主导，葡萄牙语的主导地位没有受到显著影响。但是，葡萄牙占据澳门400多年，却一直未能将葡萄牙语变成澳门的通用语言，体现出语言地位与语言功能之间的不一致①。这说明政治地位并不能完全决定语言在社会中的地位。

在中国对澳门恢复行使主权后，中文成为无可置疑的通用语言。但与此同时，澳门基本法规定"葡语也是正式语文"，这既是尊重历史传统，也是为了体现"一国两制"。这一规定在一定程度上维系了葡语的地位：当大量葡语人口离开澳门，以葡语为母语的人口大幅下降，能使用葡语的人口却在一段时间的下降后又恢复到回归前的水平。

因为葡文仍是澳门的正式语文，包括特区政府的行政语言，所以对葡语人才的需要持续存在。这不仅使得土生葡人等群体能保留原有语言文化，也激励其他人去学习葡文。这也可以从相关统计中反映出来：在语言培训课程中，葡文的进修人数一直位居第一，每年有近8,000人次修读葡文课程，接近中文和英文进修人数之和。（见表11 - 4）

表11 -4　澳门不同语言培训课程修读人次

单位：人次

语言	2014—2015	2015—2016	2016—2027	2017—2018	2018—2019
中文	1,847	2,054	2,344	2,262	2,030

---

① 陈恩泉：《澳门回归后葡文的地位与语言架构》，载《学术研究》2005 第12期，第95 -98 页。

续上表

语言	2014—2015	2015—2016	2016—2027	2017—2018	2018—2019
英文	6,286	3,961	5,457	5,546	6,029
葡文	7,049	7,401	8,262	7,479	7,710

资料来源：澳门特区教育及青年发展局网站（https://portal.dsedj.gov.mo/webdsejspace/internet/Inter_ main_ page.jsp?id＝8514）。

在中文内部，政治因素（或政治社会因素）也影响到普通话和粤语的相对地位。澳门回归后社会稳定和谐，市民对国家和"一国两制"的认同一直保持在较高水平。市民既珍惜粤语文化传统，又对学习普通话没有抵触心理，反而因澳门与内地的经济社会交往日益密切而有持续增加的需求，因此普通话在澳门的推广阻力较小[1]。

（三）经济因素

语言经济学认为，语言状况会影响经济，反过来经济因素也会影响和改变语言状况。例如，那些"经济价值"较高的语言，会有更强的传播能力。这种影响可能体现在宏观层面上，例如一些国家选择英语、法语等作为官方语言或行政、教学语言；更普遍地则体现在微观层面的个人选择。对于外语、第二语言的选择，经济因素的影响尤其重要。

澳门经济属于外向型经济，以第三产业（服务业）为主，其中旅游业、博彩业、会展业为主要支柱。新冠疫情前的2019年，澳门本地生产总值4,346.7亿澳门元，其中服务出口3,483.9亿澳门元，占七成以上。对于服务业而言，从业人员的语言能力是重要的人力资本。尤其是，澳门的服务业又高度依赖境外游客。2019年澳门入境旅客总数3,904.6万人次，其中中国内地游客占70.9%。此外，中国香港游客有735万人次，中国台湾游客106万人次，韩国游客74万人次[2]。这就要求相关从业人员具备一定程度的语言能力，尤其是普通话能力，其次则是广东话、英

---

① 阎喜：《普通话在澳门：历史与现状》，载《一国两制研究》2011第10期，第164－170页。

② 澳门特别行政区政府统计暨普查局：《旅游统计：2019年第4季》，见澳门特别行政区政府统计暨普查局文件资料（https://www.dsec.gov.mo/getAttachment/c25f1b42－1c66－40d9－b731－98978f0ff7ec/C_ TUR_ FR_ 2019_ Q4.aspx）。

语等。

值得注意的是，2006 年至 2011 年间，除广州话外其他语言作为日常用语言的人口都有下降，同时澳门整体人口也减少两万多人——其原因是 2008 年金融危机对澳门经济的冲击。但即使如此，能使用普通话、英语和葡萄牙语的人口仍有显著增长，说明社会认识到多语言能力的重要性。而这也为后来的经济增长奠定了一定的基础。

葡萄牙语在澳门的保留和发展，同样有经济层面的考量。《粤港澳大湾区发展规划纲要》中提出，澳门的定位包括"中国与葡语国家商贸合作服务平台"，支持澳门打造和建设"中国—葡语国家金融服务平台""葡语国家人民币结算中心""葡语国家食品结算中心""中葡双语人才培训基地""中国与葡语国家文化交流中心""葡语国家产业园""中拉经贸合作平台"等，还要为内地、香港企业与葡语国家之间的交流合作提供服务。① 在这一国家级规划下，葡语在澳门的存在成为一种语言资源，可以说是澳门在大湾区乃至东亚地区的独特优势。因此，澳门特区政府积极推动葡语教育，社会中也一直存在学习葡语的需求。

（四）社会心理因素

斯波斯基（Spolsky）认为，语言政策包括语言实践、语言信念和语言管理三个层面②。对于不同语言的态度也会影响到不同语言，尤其是存在竞争关系的语言之间的相对地位，这可以体现为对某种语言或方言的情感③，或者包括认知、情感、意欲等不同层面④。认知、情感和意欲之间存在相关性，例如，情感认同更强的语言，其学习意欲也会更强；但这种关系也不是绝对的，其他因素也会影响学习和运用的意欲。

就澳门的四种主要语言/方言而言，覃业位、徐杰的调查显示⑤，澳

---

① 中共中央、国务院：《粤港澳大湾区发展规划纲要》，见新华网（http://www. xinhuanet. com/politics/2019 - 02/18/c_ 1124131474. htm）。

② David Crystal. *A Dictionary of Linguistics and Phonetics*. B. Blackwell, 1991, p. 266.

③ Bernard Spolsky. *Language Management*. Cambridge University Press, 2009.

④ Rebecca Agheyisi, Joshua A Fishman. "Language attitude studies: A brief survey of methodological approaches," in *Anthropological Linguistics*, 1970, 12 (5): 137 - 157.

⑤ 覃业位、徐杰：《澳门的语言运用与澳门青年对不同语言的认同差异》，载《语言战略研究》2016 第 1 期，第 33 - 41 页。

门青少年对其地位有较为一致的认识：粤语（第一母语、官方语言），普通话（第二母语、国家通用语言），英语（第一外语），葡语（官方语言、第二外语）。这一认知，尤其是其重要性排序，与这四种语言/方言在澳门语言生活中的实际地位是相符的。这既反映出这四种语言的实际影响力，也反映出某种情感认同，尤其表现在对粤语的认同上。

在意欲角度，2007 年另一项针对青少年的调查显示，中学生中认为要学好普通话、英语和葡萄牙语的分别为 83.4%、93.5% 和 46.2%；大学生中的比例分别为 81%、93.1% 和 55.7%[①]。可以发现，青少年对学习这三种语言的积极性，和表 11－3 中三种语言 P 值的排名基本一致，但和前面的认知排序略有不同：对要学好英语的认同略高于对学好普通话的认同，这一方面可能是因为英语更难学，另一方面也反映出英语在经济生活中的重要性。

上述四个层面（人口、政治历史、经济、社会心理），人口结构是决定澳门语言生活基本特征的最重要因素，历史政治是重要的外生变量，经济是影响中短期语言生活变化的重要因素，而社会心理因素则和语言生活现状有相互影响的关系。

四、语言政策及其影响

政府的语言政策或语言规划（又称语言战略、语言策略等），也是影响一个社会语言生活状况的重要因素。在多语言社会中，如何通过语言政策去确立不同语言的地位，是一个重要的问题。语言政策中最重要的当然是确定某一种或几种语言为官方语言（通用语言、法定语言），除此以外政府还可以规定教育系统中使用的教学语言、教授的主要外语，在社会上利用政府力量推广或限制某些语言，等等。

但语言政策并不一定能取得成功。一个典型的例子是，澳门回归前，葡萄牙政府在澳门推动"促进葡萄牙语言和文化在国外传播，使其被列入别国的课程"的计划，不仅未能实现其预期目标，反而影响到之前已

---

① 澳门青年研究协会：《澳门中学生国民身份认同调查研究报告》，见澳门青年研究协会文件资料（http://www.myra.org.mo/?p=30）。

有的葡语教育成果①。这与回归后葡语使用人数反而略有上升形成鲜明对比。

那么，澳门的语言政策经历了怎样的变化？大致来说，可以分为三个阶段："语言隔离"，短暂地推行个人双语，逐步推行社会双语。这里所谓"个人双语"，是以培养"双语人"为重点。就澳门特区政府的政策而言，主要措施是提供第二语言的培训，包括资助公务员、学生等去外地接受普通话或葡萄牙语训练。而"社会双语"则是社会中存在两种官方语言，彼此没有高低关系，都有充分的发展空间。

（一）从"语言隔离"到个人双语

事实上，很长一段时间内，澳葡政府以葡语为唯一官方语言，而本地人口绝大部分为讲广州话的华人，社会上按语言可以分为三个族群：占人口绝大多数的本地华人，数千名以担任行政职位为主的外来葡人，以及一万余名土生葡人。他们彼此相对隔绝，外来葡人基本不学中文，华人要进入政府系统必须学习葡语——有"任人唯语"的说法②。土生葡人虽然可能兼通双语甚至三语，但中文或英文都不是非常流利。政府与民间的沟通，必须通过翻译进行。这种语言政策可以称为"语言隔离"下的单语政策。

即便是在澳葡政府开始重视双语，有意识地去培养双语人才后，但因为采取的是"个人双语"，所以并不能真正培养出社会双语氛围，培养出的"双语人"也大多只能算"一个半语"。而行政中的"双语"也只是将葡文翻译成中文而已，从这个时期澳门政府的官方文件的中文版即可看出明显的翻译体味道。

这一语言政策不成功的根本原因在于脱离社会现实。中文（广东话）以澳门的历史和人口结构为基础，英语则有强大的国际影响力，忽视这一社会基础，强行维持葡语的"独尊"地位，或者推广缺乏实践基础的双语政策，都是难以成功的。

---

① 刘羡冰：《澳门回归前政府强推葡语教育的经过》，载《教育史研究》2013 第 4 期，第 51–61 页。

② 盛炎：《澳门语言现状与语言规划》，载《方言》1999 年第 4 期，第 298–306 页。

（二）回归后的社会双语政策

1999 年之后，澳门的语言政策逐渐转为"社会双语"，其要点包括：在制度层面给予中文和葡文相同的地位，维护葡文的正式语文地位；提供发展双语能力的资源，给多种双语模式提供发展空间；大力推动普通话教育。

首先，在制度层面上确定中文和葡文的正式语文地位。例如，2012年发布的《对外发布信息注意事项》要求，公共行政部门对外发布信息时必须使用两种语文。在澳门的绝大部分公共场合，如街道标识、公共交通中，同时使用汉字、葡文，播放粤语、葡语（有时还有普通话和英语）。

更重要的是在教育层面推广双语政策。澳门的非高等教育分为中文学校、葡文学校和英文学校。2006 年澳门特区政府颁布的《非高等教育制度纲要法》第三十七条规定："公立学校应采用正式语文中的一种作为教育语文，并给学生提供学习另一种正式语文的机会……以其他语文作为教学语文的私立学校，应该给学生提供学习至少一种正式语文的机会。"因此，在中文和葡文学校，学生都可以学习另一种正式语文，而在英文学校也至少可以学习中文或葡文中的一种。在高等教育领域，同样实行双语并重的政策。例如，澳门大学、澳门理工学院、澳门旅游学院等都开设了葡萄牙语的课程，包括从旅游会话到博士课程的各个层次。

在中文教育方面，特区政府提倡中文学校增加普通话使用比例，在葡文和英文学校也都开设普通话课程，还通过"语文推广资助计划"提高市民普通话水平。特区政府还规定，高等院校的中国语文文学教育学士课程须连续开设四年的普通话必修课程，拟担任中文科教师的学生必须通过普通话测试。在社会其他层面，普通话也得到积极推广，例如公务员普通话培训自 1986 年开始，1997 年之后每年有两千多人次参加①。

澳门对于英语的使用则采取给予充分发展空间的策略。在非高等教育中，公立学校普遍提供英文课程，而私立学校则可以选择英文作为授课语言。英文学校的数量在回归后有很大的增长，根据澳门特区教育及青年发展局的统计，2020—2021 学年中文、葡文、英文学校分别为 101 所、5 所

---

① 盛炎：《澳门语言现状与语言规划》，载《方言》1999 年第 4 期，第 298 – 306 页。

和 15 所①。在日常生活中，大部分公共场所都同时提供中文、葡文、英文三文服务。

五、结论

本文分析了澳门语言生活的基本特征及其在回归后的演变，发现"三文四语"的格局得到维持，各种语言的定位更加明确，双语甚至多语文化更加普遍。这种语言生活状况由人口结构、政治历史、经济结构、社会心理等多层面的因素所决定，其中人口结构是基础，而经济结构则对短期内的变化有重要影响。

这种语言生活状况的形成，和澳门政府的语言政策也有一定关系。澳葡政府时期不同语言相互隔绝，没有成熟的语言政策，后期的双语政策也因侧重"个人双语"而缺乏有效性。特区政府从社会现实出发，推动"社会双语"政策，维持了葡萄牙语的地位，又促进了汉语尤其是普通话的推广，以及英语使用的增加，这符合澳门社会稳定和经济发展的需要。

澳门多元语言生活的演变和"社会双语"政策的成功实施，对于香港乃至粤港澳大湾区的语言政策都有重要的启示作用。正如王宁等所指出的，整个大湾区也是一个多元语言环境，既有推广通用语言的必要性，又有发展多元语言生活的条件，例如澳门可以和广州、深圳合作发展葡语文化②。这实际上是将"坚守'一国'之本"和"善用'两制'之利"相结合③。

这一研究也有重要的学术意义，可以帮助我们更好地理解语言政策与语言生活之间的关系。其中最重要的是，语言政策，特别是多语社会中的语言政策，必须从语言生活的实际出发，充分考虑不同层面的因素，并建立有效的社会环境。脱离语言生活实际和历史的语言政策，很有可能无法取得预期的效果。

---

① 澳门特别行政区政府教育及青年发展局：《非高等教育统计》，见澳门特别行政区政府教育及青年发展局文件资料（https://portal. dsedj. gov. mo/webdsejspace/internet/Inter_ main_ page. jsp?id = 8525）。

② 王宁、田小琳、邓思颖等：《"粤港澳大湾区的语言生活"多人谈》，载《语言战略研究》，2020 年第 1 期，第 71 – 77 页。

③ 屈哨兵：《粤港澳大湾区建设中的语言问题》，载《语言战略研究》，2020 年第 1 期，第 22 – 33 页。

产业发展与监管篇

云端即现场：文旅融合视野下的
数字文博游戏探索

曹辰星*

摘要：文博旅游是文旅融合视野下的重要发展方向。此前，线下文旅因新冠疫情受到一定程度的影响，而博物馆"云展览"等线上活动却吸引了社会各界的广泛关注。目前，线上展览的总体数量可观，但存在同质化现象，由于互动性、沉浸感方面有欠缺，在培养公众兴趣、知识获取方面的效果仍待提高。另一方面，电子游戏在视听体验、拟真、互动等方面均有成熟表现，往往能给用户带来"身临其境"的真实代入感，早在 2008 年国内便有过将电子游戏和虚拟旅游相结合的探索。近年，电子游戏与博物馆跨界合作的尝试受到公众青睐，不管是博物馆互动游戏型实体解谜书还是手机游戏，都为线上的虚拟旅游和线下的实地旅游带来新的诠释。将游戏化设计与数字文博融合，既丰富了游戏的文化内涵，又为拓展文博旅游服务边界、探索"云端即现场"的虚拟旅游新形态提供了可能。

关键词：博物馆；数字文博；虚拟旅游；游戏；文旅融合

一、引言

近年来，伴随着旅游经济的持续发展，博物馆成为文化旅游的"打卡"胜地，社会各界对文博旅游的关注和讨论不断白热化，这不仅给予文化遗产走向公众的机遇，也为之带来了巨大的挑战。特别是新冠疫情防控期间全国各大博物馆临时关闭，线下展览和遗产旅游受到了极大影响。作为公共文旅服务的替代方案，短视频、网络直播、"云展览"等线上展

---

* 曹辰星，广州南方学院公共管理学院讲师，历史学博士。

示活动和虚拟旅游吸引了社会各界的关注，凸显了线上文旅服务的重要性，同时也是检验文博数字化成果的契机。

文化遗产的阐释与传承需要公众共同参与，在文旅融合的时代潮流下，面对公众的多元化需求，业界积极探索文化与科技的创新融合，以促进公共文旅服务的数字化转型。本文将从现有博物馆数字项目、文博游戏等现状出发，探讨开发数字文博游戏以及数字文旅向"游戏化"模式发展，创造"云端即现场"的虚拟旅游新形态的可能性。

二、当前博物馆"云展览"的利与弊

在数字化背景之下，博物馆通过技术手段加强场景化、沉浸感、交互体验已成为主流趋势。从数字博物馆到虚拟博物馆再到智慧博物馆，博物馆界顺应社会发展趋势不断致力于提高自身的管理和服务水平，既是为了更好地履行公共文化机构的职责，也是为缓解游客观览活动所带来的文化遗产保护压力寻求路径。以敦煌莫高窟为例，多年来除了自然界的风沙侵蚀、洞窟积沙对文物保护造成威胁之外，游客的参观行为和人群聚集产生的热度、湿度也对洞窟造成了一定的人为损坏，特别是游客量逐年增加，这种不可逆的伤害在持续积累。"数字敦煌"的出现为扭转这一局面提供了极大帮助，敦煌数字展示中心采用超高清数字球幕技术播放主题电影等方式改变了游客固有的参观模式，对游客合理分流、引流，一方面帮助游客更清晰、沉浸地了解敦煌的历史文化和艺术价值，另一方面减轻了洞窟接待游客的压力。在此基础上，"数字敦煌"官方网站上线了洞窟和壁画的详细文字介绍、高清图片、全景漫游，方便公众随时随地通过互联网的虚拟空间了解和接近敦煌。在文化旅游中，出于对文化遗产的保护责任，文博领域对数字化开发的需求可能远胜其他，特别是遗址类博物馆更为迫切，从长远角度看，数字文博的虚拟旅游业务拓展是势在必行的。

新冠疫情防控以来博物馆"云展览"吸引了许多人的注意。根据文化和旅游部数据，各地博物馆推出了 2,000 多项线上展览，仅 2020 年春节期间总浏览量就超过 50 亿人次[①]。由国家文物局政府网站"博物馆网

---

① 人民网：《文旅部：3714 家 A 级景区恢复营业 未来发力数字文旅产业》，见人民网旅游频道（http://travel.people.com.cn/n1/2020/0318/c41570 – 31638160.html）。

上展览平台"收录的各地文博单位在线精品展览总数达 300 余个，总访问量突破百万人次①。博物馆的线上项目包括虚拟全景展览、博物馆藏品高清图片或三维模型展示、博物馆导览直播、短视频等几种主流模式。其中，虚拟全景展览的数量最多。虽然部分博物馆虚拟全景展览中融入了虚拟现实（VR）技术、增强现实（AR）技术，但总体还是以 360 度或 720 度全景图技术为基础。即通过对博物馆展览现场拍摄多角度高清照片并进行后期拼接，构成呈现展览实景的虚拟旅游系统。整体制作流程相对简易，成本也较低，是目前虚拟旅游开发中最基础的产品。因此，这一类型的虚拟展览数量相当可观，且存在同质化现象。其中，制作质量高、信息量充足、界面操作方便、浏览流量大的虚拟全景展览主要集中在少数大型博物馆，比如故宫博物院的"全景故宫"、中国国家博物馆的"江口沉银"和"归来——意大利返还中国流失文物展"、云冈石窟全景漫游、"数字敦煌"等。从客观上看，这类"云展览"基本能满足馆方展示和传播遗产信息、公众观摩文博展览的需求，但大量同质的线上展览、硬件配置的限制和体验感上的不适很难长期吸引公众。总体而言，目前数字文博的线上项目开发还处于初级阶段，产品类型比较单一，在培养公众兴趣、知识获取方面的效果仍存在许多问题，但这也意味着该项目有很大的发展空间。

在博物馆的线上展览受到重视的同时，也有一些声音指出博物馆的线上虚拟项目是无法取代现场展览的，观众只有在博物馆的实景中与文物面对面、参与现场活动才能获得深度观览体验。事实上，"云展览"并不需要以取代实体展览为目标，"云端"体验也未必弱于现场体验。博物馆的现场空间有现实条件的限制，很难做到天马行空的改造，馆方还要考虑对人流的控制、对展品的保护等方面。即使现在许多线下展览有声光电效果加持，观众的沉浸体验有了一定程度的提升，但游客的出行通常在节假日，参观博物馆时经常会遇到人流拥堵的问题，实际的观览体验将大打折扣，游客很难驻足于某处仔细观摩，往往走马观花，拍照留念"到此一游"。而线上虚拟时空是无限制的，规避了上述许多现场游览中会遭遇的

---

① 由国家文物局指导，中国文物报社协调，各地文博单位线上展览被分批次共同收录于国家文物局政府网站博物馆网上展览平台（http://virtual.vizen.cn），以上数据截至 2020 年 10 月 15 日。

问题，博物馆线上项目不仅仅限于虚拟展示，更应该在沉浸感、互动性上拓展空间。然而，目前数字文博的"云端"与"现场"在临场感、互动性上仍有明显的体验落差。很大程度上是由于这些"云展览"并非完全基于用户线上浏览习惯而专门设计的虚拟项目，而是利用数字手段复制了现场展览有限的视觉效果，是相对机械的数字"复制品"，而观众在现场参观中的行为习惯、互动、拟真、沉浸感是难以一并复制的。文博旅游如何才能做到让"云端"也带来"现场"感受？我们在文博虚拟项目的开发上需要更多地去关注用户在线上空间浏览和获得沉浸体验的方式，从现有的数字文化产品中获取经验，例如电子游戏。

三、"云端即现场"：数字文博游戏与"虚拟旅游"

据中国互联网信息中心最新统计数据，截至 2021 年 2 月，中国互联网网民规模达 9.89 亿人[1]。面对这样庞大的网民群体，不管是线下的数字文博建设，还是脱离实体的线上虚拟旅游，都将成为未来数字生活的必要组成部分。特别是在新冠疫情防控期间，人们的出行受到了限制，国际旅游遭受了巨大打击，但人们对文化交流的需求并不会就此减退。因此，虚拟旅游等线上文旅公共服务拥有巨大潜力。虚拟旅游（virtual tourism）概念最早是在 20 世纪 90 年代被提出的，相关研究主要集中在虚拟旅游技术应用、虚拟旅游价值和营销策略以及虚拟旅游教育及老年服务等方面[2]。所谓虚拟旅游，就是通过以虚拟现实为中心的多种技术，移植并再现现实中的景观或生成现实中不存在的虚拟景观[3]，作为虚拟旅游环境让用户足不出户就能畅游，甚至去到那些受物质、地理、生理条件而难以到达之处。而虚拟现实技术是基于沉浸（immersion）、交互（interaction）和想象（imagination）三个基本特征来构建用户的现场感和多感官虚拟体

---

① 中国互联网络信息中心（CNNIC）：《第 47 次中国互联网络发展状况统计报告》，见中央网络安全和信息化委员会办公室 中华人民共和国国家互联网信息办公室（http://www.cac.gov.cn/2021 - 02/03/c_ 1613923423079314.htm）。

② 刘沛林：《从新宅居生活看网络虚拟旅游的前景和方向》，载《地理科学》2020 年第 9 期，第 1403 - 1411 页。

③ 郑鹏、马耀峰、李天顺：《虚拟照进现实：对虚拟旅游的研究内核及范畴之思考》，载《旅游学刊》2010 年第 2 期，第 13 - 18 页。

验的，在目前流行的数字新媒介中，电子游戏在虚拟体验方面的实践比较丰富和成熟。

电子游戏在过去的数十年中发展迅速，逐渐形成了稳定、庞大的用户群体和市场。截至 2021 年上半年，中国游戏用户规模达 6.67 亿人①。游戏在开发技术、交互性能、视听效果等方面也相当出色，常用的 3D 建模、游戏引擎、虚拟现实、动作捕捉等技术与文化遗产数字化保护、展示中运用的技术存在共享性。

数字文博游戏与虚拟旅游涉及两个方面：第一是对博物馆线上虚拟项目进行游戏化设计；第二是以文化遗产为元素开发游戏产品。两者的开发逻辑不同，在娱乐性和严肃性之间存在不同侧重，但联系紧密，互相影响，并且都与数字文旅产生一定的关联。

（一）数字文博旅游的"游戏化"设计

早在 2008 年，故宫博物院和 IBM 公司就合作推出了一个线上虚拟项目——"超越时空的紫禁城"，或称《虚拟紫禁城》（*Virtual Forbidden City*），这是国内第一个以重要历史文化景点制作的虚拟游览项目，其实质是一款以故宫三维场景为基础的客户端游戏，也是一次对虚拟旅游的游戏化设计的探索。IBM 在《虚拟紫禁城》的开发中采用了与网络游戏平台类似的技术，如使用游戏引擎对故宫的建筑、文物和虚拟人物进行了精细的三维建模，采用开放标准的集成技术，允许与其他大型社区网站的用户进行内容共享②；游戏中还设计了多条观众游览路线，用户可以选择身着清代服饰的"导游"为自己导览，与其他人物互动，通过"地图"这一电子游戏中常见的道具确认自己的位置，获取有关景点的信息，移动、视角等在操作上也与一般的客户端游戏操作类似。这些设置既符合游客实地旅游的行为习惯，也隐含了一些电子游戏的基本特征。可以说，整个项目距离网游只有"几步之遥"。比较遗憾的是，这一次尝试最终受限于当时的虚拟技术水平和游戏开发技术而未能有更多的拓展，没能从游戏设计的角度做更深度的文旅融合。

---

① 中国音数协游戏工委（GPC）、国际数据公司（IDC）：《2021 年 1—6 月中国游戏产业报告：摘要版》，中国书籍出版社 2021 年版。
② 王星：《游戏还是博物馆》，载《三联生活周刊》2009 年第 2 期。

以成熟的电子游戏产品为基础，开发游戏化的线上旅游模式也是一种典型模式。知名游戏开发商育碧（Ubisoft Entertainment）旗下的《刺客信条》（*Assassin's Creed*）系列一直以来因对世界遗产、历史名城的精细建模和对景观的真实刻画而被全球游戏玩家戏称为"旅游模拟器"。有趣的是，育碧在原有的两款游戏《刺客信条：起源》（*Assassin's Creed：Origins*）和《刺客信条：奥德赛》（*Assassin's Creed：Odyssey*）的基础上相继推出旅游模式《发现之旅·古埃及》（*Discovery Tour：Ancient Egypt*）和《发现之旅·古希腊》（*Discovery Tour：Ancient Greece*），堪称真正的"旅游模拟器"。该款线上旅游模式以古埃及、古希腊各地历史建筑、文物的精细复原建模为基础，保留了游戏角色原有的行走、奔跑、攀爬、骑马、划船等流畅成熟的动作操作，以保证玩家在虚拟体验中获得足够的环境互动、拟真和沉浸感。在游览的部分，育碧设计了多条虚拟古埃及、古希腊景观的旅游线路，玩家也可以根据自己的安排在虚拟世界中自由行走，沿途的文物、遗迹通过点击交互便能获得由世界各地的博物馆、考古学和历史学专家提供的文字和图片信息。育碧的"旅游模拟器"在虚拟现实技术、美术设计上都足以代表当前电子游戏顶尖的表现力水平，用户的虚拟旅游体验得到了极大的提高。可见，借助成熟的游戏开发经验和游戏本身的特征可以为数字文博旅游发展提供许多便利。

值得一提的是，2019 年法国巴黎圣母院发生火灾导致塔楼顶部损毁严重之际，育碧的另一款发售于 2014 年的游戏《刺客信条：大革命》（*Assassin's Creed：Unity*）因在游戏中复原了 18 世纪的巴黎圣母院而成为热点，在遗产损毁之际为社会公众提供了一个在虚拟世界游览的机会，许多网友在网络上传了自己在这一"虚拟圣母院"中游览的视频，分享自己对圣母院的游戏记忆。育碧后续又在历史学家的指导下重新制作并免费推出了 VR 版的旅游模拟器《巴黎圣母院：时光之旅》（*Notre-Dame de Paris：Journey Back in Time*），供公众游览虚拟巴黎圣母院，包括以前从未向公众开放的区域。这一事件及其连锁反应也再一次说明了文化遗产的数字化和数字文旅建设有其迫切性。

（二）"文化遗产 + 游戏"的跨界融合

除了线上文博旅游的游戏化探索，博物馆领域也推出了真正的游戏创意产品，既有实景、桌游类型，也包括电子游戏类型，实现了"文化遗产＋游戏"的跨界融合。

博物馆互动游戏型实体解谜书是最热门的文博创意产品类型之一，这是一种接近于桌游的益智解谜游戏。通常，纸质书和配套的纸质道具是实体解谜书游戏的主体，但在游玩的过程中需要借助移动端 App，才能获取游戏教学和内容关卡、剧情互动、提示、补充知识，因此这也是介于电子书和电子游戏之间的互动数字媒介。故宫博物院与奥秘之家联合推出的两部互动实体解谜书《谜宫·如意琳琅图籍》《谜宫·金榜题名》，在 2018年和 2019 年连续两年的发行众筹中获得积极反馈，得到了广大历史爱好者和游戏玩家的关注和好评。《谜宫·金榜题名》除为玩家设计纸质道具和 App 互动完成的标准主题流程之外，还设置了玩家需要前往北京故宫博物院实地探索才能解锁谜题的环节，这种线上线下结合的文博游戏模式增加了游玩的代入感和真实感，甚至拉动了遗产旅游，吸引玩家去到现场感受文化遗产的魅力，形成了一种"云端"和"现场"之间独特的互动形式。在故宫博物院尝试成功之后，各大博物馆陆续推出了多部同类型的文博游戏创意产品。

"文化遗产＋游戏"跨界融合的另一个重要类型是手机游戏。手游厂商越来越重视对中国文化遗产的深度发掘，将传统文化元素融入内容创作是目前比较主流的做法。这在某种程度上也能起到为博物馆现场展览补充信息和体验的作用。现收藏于故宫博物院的北宋王希孟创作的名画《千里江山图》便是实景展览和"虚拟旅游"并存的有趣案例。2017 年《千里江山图》在故宫博物院的"千里江山——历代青绿山水画特展"中展出。当时，观众现场排队数小时却只能近距离观赏几分钟。即使这样，观众也热情不减，可见现场展览自有其魅力，直面文物是难以言喻的宝贵体验，但客观上在这一观览的过程中观众能够获得的信息是有限的。2019年，故宫博物院与网易游戏合作推出手机冒险解谜游戏《绘真·妙笔千山》。该游戏以《千里江山图》为蓝图，结合出色的美术表现力以及叙事、冒险、解谜等元素，让玩家在游戏之余"畅游"一番"画中山水"。冒险类的电子游戏大多都具备虚拟旅游的性质，而且这种类型的"虚拟旅游"是完全脱离现实实景的，如《绘真·妙笔千山》便是基于中国传统文化和特定文物的内涵创造出虚拟环境，可以说是真正意义上的"虚拟"，玩家在这一虚拟环境的探索中同样能获得沉浸体验，并能从不一样的角度了解文化遗产信息。

除了将文化遗产元素直接融入游戏内容，电子游戏在城市形象的宣传上也有意想不到的影响。由网易雷火工作室出品的大型多人在线即时制动作角色扮演游戏（MMOARPG）《新倩女幽魂》中的虚拟"杭州城"是直接从现实中的杭州取材设计的。在为虚拟"杭州城"建模的过程中，开发组选取了包括曲院风荷、雷峰塔、断桥等景观在内的杭州著名景点构造模型。最终，虚拟"杭州城"地图上的建筑信息共 22 个模型，其中与现实城市中重合的有 18 个。这些虚拟建筑与现实的高度重合，表明了虚拟"杭州"与现实杭州的密切联系，"两者不是割裂的，而是重合的空间"[①]，这对城市形象的宣传有着极大的推动作用，而且这种作用往往是在潜移默化中深深刻画在玩家记忆中。

2022 年，河南省文旅部门与竞速游戏品类中的头部产品腾讯《QQ 飞车》合作推出" 飞跃黄河" 新版本，在游戏中加入了融合黄河文化、二里头文化、龙门石窟、隋唐洛阳城国家遗址公园等诸多文旅元素的新主题赛道，让玩家在文化美景中竞速畅游，并于同年在洛阳举办全国公开赛，反哺线下旅游。米哈游旗下的现象级手游《原神》自上线始便着力于文旅融合，先后携手各地文旅部门将黄龙、张家界、桂林等" 文旅重地"复刻进游戏场景中；并将游戏元素呈现于现实景区中，让" 云端" 与" 现场" 相映成趣；更与携程旅行、吉祥航空等共同打造主题航班，鼓励玩家到景区实地" 打卡"，受到玩家和游客的喜爱。由于《原神》在海外也有颇高热度，此番文化输出取得了不俗的成绩，或为推动中国文旅发展与传统文化传播摸索出了一个新的方向。

（三）"云端即现场"：探索虚拟旅游沉浸体验的可能性

线上和线下的文博展示、传播方式是不同的，公众从"现场"和"云端"读取信息的方式也是不同的。从前述博物馆"云展览"的普遍情况可以发现，目前线上数字展厅更偏向于将现场展示照搬到线上的方式，或通过长短视频把博物馆的现场实况进行转播，在这整个过程中公众能够参与的部分依然很少，只是将公众在实地被动接受信息的模式改为通过互联网被动接受信息，并没有做出真正意义上的专属于"云端"的创造。

---

① 薛强：《赛博空间里的虚拟生存 当代中国电子游戏研究》，复旦大学出版社 2018 年版，第 87 – 92 页。

"云端即现场"，并非指让线上展览机械地复制和完全呈现博物馆现场，而是将文博数字展示、传播和虚拟旅游作为一种独立的遗产阐释与视听体验的方式，区分线上线下的差异，立足虚拟交互所特有的体验和使用习惯来给予用户专属于线上的代入感、临场感，即达到体验上的真实感。电子游戏在视听体验、拟真、互动等数字技术的应用方面均有成熟表现，往往能给用户带来"身临其境"的真实代入感。除此之外，"主题公园"模式正在成为文化旅游的热点，迪士尼乐园的成功案例正在被不断效仿。如今一些历史名城也在积极打造"主题"城镇文化，其中新兴科技手段融入文化实景的设计深受公众欢迎，可见公众对于文化、科技、旅游、娱乐一体化的需求。那么，是否存在脱离实景的"主题公园"虚拟旅游模式呢？电子游戏在某种程度上正是一种虚拟"主题公园"模式。近几年，电子游戏与博物馆跨界联动的尝试受到公众青睐，将游戏化设计与博物馆展览融合，既丰富了游戏的文化内涵，又为拓展文博旅游服务边界、探索数字文博旅游"云端即现场"的新形态提供了可能。

当然，通过游戏化设计来推动数字文博旅游的融合一直以来也存在客观条件的限制。尽管中国游戏用户规模庞大，但不同类型游戏运行于不同的平台，这就要求游戏玩家必须配备中高配置的手机、个人电脑，或者索尼、微软、任天堂等品牌的游戏主机，这无形间固化了用户类型，限制了新用户进入市场。所幸，科技的进步带来了改变，云游戏、5G 等技术的出现和普及将为游戏、文旅等产业打开新局面。

云游戏是一项基于云计算的技术，它摆脱了对用户硬件的依赖，转而将游戏逻辑和图形渲染放在服务器端运行，这就减轻了用户一侧的负担。云游戏也与传统网游的本质不同，在网络稳定的情况下，云游戏能极大地提高游戏性能服务[①]。云游戏降低了对用户的硬件设备要求，所有用户都使用云服务器，用户获得高品质的交互体验的硬件成本降低了，这对电子游戏拓展新用户群有很大帮助。

尽管云游戏现在尚未普及，在技术、市场、安全等问题上仍有许多需要完善之处，但云游戏未来将很可能改变游戏产业的生态，进而影响其他线上虚拟项目的开发和传播方式。从用户的角度看，博物馆作为社会公共

---

① 韩智培：《云游戏：一个基于云计算平台的新型产业》，载《信息与电脑（理论版）》2017 年第 17 期，第 47－51 页。

文化机构面对的观众包括文博爱好者、游客、专业观众等，年龄跨度大，文化程度不均，在线上业务中需要优先考虑用户一侧的负担，不能对用户的数字硬件设备有过高的要求，否则就限制了公众获得线上服务的公平性。云游戏的出现使类似于育碧《发现之旅》系列这样的大型模拟旅游系统跨平台运行成为可能，高品质的全民"云端"旅游可以成为文博线上服务的发展方向。从技术角度看，目前云游戏在用户一侧最容易出现的薄弱环节就在于网络的稳定性和速率。随着 5G 技术的普及，云游戏运行所需要的高传输速率得到进一步保障，其应用效果得以充分发挥，开发者生态也将逐步发生范式转变，开创云端发展的更多可能性。

四、文旅融合视域下探索数字文博游戏的意义

（一）突破时空限制的文化输出

自十八大以来，习近平总书记在国内外会议曾多次强调坚定文化自信、提高国家文化软实力。中国拥有丰富的文化遗产资源，这不仅是历史给予我们的馈赠，更是我们文化自信之所在，而文化遗产、旅游、游戏三者融合是文化价值与文化产品的统一，在文化输出中有着重要的联动关系。在互联网日渐普及的条件之下，数字文旅与电子游戏的跨界合作将十分有利于中国传统历史文化对外输出，提升中国的文化软实力。近几年，中国游戏企业有意识地通过打造具有中国传统文化的精品游戏，积极拓展海外市场，针对目标市场的当地文化、用户习惯等方面打造契合海外本土用户偏好的产品。2019 年，中国自主研发游戏的海外市场收入增速高于国内市场[①]。这些中国游戏取得的优秀成绩为中国传统文化和当代中国价值观"走出去"打下了良好的基础。文旅融合视野下数字文博游戏的探索，既可以为数字文博的发展带来模式上的创新，为观众提供更为丰富的沉浸体验，还能通过加入文化遗产元素提升游戏内涵。更重要的是，数字文博游戏打破了时空的限制，可以持续为世界各地的公众提供文化服务。

---

① 中国音数协游戏工委（GPC）、国际数据公司（IDC）：《2019 年中国游戏产业报告：摘要版》，中国书籍出版社 2019 年版。

（二）文化养老与数字反哺

在"数字时代＋老龄化社会"背景下，"文化养老"和老年人的"数字融入"已经成为社会发展的重要课题。文化旅游可以丰富老年人的文化生活，特别是博物馆等公共文化机构一直都是老年人的休闲场所，虚拟旅游的相关研究中也十分关注老年服务的问题。当前博物馆在数字化进程中主要以年轻群体为服务目标，大量的数字化改造反而使许多老年人望而却步。文化旅游原是非常适合家庭集体活动的，在发展数字文旅的同时更需要注意数字化的介入是否将家庭场景中的各代际成员分隔开来。鉴于老年人融入数字化生活的现状与潜力，我们可利用互联网数字技术造就的公共空间与私人空间模糊性，以游戏形式探索文博旅游的数字化转型，把数字文博游戏或游戏化的虚拟旅游项目带入老年人的家庭空间，打造家庭数字游戏场景。这将有助于发挥家庭内数字反哺的作用，由家庭内的年轻成员通过游戏引导老年成员融入数字生活、文旅，使数字反哺推动文化养老，为老年人打造友好的文化遗产虚拟空间，达到终身学习、文化养老的目的①。

中国第一代接触电子游戏的"70 后""80 后"如今已在社会生活中承担了重要的位置，"90 后""00 后"更是在游戏的陪伴中长大，在未来 20 到 30 年里，"游戏一代"将逐渐步入老年生活，这些群体对文旅、游戏、数字化都有着深刻的理解和体验。从文旅融合的视角出发，探索文博旅游与数字游戏的深度结合，既能在休闲娱乐中帮助当代老年人在家庭场景中融入数字化，让"客厅文化"回归家庭，又能为未来的老年人做好文化养老的准备。

五、结语

从构建文化遗产意义和价值的角度可看出，遗产旅游中观众的主观体

---

① 曹辰星：《老龄化社会拓展文化遗产虚拟空间的路径探索——以电子游戏形式为中心》，载《东南文化》2020 年第 3 期，第 30－37 页。

验、情绪、情感等因素和各种形式的参与都是必不可少的①，文化遗产的价值不仅来源于历史，更来自当代社会生活中的每一个人。而在数字时代，人们的体验和感受并不仅仅发生在实地，人们生活乃至生命中的许多时间都与"云端"相连接，在虚拟空间中的体验和感受不仅是存在的，也是真实的。因此，数字文博旅游的发展不仅要重视技术、媒介的合理应用，也要关注公众的体验本身。另外，在文化与科技之间保持平衡也十分重要，在博物馆的现场数字展示、云端虚拟展览中，需要考虑如何使数字媒体在视听效果、沉浸体验方面更好地凸显文化遗产的内在价值，而不是单纯向观众"炫技"。同时，在线上服务中要留出合理的观众互动空间，在虚拟游览和获取文化遗产信息方面给予观众足够的自主性，在游戏化的设计中也应该注意娱乐性与严肃性的平衡，避免单方面地灌输知识，以求让每一位观众都获得"与众不同"的云端体验。

---

① 苏俊杰：《文化遗产旅游分歧与融合的理论基础：真实性》，载《中国文化遗产》2020年第 1 期，第 41 – 44 页。

监管改革的"旧瓶"与"新酒"

文 净[*]

摘要：美国的监管体系一直是全世界关注的对象。本文分析了美国在监管改革中的核心问题——监管独立性，以及全球化时代监管改革的新动向——监管协调。本文以美国食品及药品管理局（FDA）为例，探讨了美国这一最早的监管机构在百年发展中围绕监管独立性引发的纷争，特别是如何在相对于政治权力和相对于监管对象的独立性方面保持平衡。随着全球化时代的来临，监管事务日益复杂化，不同监管部门之间的协调变得日益重要。本文以美国信息与监管事务办公室（OIRA）为例，分析了这种接近权力中心的监管协调机制是如何协助独立监管机构实现精明监管的。

关键字：FDA；OIRA；监管独立性；监管协调

一、前言

尽管美国历来崇尚自由主义，反对政府对市场的过多干预，但在食品药品安全监管领域却拥有上百年的监管历史，美国也因此成为现代监管型国家的原型。其完善的食品药品安全监管体系一直是全世界关注和参照的对象。在这一监管体系中，美国联邦政府层面涉及食品药品监管的机构多达二十几个，其中有两个机构发挥着至关重要的作用：一个是拥有上百年发展历史的美国食品及药品管理局（Food and Drug Administration，FDA）；一个是发挥"监管监管者"作用的美国信息与监管事务办公室（Office of Information and Regulatory Affairs，OIRA）。本文试图以 FDA 为例，进一步分析和探讨监管改革中的老问题——监管独立性；以 OIRA 为例，分析在监管独立基础上的新问题——监管协调。通过剖析监管独立性和监管协调

---

* 文净，广州南方学院公共管理学院讲师，管理学博士。

的真正意涵，为我国接下来的食品药品监管改革带来一些新的思考。

二、FDA 与监管独立性

（一）FDA 在艰难的立法过程中成为独立的监管机构

FDA 成立之初就面临种种争议，遭到极大反对，因为这样的监管机构史无前例。FDA 创建于美国"进步时代"（Progressive Era），成立于 1906 年。19 世纪末的美国由于经历了成功的工业革命，在经济上迅速实现工业化，垄断性的大公司成为美国的资本主义经济的核心。在食药领域，食品变质、掺假、腐烂，药品以假乱真、掺杂有害成分等问题不断出现。愤怒的公众开始要求国会制定相关法律保障食品药品安全，国会却被各种利益集团（牛肉托拉斯、人造黄油商、精炼威士忌制造商等大企业）牢牢控制。一群进步人士（the Progressives）[①] 本着对科学的信念与各种利益集团坚持不懈地做斗争，最终赢得了政府的支持，并推动美国国会于 1906 年通过了《纯净食品药品法》（*Pure Food and Drug Act*），这是美国第一部食品药品监管法案。依据这一法案，FDA 被赋予了最初的监管职权和权威地位，它作为联邦政府的一个消费者保护机构，旨在为公民服务，具体使命是为保护公民利益而实施干预手段，在必要的情况下与商业利益抗衡。不管政府执行什么样的经济政策，FDA 都要确保企业提供无掺杂、无污染的食品和有效、安全的药品。尽管这个时候的 FDA 被法律赋予了独立的监管地位，但在现实中屡屡受挫。自成立之日起，它就面临着与政治和商业利益的斗争。

（二）专家意见让位于科学实验

由于 1906 年颁布的《纯净食品药品法》漏洞很多，在该法律框架下形成的"危害在先，监管在后"的监管方法越来越不能适应新的监管要

---

① 食品药品监管领域的进步人士以哈维·威利医生为代表，他多次向总统及国会提出食品药品监管的政策建议，呼吁建立最起码的食品质量标准，为食品药品立法奋斗了 25 年之久。正是在他的努力下，公众对食品药品安全的呼吁才最终获得胜利。进步人士还包括一些政治家、记者和女权主义者。

求。1933 年新的食品药品法起草工作开始。由于起草法案要花上几个月，同时还要征求厂商和公民的意见，因此那些将要受到新法案影响的公司就利用时间差酝酿反击计划。在厂商的操控下，法案草案刚公布，就遭到媒体和国会的反对。在与商业利益的斗争中，法案的起草工作受到重重阻碍。直到 1937 年"磺胺事件"的发生，才使得原本奄奄一息的食品药品法案有了转机。1938 年国会通过了《食品、药品和化妆品法案》（*Food, Drug, and Cosmetic Act*），经富兰克林·罗斯福总统签署生效，成为其"新政"的一部分。该法案强调的不再是对伪劣产品和虚假疗效的事后惩罚，而是技术知识、有效的现代医药以及在药品销售之前对药品成分进行检查的必要性。这是第一部要求在药品销售之前进行科学实验的法律。它表明，现代监管的标准应该是科学研究，而不是商业利益、突发性的食药安全事故或者权威意见。至此，FDA 开始关注药品安全上市的问题，这时小小的 FDA 开始缓慢地发展，并在法律的框架下不断追求科学性。但1938 年颁布的法案规定，只要 FDA 在 60 天内不提出反对意见，新药品就可以上市销售。这一法律漏洞使 FDA 在之后的二十几年陷入困境。因为随着医学革命的进步、医药市场的迅速发展，制药公司科学家和医学专家的数量远远多于 FDA 的医学官员，FDA 很多时候根本无法在 60 天内提出反对意见，导致制药公司占据了主动权。而 FDA 负有举证责任，这意味着，商业利益仍然排在健康之前。FDA 艰难地和制药行业做斗争并参与现代制药行业的变革，经过一系列公共药品事件和公共辩论之后，直到1962 年，美国国会两院全票通过了对《食品、药品和化妆品法案》的修正案。这一法案规定，科学实验必须是"充分"且有"良好对照的"[①]。过去科学实验的标准是专家意见，而新法律进一步对什么是"科学实验"进行了界定，从此 FDA 的工作有了更明确的方向，专家意见开始让位于真正的科学实验。

（三）当科学遭遇政治和商业的压力

实际上，1962 年通过的修正案在 20 年后才真正得到落实。因为科学实验并不总是像人们想象的那么受欢迎，在现实运作中，很多制药公司在

---

① "充分"是指实验的规模要够大，数量要够多。"对照"意味着有实验组和对照组之间的对比。"良好"意味着实验的对照组和实验组要有真正的可比性。

申请时并不提交对药品不利的数据，并指定与他们有利益关系的医生做实验。此外，FDA 虽然被赋予了新的工作内容和责任，却没有得到相应的资金支持，FDA 的实验室一度非常糟糕，设备陈旧，工作人员往往力不从心。在原本就缺乏激励的情况下，面对商业利益的诱惑，有些 FDA 工作人员对虚假数据睁一只眼闭一只眼。当这一切被公开后，FDA 一度陷入尴尬的境地。一方面，制药公司希望 FDA 的工作能配合他们的药品销售；而另一方面，消费者希望它能抵制住这种压力。FDA 不得不夹在商业自由和保护消费者不受商业侵害之间。20 世纪 60 年代，尼克松上台。面对 FDA 内部的党派政治，尼克松试图通过平衡 FDA 共和党和民主党的人数，掌握政治控制权。尼克松将 FDA 局长一职看作一个政治官僚职位，而不仅仅是一般意义上的技术官僚职位。在此背景下，身为共和党人的尼克松任命同为共和党人的查尔斯·爱德华斯医生为 FDA 新一任局长。爱德华斯是一位医学政客，他推动的改革致力于将 FDA 置身于" 真实世界"中，他主动与制药公司打交道，深入了解制药公司的发展动向及其背后的原因。同时，组织 FDA 外部人员成立了外部专家咨询委员会，专门分析 FDA 存在的问题。外部专家咨询委员会提高了 FDA 的透明度，成为了 FDA 决策的好帮手，也使得 FDA 不至时刻处于各方利益交叉的风口浪尖上。在爱德华斯的领导下，FDA 的监管越来越有针对性，最终将 FDA 的天平倾向了公众利益一方。

（四）"第三种力量"的出现和 FDA 的透明化

就在爱德华斯执掌 FDA 期间，出现了消费者同盟（Consumers Union）、公益科学中心（Center for Science in the Public Interest）等公益性非政府组织，媒体将之称为"第三种力量"。这些组织的工作人员不计私利，致力于收集事实依据，解决公共问题。他们为保护公众利益监督政府和商业行为。同时，他们也要求参与 FDA 的决策过程。而在这之前，FDA 90% 的文件都是秘密文件，不对外公开。公益性非政府组织的出现改变了这一局面。随着这些文件对外界公开，FDA 逐渐进入公众的视野，赢得舆论和公众的支持，为自己在今后独立于政治干扰和商业利益，保持中立和稳定中找到了位置。

二、OIRA 与监管协调

（一）OIRA 的成立与定位

经过罗斯福、尼克松、福特、卡特几任美国总统的努力，美国出了一批规章审查所需的专业人才，这为后来 OIRA 发挥重要的信息收集和审查职能奠定了良好的基础。1981 年，美国国会通过了《文书削减法案》（*Paperwork Reduction Act*），正式规定在美国预算管理局（Office of Management and Budget，OMB）之下设立信息和监管事务办公室（OIRA）。如同 FDA 一样，OIRA 的发展并非一帆风顺。刚成立不久，国会就一度试图停止对其拨款。直到 1986 年，OIRA 才获得国会的资金支持。同年，国会通过的《文书工作削减再授权法》（*Paperwork Reduction Reauthorization Act*）的修订，明确了 OIRA 的最高领导者是主任，是 OMB 局长有关联邦信息政策事务的主要顾问。OIRA 主任由总统任命，并需获得参议院的批准。除了主任依法由总统任命以外，OIRA 的其他职员都是职业公务员。OIRA 的人员编制基本保持在 50 人左右，尽管工作人员人数较少，但个个都是精干之才。OIRA 的所有工作人员都拥有硕士学位且专业分布广泛，如经济学、法学、政策分析、统计、信息技术等，同时拥有基于科学监管所需要的公共卫生、毒物分析、流行病学、工程等技术领域的专业知识。经过近 40 年的发展，OIRA 如今拥有四项主要职能：①对政府收集信息的活动进行审查；②监督信息政策、隐私和统计政策领域的联邦政策的实施；③协调政府实施《信息质量法》（*Information Quality Act*）；④对联邦政府规章制定进行集中审查。为了履行上述职能，OIRA 下设四个处，分别是信息政策和技术处，统计和科学政策处，卫生、交通和政府总体事务处，自然资源、能源和农业处。其中，食品药品监管相关的信息审查职能由前两个处负责。

（二）OIRA 通过信息审核进行监管协调

《文书削减法案》于 1980 年首次颁布，并在其后的十几年里不断修订。美国一开始就在立法层面上统一了对信息资源管理的认识。该法的目的是最大限度地减少联邦政府信息的开支与负担，最大程度发挥政府信息的效用。这部法律赋予了 OIRA 广泛的信息管理职权，包括制定信息资源管理政策、审查和批准信息收集、促进公众获取信息、协调统计政策、实施记录管理、监督信息隐私和安全政策以及监督建设主要的信息技术系统等。可以说，OIRA 对联邦信息的输入、流动和输出拥有全面调控的权力，实际上是政府信息资源的"总管理人"。在应对监管机构的信息时，OIRA 的信息管理职能主要体现在信息审核上。信息审核包括程序性审核和实质性审核。程序性审核主要审核监管机构的权限是否超出国会的授权范围，以及其程序是否限定在有关法律法规的框架内。审核的时间限定在90 天内。实质性审核包括两方面的内容：一是监管机构提交的信息收集计划会不会产生重大经济影响，是否属于"重要规章"①。只要某项管制信息收集计划属于重要规章，就需要向 OIRA 提交一份成本—收益分析报告。这项成本—收益分析报告首先需要估算某项管制信息收集计划的成本，包括直接成本（联邦政府需要拨款给州、地方和各地区的资金）和间接成本（各级政府、企业和个人的成本支出与相关损失）。二是量化收益，即分析该项管制信息收集计划可能产生的收益，这些收益是否能证明为此所支出的成本是恰当的。基于科学的成本—收益分析证明在高度发达市场经济中政府管制的必要性。当各监管机构要出台某一监管政策时，需要将信息收集计划和支持性的相关文件发送给 OIRA，并同时在《联邦公报》上刊登信息申请的公告。如果满足程序性审核和实质性审核的要求，监管机构的信息收集计划就会获得 OIRA 的批准，并获得相应的 OMB 控制编号。如果没有通过 OIRA 的批准，则该监管机构不能收集信息。因此 OIRA 通过审核各监管机构信息收集计划的方式，对独立监管机构进行审核和评估，将各监管机构分散的决策权力集中起来，从而实现对各监管机构的协调，成为一个有效的"监督监管者"的中间枢纽机构。

---

① 1981 年，里根总统发布的 12291 号行政命令规定，只有对社会的潜在收益超过社会的潜在成本的管制才能实施，否则 OIRA 不予批准。1993 年克林顿总统签发 12866 号行政命令在此基础上建立了更具体的管制信息审核制度。即那些对经济每年造成 1 亿美元或超过 1 亿美元成本影响的规章才属于重要规章。12866 号行政命令第一次要求独立监管机构制定和发布规章，必须向 OIRA 提交成本—收益分析报告，并经其审核。

三、FDA 和 OIRA 的发展带来的监管启示

以 FDA 和 OIRA 的发展为例，我们不难总结美国食品药品安全监管的一些核心议题。尽管我国与美国国情有所不同，但美国走过的监管之路和所积累的宝贵经验仍然值得我们借鉴。

（一）"旧瓶"：监管独立性

在美国 FDA 一百多年的监管历程中，始终贯穿着一个不变的核心议题，那就是在各种政治力量和商业利益中保持的 FDA 的独立性。如何确保监管机构的独立性，直到今天仍然是一个非常重要的议题。监管机构要能履行对市场进行监管的责任，地位上必须是独立的。这种独立性主要有以下三层含义。

1. 相对于政治的独立性

FDA 发展过程中实施的一系列改革措施都是为了保持监管机构免受政治影响。包括美国后来参照 FDA 建立起来的其他监管机构，如环境保护署、消费品安全委员会等即是如此。尽管这些监管机构的角色不断演变，但不变的核心是，决策应该以实验为基础，监管机构讲究科学性，而不为政治领导人的权威意见所左右。因为监管机构的负责人是基于科学实验做出监管决策，很多时候与政治家的决策不一致。为了保证监管机构能够履行职能，很多国家在监管机构负责人的任期和任免权上面会给予特殊安排，比如美国总统就不能随意撤换这些监管机构的负责人。实际上，除美国以外，国际上很多监管机构都特别强调其政治上的独立性。如欧洲食品安全局（European Food Safety Authority，EFSA）的总部设在意大利帕尔马市一个很小的小镇上，除非特意去找，否则很难找到。EFSA 之所以设得那么偏远，就是希望远离总部设在布鲁塞尔的欧盟，防止欧盟政治家的干扰，保证政治上的独立性。

2. 相对于监管对象的独立性

监管机构很容易受到来自企业或产业的影响，监管者往往会担心某个企业或产业的倒闭给经济特别是社会稳定带来不利影响而站在企业或产业的一边。有些时候这个做法是正当的，因为有必要了解产业的运作内幕（就像前面提到的 FDA 局长爱德华斯主动了解制药公司，了解"真实世

界"），所以需要和这些产业保持良好的密切关系。但当监管机构和产业保持良好密切关系时，人们会担心监管机构的监管使命受到影响。如何在不损害消费者利益的前提下引导产业健康、持续地发展，是考验这些监管机构监管能力的重大挑战。由于消费者是一个非常分散的群体，尽管人多，但是很难形成集中的影响力与产业利益抗衡，因此当一个监管部门既要保护消费者的利益又要保护产业利益时，实际上对监管部门产生影响的往往是产业利益，而不是消费者利益。保证食品药品监管部门不受产业影响的典型做法是由更高级别的政府部门来管理食品药品监管，比如中央或联邦层级。因为由地方管理，容易受到地方产业利益的影响而出现地方食品药品监管部门被"俘获"的现象。我国某些地方政府为了追求地方GDP 的增长而成为地方性大企业的庇护所，但重大食品安全问题的始作俑者往往便是大企业。因此，食药领域的监管改革应该反思"保护大企业，取缔小作坊"的监管思路，进一步思考如何在不损害消费者利益的前提下兼顾产业发展。美国 FDA 之所以能坚守监管使命，即站在保护消费者利益这边，原因就在于 FDA 是一个联邦层级的独立监管机构。

3. 以科学依据为基础的监管

当今社会充斥着大量的风险，食品药品安全领域的风险更是不可避免。风险是不可能完全消除的，正是因为没有绝对的安全，我们只能将风险降到最低。为了做到这一点，就必须依靠科学。FDA 通过大量临床科学研究而非某位专家的意见来证明某种食品或药品是否安全。FDA 是世界上第一个尝试对食品和药品进行广泛的科学评价的监管机构，并始终保持较高的科学水准，这是向现代监管迈进的一个很重要的改变，即监管的基础从过去依靠权威、依靠专家转向依靠科学。由此，高水平的科学标准在监管决策中的重要性越来越凸显。但纯粹的科学分析并不能为处理问题提供完全的依据，因为科学也是随着时间的推移而不断发展的。一方面，科学技术会不断进步；另一方面，人们基于科学的认知水平也会不断提高。在食品药品安全风险规制中，科学分析只能就目前已知的风险进行评估，因此有些风险在当前的科学技术和认知水平下可能无法被识别出来。比如对于某些风险，当前的科学技术水平还不能发现和证明其有害，但并不能排除科学技术方面的新发现和新突破出现的可能。因此，首先要有科学的理念，对科学保有敬畏之心；其次，要时刻关注新科学和新技术的出现；最后，在新科学新技术的指导下更新科学监管的方法。当监管人员秉承对科学的追求和信念，以科学为基础进行理性监管，才能真正将监管从政治利益、商业利益和公众利益的纠缠中抽离出来，保持中立和稳定，免受其干扰。

（二）"新酒"：监管协调性

监管机构争取监管的独立性，争取对监管能力的建设固然是好，但也会带来另一个问题，人们会担心监管太多、太复杂会给企业带来不必要的负担，影响经济的发展。所以在美国的历史上，民主党和共和党对食品药品这类社会性监管往往秉承不同的监管态度。每当民主党上台的时候，其执政时食品药品监管就会加强，而共和党提倡为企业松绑，食品药品监管便会相应减弱。因此，监管机构需要有独立性，但却不能只有独立性，还需要另一股力量对其进行牵制——那就是监管协调。

但是监管协调不是仅靠成立新的协调机构就能从根本上对独立监管机构实行有效协调和监管的，这中间还有一些更深层次的问题值得我们关注。

1. 监管协调必须靠近权力中心

OIRA 作为监管协调机构非常靠近权力的中心，它是白宫的总统办公室下，美国预算管理局的一个下属办公室，且其领导者依法由总统任命，并由参议院批准。实际上不仅美国，欧盟等国家和地区建立的一些监管协调机构都有一个共同的特点，即监管协调机构必须接近权力的中心。纵观我国食品药品监管体制的改革，监管机构的权力不断从分散走向集中，在监管协调方面做出了诸多努力。比如，2003 年成立的国家食品药品监督管理局（SFDA），经常受到来自其他几个监管部门特别是原卫生部的挤压，在食品安全综合协调方面权力相当有限，原因就是作为副部级的 SF-DA 很难有效协调其他几个正部级单位。2008 年的新一轮机构改革，又将原卫生部设为主要食品安全综合协调部门，监管协调机构的级别上升到部级。2017 年，国务院办公厅发布《关于同意建立市场监管部际联席会议制度的函》，同意建立由工商总局牵头、35 个部门组成的市场监管部际联席会议制度。他国的经验和我国的监管协调改革都表明，建立新的监管协调的机构也好，或是建立新的监管协调机制也好，都必须靠近权力中心，因为只有接近权力中心，才能在具体的监管协调事务中拥有话语权，才能真正成为独立监管机构的监管者。

2．用信息收集审核进行协调

尽管监管协调的机构或机制需要接近权力中心，但其协调的依据却不应该是权力，而是科学。科学是理性监管的基础，而信息又是科学监管的重要元素。真实、可靠、全面的信息收集是科学判断的前提。监管协调机构的核心和本质任务就是要避免独立监管机构因为信息来源单一而导致的"认知陷阱"。监管协调机构并不是审核某项监管项目好不好，或者某项监管政策可不可以去做，它主要发挥的是信息收集审查的职能。比如食品药品监管部门要出台一项新的对企业监管措施的时候，与此相关的各独立监管部门需要事先收集信息，拟定一份监管成本—收益分析的报告，提交给监管协调机构，监管协调机构再针对监管可能会涉及的部门和利益相关者对报告发表意见。但信息收费的关键不是把不同的意见汇集起来，也不是把以前监管政策推行过程中可能被忽略的利益方在监管政策制定过程中考虑进来，而在于这些信息收集起来以后，以一个什么标准处理。如果没有处理标准，可能信息收集得越多捅的篓子越多。任何一个监管部门，在尝试对企业提出某项监管方面的要求或政策的时候，不是直接出台政策就可以了，监管部门出台的任何一项新的针对企业的监管要求，都必须要经过监管协调机构，即需要提交一份成本—收益分析报告，由监管协调机构审核。这一报告需要回答：监管机构为什么要实行监管，监管到什么程度，采取什么方法，成本可能是多少，可能带来多少收益。由此衍生出下一个关于监管协调的问题——用理性处理争议。

3．用理性处理争议

一项新的监管措施要出台，如果不同的部门有不同的想法，那这项监管措施可能就会影响其他监管部门的利益，这个时候争议就出现了。怎么处理？是靠强权，还是别的力量？OIRA 非常明确，处理争议的方式是靠理性，而这个理性就是成本—收益分析。OIRA 负责审核独立监管机构的重要规章，国会复审 OIRA 审核后的规章。成本—收益分析的理性机制将国会—总统—OIRA—监管机构贯穿起来成为一条线。如果管制抑制市场效率，或管制出现重大失误，那么谁也逃脱不了干系，形成政治上的连带责任。比如，OIRA 审核一项对在高速公路上使用柴油的卡车进行控制的政策。因为这种卡车会排放一些有毒的气体，特别是硫磺，所以美国环保署（Environment Protection Agency，EPA）想限制在高速公路上的卡车使用柴油。在这种情况下，环保署就需要提交一个关于这项管制的成本—收益分析报告，回答为什么不允许卡车使用这种柴油，其成本是什么。最终核算出来的成本是：这些卡车都要更换发动机，炼油厂需要增加一些可以把油里面的硫磺去除掉的设备。很多时候监管的成本比较容易计算，因为无论是政府还是企业，究竟要为这种改变付出多大的人力物力代价，都比较直观。可以说，这是监管机构实施管制前对市场的现实把握和政策准备。那这项管制政策带来的收益是什么呢？是每年减少 8,300 名未成年人的死亡，每年减少 5,500 个支气管炎的病患，每年减少 361,400 的哮喘病发病人数。监管机构对管制生效后的收益分析实际上是一种对现实影响的绩效衡量。因此必须同时计算成本和收益，并对成本和收益进行权衡和比较。整个争议处理过程是把各个部门的利益通过明确的数据展现出来，避免了不同监管部门就某一监管政策产生意见不一致、矛盾和重叠的问题，从而更加清晰、更加理性地处理争议。

4. 对监管进行回溯性评估

特朗普上任后，在监管领域提出了一项措施：任何一个监管部门如果要对企业出台一项新的监管方案，都必须先清除掉现有对企业的两项监管措施。虽然特朗普对监管的措施引起了广泛的讨论，但也给我们带来了对现有监管评估的反思。事实上，欧洲国家也开始关注这个问题。任何一项新的措施在新的监管政策方案提出来的时候就应该告诉我们如何去评估这项监管政策的成效，评估年限大概是多长时间，主要的评估指标是什么，我们要把所谓的监管评估直接纳入新的监管平台中来，也就是出台新的监管措施的时候需要谨慎、谨慎再谨慎。在出台新方案之前，要先看一下政府现有的监管措施，并将这种监管评估系统化、制度化，不是某一个政府领导人上台以后为了赢得公众的眼球清理一遍就完事了，而是要建立起系统的回溯性监管评估机制。

四、总结

美国因其在食品药品安全监管领域悠久的发展历史和相对完善的监管体系而成为食品药品安全监管的典范。FDA 和 OIRA 作为美国联邦层面食品药品安全监管最具权威性的机构发挥着至关重要的作用。百年来 FDA一直围绕"究竟是对公众健康负责，还是对商业利益负责"进行了大量的实践探索。尽管经历了种种挫折，但它仍然在美国这个经济高速发展，政治利益、商业利益和公共利益众横交错的国家，很好地扮演了保护公众健康、维护公共利益的角色。OIRA 在其发展过程中努力争取独立的监管地位，把基于实验的科学依据作为监管决策的基础。作为总统办公室的一个下属机构，OIRA 很好地发挥了协调各独立监管机构的协调机制，成为一只约束监管机构的手，协助实现美国更加精明的食品药品安全监管。

本文通过分析 FDA 的监管独立和 OIRA 的监管协调，总结出如下对我国监管改革具有借鉴意义的思考：我国食品药品监管机构必须保持独立性，通过坚持以科学依据为基础的监管实现相对于政治的独立性、相对于监管对象的独立性，从而避免被政治利益、商业利益和公众利益牵着鼻子走。这是我国监管领域改革一直强调的问题，所以可以看作监管改革的"旧瓶"。旧瓶是时候装上新酒了，这个"新酒"就是监管协调。尽管我国的监管领域也一直在探索监管协调的改革路径，但都是形式上的改革而很少触及监管协调的内核。本文认为，首先也是最重要的是建立起一个接近权力中心的监管协调机制以协助独立监管机构实现精明监管。这一协调机制需要包括信息收集审查机制、理性的争议处理机制和回溯性的监管评估机制三个方面。其中，通过信息收集审查机制避免独立监管机构因信息来源单一而落入"认知陷阱"；通过成本—收益分析的理性方式处理各监管部门的争议；建立系统科学的回溯性监管评估机制以防止监管过多给企业带来过重的负担而影响经济的发展。监管能力可以用来做好事，但也可能办坏事。因此为了实现监管维护公共利益的真正使命，我们需要监管的独立性。然而，为了防止单一监管力量的过度膨胀，我们需要监管的协调性。监管的独立性与协调性并不是一对矛盾体，而是在监管中相互牵制，为了实现精明监管的一种制度设计。